上海市高校高原学科法学学科（监狱学方向）学术文库系列教材编委会

主 任　严　励　张　晶　刘庆林

委 员　（以姓氏笔画为序）

　　　　马臣文　王传敏　乔成杰　仲玉柱　刘方冰
　　　　宋　行　宋立军　胡素清　贾洛川　徐海琨
　　　　蔡一军

上海市高校高原学科法学学科（监狱学方向）建设项目资助

上海政法学院刑事法学文库

上海市高校高原学科法学学科（监狱学方向）学术文库系列教材

总主编　严　励　张　晶　刘庆林
副总主编　贾洛川　　王传敏

监狱管理学

JIANYU GUANLIXUE

马臣文　主编

化学工业出版社

·北京·

内 容 简 介

《监狱管理学》从监狱管理基本理论和原理出发，结合我国监狱管理实践和基本问题，借鉴管理学、行政管理学和公共管理学基本理论，尝试构建符合学科标准、发展现状和未来趋势的监狱管理学体系。全书以作为监狱管理学研究对象的监狱管理关系为主线，围绕监狱场域中的人、财、物和特定事项的管理，形成包括绪论、监狱、监狱管理原则、监狱人民警察管理、监狱物态管理、监狱财务管理、监狱信息化管理、监狱危机管理和监狱管理监督等方面的内容结构，较为全面地分析了监狱领域各个层面的管理活动。

本书既可以作为高等院校和职业院校刑事执行、监所管理等专业的教材和监狱人民警察培训教材，也可供司法实务人员、法律工作者和理论研究者参考。

图书在版编目（CIP）数据

监狱管理学/马臣文主编 .—北京：化学工业出版社，2021.4

ISBN 978-7-122-38589-5

Ⅰ.①监… Ⅱ.①马… Ⅲ.①监狱-管理-研究 Ⅳ.①D926.7

中国版本图书馆 CIP 数据核字（2021）第 033023 号

责任编辑：旷英姿　姜　磊　　　　　文字编辑：李　曦
责任校对：王鹏飞　　　　　　　　　　装帧设计：王晓宇

出版发行：化学工业出版社（北京市东城区青年湖南街13号　邮政编码100011）
印　　装：三河市延风印装有限公司
787mm×1092mm　1/16　印张11¼　字数270千字　2022年3月北京第1版第1次印刷

购书咨询：010-64518888　　　　　　售后服务：010-64518899
网　　址：http://www.cip.com.cn
凡购买本书，如有缺损质量问题，本社销售中心负责调换。

定　价：48.00元　　　　　　　　　　　　　　　　　　　版权所有　违者必究

《监狱管理学》编写人员

主　　编　马臣文

编写人员　（以姓氏笔画为序）

　　　　　　马臣文　　王海军　　刘　枫　　李　坚　　肖胜华
　　　　　　张　毅　　陈　燕　　姚　丹　　郭唯伟　　戴正乔

序

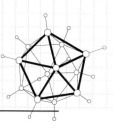

监狱学研究再出发

在一些理论研究者尤其是非法学背景的研究者眼中，监狱学似乎算不上一门学问，更谈不上是一门学科。事实上，监狱学非但有学问，而且是有大学问。问题是，我们该如何深刻揭示、诠释监狱学问，这本身就是有一个大有学问、大有门道的大问题。

监狱学属社会学范畴的科学

如果把人类的学问分成自然科学和社会科学（钱学森说还有思维科学），那监狱学无疑是社会科学。当我们真正认识监狱学的时候就会发现，监狱学与当下高等教育所设立的学科，有着密不可分的关系。哲学、经济学、法学、教育学、文学、历史学、理学、工学、农学、医学、军事学、管理学、艺术学，等等，无不多多少少与监狱学有着这样或那样的关系。它是一门重要的社会科学，属社会科学范畴。

监狱学是具有人文属性的科学

人文科学准确地讲应该是社会科学的人文学科，侧重于从整体的、综合的角度研究人类本身以及社会，主要涉及历史学、社会学、人类学、心理学等学科。狭义的社会科学是将人类社会各种活动和关系等具体分为各个方面、条块进行相关研究，如政治、经济、法律、管理等学科。由此而言，人们无论如何解释人文科学，监狱学都是其中的一个内容。至少有两个方面最重要的含义：一个是改造矫正本身对于囚犯作为人的人文意义；另一个是改造矫正者的人文情怀的人文意义。以上任何一个方面，如果不是在人文意义上的构建，就会颠覆人的本质和价值。

监狱学是实用领域的科学

监狱的职责是什么？囚犯为什么会犯罪？如何改造矫正囚犯？谁有资格改造矫正囚犯？囚犯为什么可以改造矫正……这些看似常识性的问题，都应该在科学意义上得到比较正确合理的解释。在现有的认知判断里，监狱是社会的有机构成：监狱不仅仅是监狱，还关联犯罪、刑罚，关联国家治理、国家政权、国家架构，甚至关联社会文化、民族精神。如当下的社会治理，人们很难设想，离开和没有监狱，这个社会该是什么样子。监狱其实是社会的一个有机构成。难怪李斯特曾言："最好的社会政策就是最好的刑事政策。"以此而言，监狱学的研究，已经放大到了关于社会的运行规则、正义以及正义的实现上。

监狱学是一门独立学科的科学

监狱学当然要研究监狱，还要研究与监狱相关联的大大小小、林林总总的问题。它是研究监狱存在的理由、建设的原理、管理的规则、运行的规律以及关于监狱体制、制度、理念与器物的问题，并要以人文科学的"人"字为出发点和归宿。可以说，监狱学有其特有的研究对象和价值，自然也就决定了其是一门独立且独特的学科。而我们遇到的更大的困惑——监狱是由劳改队转身的。也就是说，监狱在不久前还不是监狱；过去监狱的改造，更多的称作镇压、威慑，在未来还要转型为矫正。这就给我们的研究带来了很多有趣而无奈的话题：监狱学的概念、范畴、体系、要素等都还是从劳改学转移过来的，用监狱学去替代劳改学，自然难以服众。因此，都需要在原理的基础上再研究。而这个再研究，无论是在理念上、价值判断上，还是在体系、要素以及方法、路径上，都不再是传统的监狱学。

正是基于这样的理解和判断，上海政法学院和江苏省司法警官高等职业学校合作，试图以全新的视角建构新监狱学。我们期待这个研究项目获得学科上的新突破。当然，要突破一个学科的固有知识结构、固有传统理念和固有门类构架，是困难而有风险的。但是唯有突破，才具有生命力和影响力。

本系列教材聚焦于监狱本身发展的规律和学科构建的通行规范，以我国学科门类划分为基础，以监狱学研究发展和监狱实践事实状况为依据，从不同维度充实监狱研究的建制化形貌。根据所研究的基本原理的学科归属和研究对象的独特属性，监狱学系列教程理应有不同的、纵横交错的具体子学科构成。本书着眼于监狱学科构建的基本轮廓和研究对象不同，将监狱学科初略分为监狱学概论、监狱法学和监狱管理学三个子学科。具体阐述如下：

《监狱学概论》。本书基于"简明教程"定位来谋篇布局，力图简洁扼要地回答清楚什么是监狱，其基本构成以及监狱发展简史等，用通俗易懂的语言在有限篇幅里描出监狱肖像。由画地为牢到实体监房，把"囚禁"不断具体化、显性化，既是人类文明的进步，也是刑罚施行的实际需要。在监狱类型分析中，我们不仅关注大陆法系、英美法系监狱的基本形态，更着力于监禁形态封闭与否的最显著的特征是什么；有限开放，开放的是什么；开放式监狱的价值何在；尤其关注法治的基本价值如何在监狱立法与制度运行中得到彰显。在此基础上我们聚焦于监狱关系、监狱文化、监狱生态、监狱暴力、监狱人权、监狱情报等前沿论域，力图揭示监狱制度变迁的深层机理，直面重刑主义倾向、高监禁率，以及安全导向行刑模式等问题带来的监狱治理困境与出路，并特意研究了出狱服务、监狱比较等问题，以拓展本课题的研究深度与广度。

《监狱法学》中。监狱是刑罚走向文明过程中的产物，是现代国家刑事法律体系不可或缺的组成部分。监狱知识体系的庞杂性，催生着监狱学科研究的不断深化、细化。监狱法学就是以监狱法律制度和监狱行刑实践为专门研究对象的学科。无疑，在构建"法治国家"和实现国家治理能力与治理体系现代化的时代愿景下，监狱法学作为刑事法学、监狱学的分支学科，对于规范我国监狱刑罚执行、促进我国刑法目的实现具有重要的价值。《监狱法学》以国内外监狱法学、监狱制度的最新研究成果为基础，密切结合我国监狱的行刑实践，突破传统"注释法学"的研究模式，以监狱法律关系为主线，论述了监狱基本法理、监狱法律渊源、监狱法律关系构成、监狱监督、特定类型罪犯刑罚执行保护、出狱人回归保护、外国监狱制度以及我国监狱法律制度的发展与展望。

《监狱管理学》。监狱管理学作为监狱学学科的组成部分，监狱管理学立足于从原理和理论层面架构监狱管理的基本轮廓，并紧密结合当下我国监狱管理的现实问题，构建能够说明和解释当下中国监狱管理现状的理论体系。鉴于监狱管理的国家属性和法律特质,《监狱管理学》的构思和理论支撑主要来自行政管理学和公共管理学,在描述监狱管理自身独特性的同时,也尝试用行政管理和公共管理的理论,重构监狱这一带有行政性质和刑事司法性质属性的"组织体"的管理问题。

监狱学研究再出发,我们相信并期待,我们的努力是有意义的!

是为序!

上海政法学院原副院长、终身教授 闫 立
江苏省司法警官高等职业学校党委书记、校长、研究员 张 晶

2018 年 1 月

前言

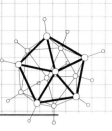

监狱与国家同在，与社会发展同向，自从狱政改良运动促使近现代监狱成型以来，监狱便从单纯的人身保管场转变为以矫正罪犯、助力罪犯再社会化为目标的重要组织体。监狱首先具有国家属性，是国家刑罚执行机关，但其要实现监禁刑执行与改造罪犯的功能和目标，必须通过监狱管理这一载体予以达成。只有通过依法、科学、高效的管理活动，将人、财、物等资源和要素协调运用于监狱工作中，使监狱得以正常运转，监狱的功能和存在价值才能得到彰显。监狱管理学的研究即着眼于此，欲借鉴行政管理学以及管理学的理论成果，结合监狱管理的实务经验，从理论层面探索如何在监狱场域中以计划、领导、组织、控制等管理活动使监狱有效运转，实现其法定职能和制度价值。

本书从监狱管理的特征、监狱管理学的学科定位和范围出发，通过监狱、监狱管理原则、监狱人民警察管理、监狱物态管理、监狱财务管理、监狱信息化管理、监狱危机管理和监狱管理监督等方面，较为全面地分析了监狱领域各个层面的管理活动。全书体例安排得当、结构完整、内容新颖，有一定的理论依托和逻辑主线，同时又结合了监狱管理实务，因此本书既适合于高等院校刑事执行、监所管理专业的师生和监狱人民警察作为教材使用，也可供司法实务人员、法律工作者和理论研究者参考和学习。

本书是上海市高校高原学科法学学科（监狱学方向）学术文库系列教材之一，由上海政法学院和江苏省司法警官高等职业学校合作开发。本书由马臣文副教授主编，编写人员及分工如下：江苏省司法警官高等职业学校马臣文编写第一章绪论；南京监狱戴正乔编写第二章监狱；江苏省司法警官高等职业学校李坚编写第三章监狱管理原则；江苏省司法警官高等职业学校郭唯伟编写第四章监狱人民警察管理；江苏警官学院陈燕编写第五章监狱物态管理；江苏省司法警官高等职业学校肖胜华、张毅编写第六章监狱财务管理；江苏省司法警官高等职业学校王海军编写第七章监狱信息化管理；江苏省司法警官高等职业学校姚丹编写第八章监狱危机管理；江苏省南京监狱刘枫编写第九章监狱管理监督。

全书由马臣文提出编写大纲，并根据要求进行修改、定稿。陈燕参与了部分章节的修订工作。本书编写过程中，参考、引用了国内外相关研究成果，得到了上海政法学院、江苏省司法警官高等职业学校的大力支持，张晶研究员积极推进编写工作，宋行教授在思路确定、纲目成型和具体章节内容定位等方面提出诸多宝贵意见，在此一并表示感谢。

由于编者水平有限，书中难免存在不足和瑕疵之处，敬请广大读者批评指正。

编者
2021 年 12 月

目录

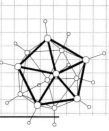

第一节　监狱管理概述　/ 001

第二节　监狱管理学的研究对象和研究方法　/ 006

第三节　监狱管理学的学科地位和学科范围　/ 007

第一章
绪论
/
001

第一节　监狱概述　/ 014

第二节　监狱管理的体制及制度　/ 017

第三节　监狱管理的环境　/ 023

第二章
监狱
/
014

第一节　依法管理原则　/ 026

第二节　科学管理原则　/ 030

第三节　文明管理原则　/ 037

第四节　效能管理原则　/ 040

第三章
监狱管理
原则
/
026

第四章 监狱人民警察管理

046

第一节　监狱人民警察管理概述　/ 046

第二节　人事管理　/ 048

第三节　警务管理　/ 059

第五章 监狱物态管理

065

第一节　监狱物态管理概述　/ 065

第二节　监管警戒设施管理　/ 070

第三节　生活卫生设施管理　/ 076

第四节　教育矫正设施管理　/ 080

第六章 监狱财务管理

087

第一节　监狱财务管理概述　/ 087

第二节　监狱财务管理的内容　/ 088

第三节　监狱财务管理的方法　/ 101

第一节　监狱信息化建设管理　/ 104

第二节　监狱信息化平台的管理　/ 111

第三节　监狱信息安全管理　/ 123

第七章

监狱信息化管理

/ 104

第一节　监狱危机管理概述　/ 131

第二节　监狱危机识别与响应管理　/ 136

第三节　监狱危机的预防管理　/ 141

第四节　监狱舆情管理方法　/ 146

第八章

监狱危机管理

/ 131

第一节　监狱管理法律监督　/ 153

第二节　监狱管理监察监督　/ 159

第三节　监狱管理审计监督　/ 160

第四节　监狱管理社会监督　/ 164

第九章

监狱管理监督

/ 153

参考文献

/ 169

第一章　绪论

监狱与国家相伴而生，随社会发展而演进，其既是社会的缩影，又是国家制度的重要组成部分。在漫漫历史长河中，监狱的形态、功能以及制度价值同样发生着或快或慢、或显或隐的变化。但自近现代狱制改良以来，监狱作为自由刑执行机关的职能定位基本确定，矫正罪犯、使其不再危害社会也成为监狱制度的主要价值追求。监狱职能的确定和监狱价值的基本恒定为监狱自身管理确立了目标。如何整合监狱资源，有效实现监狱目标和监狱价值追求，是监狱管理必须解决的问题。监狱管理学就是从学科角度对监狱管理活动、管理方法和管理经验进行理论化、体系化处理的知识整合，是对监狱管理实践进行理论概括和归纳后的逻辑架构。

第一节　监狱管理概述

一、监狱管理的概念和职能

（一）监狱管理的概念

监狱管理，是指监狱依据宪法法律、其他规范性文件和制度性规定，在其职责范围内对于特定的人、财、物和相关事项所进行的计划、组织、领导和控制等活动的总称。从外部视角看，监狱是国家刑罚执行机关，具有国家属性，在国家权力分工和刑事司法流程中承担了具体的法定职责。从内部视角看，监狱是一个"组织体"，需要整合内部各种要素，确保内部秩序的正常运行并达到优化状态。与企业、学校、医院等其他类型的组织体一样，监狱也要遵循管理的一般原理和规律，通过特定的管理架构和管理活动，履行国家和社会赋予其的职责。从某种程度上讲，监狱管理是一个社会过程，是为了完成监狱目标而采取的一系列行动。这些行动是监狱为了实现组织目标而对于内部要素和外部环境能动地施加的作用力，其具体活动表现为监狱的计划、组织、领导和控制四种管理职能。

（二）监狱管理的职能

1. 监狱的计划职能。监狱管理的基本属性就是努力让监狱工作者理解监狱存在的使命和目标以及完成具体任务的方式方法和制度流程，进而有效完成各自的任务。这也是制订和实施监狱计划的初衷和目的。监狱的计划职能，指的就是监狱通过预测未来形势、确定工作目标及实现目标所应采取的工作步骤的过程。从人员岗位安排、财务预算安排、设备设施管理安排到具体事项的流程设定，都属于监狱计划职能的范围。计划即决策，监狱计划职能的行使过程，体现为监狱领导者在各种备选方案中的选择行动和为每一个活动确定行动步骤的过程。监狱计划工作是所有管理活动的依据和前提，没有计划，后续的管理活动将无法开展。监狱计划有助于增强监狱管理的预测性，规避风险，提高管理质量。科学、合理的管理计划能够节约资源，优化工作流程，激发行为动力，有助于调动监狱人民警察进行管理的积极性，有利于罪犯依法服刑和顺利改造。更为重要的是，监狱计划所设定的各种目标和具体内容是监狱行使控制职能、监控工作质量和评价具体工作任务完成等级的主要参照指标。

2. 监狱的组织职能。在管理学理论中，组织就是为了实现计划而设定的规范化角色结构。从动态角度讲，组织职能是管理主体依据一定的标准将活动类型化，然后根据目标予以分组，进而通过授权形成纵横交错的部门的管理活动。为了完成刑罚执行和罪犯改造目标，监狱同样需要根据职能性质划分部门，设置岗位，建立人员管理制度和考核制度，并且建立一套符合监狱运行的权力运行机制。组织职能能得到发挥的核心是授权的合理性和有效性。授权的具体表现是：监狱通过赋予相关部门一定的管理权限，由其在职责范围内调动一定的人力和物力资源，实施具体的管理活动。不过，对于监狱而言，作为国家机关，其基本的组织工作架构已经由相关法律和制度明文规定，其部门分类和设定具有一定的限定性。监狱只能在法律法规授权范围内行使组织职能，与职权相关的组织活动以及与部门化相关的组织活动必然会受到国家司法制度改革和刑事司法政策变动的影响。

3. 监狱的领导职能。在管理领域，"领导"不是指"领导者"，而是指"领导活动"，指的是"管理人员个人积极地与部署共同工作，以指导和激励部署的行为，使其能符合既定的任务和计划，同时了解部署的感情以及部署在按计划行动时所面临的各种问题"❶。领导者的领导工作是影响管理活动质量和效率的重要因素。当然，领导者个人的素质和领导风格对于一个组织的领导职能的水平具有直接的影响。监狱的领导职能，指的是监狱管理者在监狱组织框架内，遵循监狱制度设定，在职权范围内对于监狱人员的指导、激励、工作部署、具体事务协调等活动。承担监狱领导职能的主要是监狱中高层管理者，尤其是高层管理者的领导活动和领导能力，对于监狱管理整体效能的发挥以及管理风格的形成，具有显著的决定作用。监狱管理者领导职能的行使，一方面与监狱职责分工相关，另一方面与行政管理体制的设定有关。在省域范围内，省级监狱管理部门对于其所辖监狱的高层领导者的管理权限、管理程序、管理流程具有较大的行政影响力。不过，在具体的监狱管理过程中，管理者行使一定领导职能的职权空间仍然存在，指挥、指导和激励下属完成既定工作是管理实践的组成部分，也是监狱管理的常态形式。

4. 监狱的控制职能。管理工作中的控制职能一般描述的是通过对工作过程和结果的衡量和校正，进而实现工作与目标、计划的一致性。管理工作的控制职能和控制要素始终以不同形式体现在管理活动的各个方面。没有对于工作内容、过程和结果的监督、检查与反馈，具体工作的有效性和质量便无法得到有效保证。每个层次的管理者都负有督促工作、检视具体工作是否符合计划的职能。监狱作为刑罚执行机关，其对于内部事务的管理、罪犯的管理、监狱警察的管理等事项，都具有法定的标准和目标，其控制具体

---

❶ ［美］W. H. 纽曼，小 C. E. 萨默. 管理过程：概念、行为和实践［M］. 李柱流，金雅珍，徐吉贵，译. 北京：中国社会科学出版社，1995：563.

活动在正常状态和水准的要求更为严格，监狱管理中的控制工作也更为复杂。监狱管理中控制工作的流程大致分为确定标准、按照标准衡量工作过程和结果、对于偏离标准的工作予以纠正等三方面的内容。因此，从这个意义上讲，绩效管理、罪犯考核、监狱人民警察奖惩等内容都可以被纳入监狱控制职能的范畴。

二、监狱管理的特征

（一）依据的法定性

监狱事业是中国特色社会主义事业的有机组成部分，其司法属性要求监狱活动和监狱行为必须全面纳入依法治国的轨道。监狱管理活动不仅是一般的计划、领导、组织和控制行为，而且是监狱行刑权和行刑管理权的运用过程。作为与公权力实施密切相关的监狱管理活动，其实践过程必须坚持法治原则和法律框架。监狱管理必须遵守法律要求，尤其是要以监狱法、刑事诉讼法、刑法等刑事法律和罪犯管理部门规章为依据，在法律授权和法律框架范围内进行具体的管理活动。监狱管理依据的法定性，要求监狱范围内的所有管理制度、管理行为和管理手段都必须遵循现有法律要求，不能突破强制性法律规则的限制。这也是确保监狱行为的严肃性、公正性以及保障罪犯基本权利的要求。

（二）性质的行政性

监狱管理的本质属性是行政管理。在我国，监狱管理是司法行政管理的组成部分，按照国家行政管理的原则和流程进行。纵向上，司法部、省级监狱管理单位、监狱大致构成了三个层级的行政管理结构。国家层面的监狱事务由司法部负责，主要包括负责全国监狱管理工作，监督管理刑罚执行、罪犯改造的工作、指导刑满释放人员帮教安置工作；省级层面的监狱事务，由省级司法厅管理，具体事务由厅属监狱局负责；监狱层面的管理，由各个具体的监狱单位负责。从业务运行和职责分工上看，我国的监狱管理比较明显地体现出了行政管理层级管理的特质。这一点也符合监狱管理的基本属性，即监狱管理是监狱代表国家对于所辖范围内的人、财、物和职责范围内事项进行管理的具体行政活动。虽然这种活动的一般属性与其他企业、组织的管理活动没有区别，但由于管理主体的法定性、国家性，尤其是罪犯管理以及警察管理的公共属性和权力属性，应当将其定性为行政管理。

（三）本质的服务性

管理就是服务，任何类型的管理活动都是为了实现管理目标而进行的服务活动，监狱管理同样如此。另外，监狱管理属于行政管理和公共管理的范畴，在考虑最大化实现资源配置的同时，在其目标层面必须考虑怎样为社会服务和为人民群众服务。没有服务意识的社会管理和国家管理，很可能会对社会发展产生负面的影响。就监狱管理而言，其本质的服务性具体表现为：一是要树立围绕中心、服务大局的意识，一切管理活动都必须建立在服务大局的基础上；二是要对监狱资源进行合理配置，实现监狱服务社会的功能。围绕中心、服务大局意识的确立，是监狱管理的指导思想。不管具体的监狱管理如何进行，不管监狱制度如何完善，监狱都是国家、社会发展的组成部分，监狱发展与社会整体发展相协调的方向必须明确。作为国家管理的重要组成部分，监狱管理活动应当始终围绕中心、服务大局,为经济、政治、社会和文化的建设提供助力。因为监狱工作始终是维护社会秩序的重要领域,是服务于社会整体发展的"后台"和保障部门,服务大局的意识和工作方向是监狱管理的基本要求。监狱管理的服务性,还体现在监狱资源的配置和使用要符合服务社会的要求。监狱日常运作的人力、物力和财力投入,都来源于国家财政,因此监狱资源的配置和使用必须以服务社会为基本原则。就监狱而言,刑罚执行活动和改造罪犯活动是监狱的基本职能,监狱资源在刑罚执行和改造罪犯中的合理使用就是服务社会的最好体现。

(四)内容的广泛性

监狱的法定职能是执行监禁刑,看似功能单一,但将罪犯置于行刑场所,围绕惩罚与改造罪犯这一目标所进行的活动,覆盖面广,内容繁杂多样。从监狱建筑、设施、生产生活保障设施等器物层面到监狱人民警察、罪犯、其他工作人员,监狱管理涉及的内容广泛。从属性上讲,监狱管理既包括对于监狱人民警察的人事管理和警务管理,也包括对罪犯事务的狱政管理和刑务管理,同时涵盖了财务管理、文化建设管理、建筑设施管理等其他不同性质的管理。因此,监狱管理是一项涉及诸多层面、诸多内容和诸多人员的复杂活动,必须采用科学系统的方法进行合理协调,才能确保各个层面监狱管理目标的实现。不同于以营利为目的的企业,监狱在保持自身稳定运行和有效运作的同时,承担着执行刑罚、惩罚和改造罪犯的法定任务。一定的物质基础、制度环境和人力资源是实现监狱管理目标的基本条件。只有按照组织运行规律和监狱发展规律协调各种关系,优化利用各种资源,方能实现监狱管理目标。

(五)目标的特定性

目标的特定性是监狱管理区别于监狱其他活动和企业等其他组织管理活动的重要特征。从管理理论的一般角度来看,监狱管理同样是围绕着组织目标,在人、财、物等各种资源和外部规则的限制下,进行的计划、组织、领导和控制等活动。监狱管理的实质是实现行刑目标的管理行为。监狱管理的任务就是通过不同层次的管理行为,最终科学、合理、高效地将罪犯改造为守法公民的行刑目标。具体地讲,虽然监狱的法定职能是改造罪犯,改造罪犯也是监狱各种活动的落脚点,但由于监狱的特殊性,监狱管理呈现出的是一个围绕行刑目标构成的层级结构。这种层级结构就是围绕监狱自身组织建设的政务性管理行为和罪犯改造的罪犯管理行为形成的。二者都是监狱管理的重要内容,其最终目标相同,但它们是在不同层面促进着监狱目标的实现。政务性管理行为是监狱对于民警和各个部门的管理,属于监狱组织建设和人才队伍建设的范畴。罪犯管理行为是监狱通过民警对于罪犯的管理,属于监狱的固有职能行为,是监狱特定功能的展现。监狱管理的本质就体现在政务性管理行为和罪犯管理行为的结合之中,其结合的基础在于终极目标相同,即两种具体的管理行为都服务于监狱目标——行刑目标的实现。

三、监狱管理的作用

(一)监狱管理可以实现监狱职权范围内人、财、物等资源的有效配置和监狱运行的有序、高效

监狱管理的基本作用是通过管理行为,使监狱职权范围内的人、财、物等资源围绕

管理目标得到有效配置。通过监狱管理的协调作用，监狱财产和资源能够得到充分、有效地使用，监狱管理人员能够在职权范围内履行职责，进而监狱作为国家刑罚执行机关的职责和改造罪犯的使命能够圆满完成。监狱管理同时也是确保监狱各种日常活动正常进行的基本途径。有效的监狱管理活动是保证监狱改造罪犯活动秩序稳定的前提和基础。通过计划、组织、领导、协调等活动，监狱能够始终处于一种平稳的运行状态，刑罚执行、改造罪犯、刑务作业等其他层面的活动才能得以顺利进行。不过，基于人际管理、人本主义管理的现代管理要求监狱管理改变过去命令式的管理手段，引入尊重具体管理执行者和管理相对人的思想，让管理活动中的人的因素的潜力得到更大的开发，进而实现高效管理的目的。具体而言，在监狱管理中，应当重视作为直接管理者的监狱人民警察和作为管理相对人的罪犯，使监狱管理主要涉及的这两类人员认同监狱目标，全心投入或融入监狱管理活动，让监狱管理目标得到最大程度的实现。对于监狱人民警察，现代管理要求必须重视其权利保障和职业保障，让监狱警察在为监狱事业奉献热血的同时，获得应有的尊重和社会地位，尤其是能够获得应有的发展空间，用自己的专业知识和专业技能从事各类具体的监狱工作，在刑罚执行和改造罪犯事业中获得出彩的机会。对于罪犯，现代管理要求必须尊重和保障罪犯的基本权利，为罪犯服刑和改造提供条件，同时要求监狱工作必须以教育改造罪犯为中心。

（二）监狱管理可以提高监狱刑罚执行能力，实现监狱惩罚与改造功能的平衡统一

党和国家领导人不止一次做出关于强化监狱内部管理的重要论述，可以得出，监狱内部管理水平的提升关系到监狱工作的质量和水平，必须在体制创新、机制创新、制度创新等方面加大力度，探索适应当前我国监狱工作发展的内部管理模式。监狱工作管理者在这方面大有作为，其可以通过创新现有管理模式，引入治理理念，升华精细化管理、信息化建设等已有经验，尝试为当下提升监狱内部管理水平，探索平衡惩罚与改造功能的监狱运行模式做出质性思考。监狱管理不仅仅关乎监狱人、财、物的优化配置，关乎监狱运行的高效、有序，而且着眼于行刑秩序的完善和行刑过程的优化，但其实质并不仅仅是为了安全而加强管理，不是为了控制全局而管理。监狱管理立足于监狱内部管理，强调将现代行刑的理念运用于监狱运行的细节中，强调在现代监狱建设中关注监狱运行的细微之处，在细节中寻求突破，在细微处创新思路，进而整合现代监狱蕴含的惩罚因子与改造理念，为平安、法治、文明等治狱理念融入监狱事业奠定基础。因此，监狱管理既可以提升监狱刑罚执行能力和执法能力，又可以通过沟通协调的管理属性平衡惩罚罪犯与改造罪犯的监狱职能，实现监狱维护社会大局稳定，促进社会公平、正义，保障人民群众安居乐业的职责和使命。

（三）监狱管理有助于完善监狱治理体系和治理能力建设，助力社会主义现代监狱建设

社会管理向社会治理的理念转变，体现的是治理对于社会活力的正面导向和充分释放。监狱治理体系和治理能力建设是国家治理体系和治理能力建设的有机构成，完善监狱治理，同样蕴含着释放监狱活力的发展要求。精益求精、高效、优质的监狱管理，通过整合监狱内部各个要素，能够最大限度地释放监狱运行潜力，提升监狱行刑效能。当下，监狱工作各方面的运行都进入了相对规范化、稳定化和模式化的阶段，以治理维度的监狱管理新标准和要求统合常规工作，促使每一项具体监狱事务在精致、精细、精益上有所突破和完善，将是推进监狱事业深入发展的重要路径。现代监狱管理所要求的立足于挖掘潜能、提升活力、增强合力的非规制型工作推进模式，更是既充分重视了法治的规则要求，又全面释放了人力资源优化的内在活力。用创新理念在治理格局中融入多元智慧，用创新机制在监狱管理中实现质性升级，确保社会主义现代监狱建设在创新发展中释放监狱内部管理应有的理性活力，确保监狱改革事业在创新发展中获得了广泛的社会认同和制度空间。

第二节　监狱管理学的研究对象和研究方法

一、监狱管理学的研究对象

作为一门独立的监狱学学科，监狱管理学有其特定的研究对象，研究对象的特定性表明了监狱管理学与其他监狱学学科之间的区别，体现了监狱管理学的学科独立性。通过对监狱管理概念和特征的分析，结合学科构建的客观规律，可以得出如下结论：监狱管理学的研究对象是监狱管理关系。监狱管理关系是监狱社会关系中的一种，是监狱为实现管理目标，通过管理活动及具体管理职能，在管理主体、管理相对人之间围绕管理客体所产生的社会关系。监狱管理学研究的就是监狱管理关系的具体样态及其体现，尤其是导致监狱管理关系形成的管理主体与管理相对人的管理过程和管理方法。

在监狱中，监狱管理的主体是监狱本身，监狱自身享有在职权范围内行使计划、组织、领导、控制等职能的法定地位，其对于人、财、物的配置具有一定的裁量权。监狱人民警察是监狱管理的直接主体，其在监狱内从事围绕惩罚和改造罪犯而进行的各种管理活动，是监狱管理权的具体行使者。罪犯是监狱管理的相对人，其作为人员要素，是罪犯管理关系中的参与者。作为监狱事业的人力资源和监狱工作的具体承担者，监狱人民警察又是监狱内部行政管理的对象。因此，从现象上看，监狱人民警察既是监狱人事管理的对象，又是罪犯管理中的具体管理者。这取决于监狱人民警察在不同监狱管理关系中的地位不同，其管理者与被管理者的双重身份源自其所参与的监狱管理关系的不同。因此，将监狱管理关系设定为监狱管理学的研究对象，有助于理清监狱管理研究的逻辑结构，不同的管理活动和管理内容因其所属管理关系的不同，能够得到多维度的解读。在监狱管理各个层面的研究中，界定具体的管理关系，分清该类管理关系的性质以及主体和对象，有助于把握监狱管理现象、认识监狱管理活动和掌握监狱管理方法。监狱管理关系是分析监狱管理的中心概念，一方面将抽象的监狱管理权与具体的监狱管理活动衔接起来，另一方面又将监狱管理涉及的人与物固定在具体的关系范畴中，体现了监狱管理学研究的理论价值。

二、监狱管理学的研究方法

（一）调查研究法

作为研究监狱管理关系的学科，对于具体管理行为、管理活动和管理后果的了解离不开调查研究。调查研究法的基本特点是研究者提出具体问题，拟订研究方案，通过观察和实验采集资料和数据，并在此基础上提出知识性的命题。在这个过程中，研究者提出的具体问题只能是事实判断意义上的实然问题，而不能是价值判断上的应然问题。同时，研究者拟订的研究方案必须能够被他人理解和重复实施，其研究得出的结论也允许他人通过同样的研究予以证实或证伪。因而，此处所说的调查研究方法并不是一种单一的研究方法，而是多种研究方法的集合，比如观察法、访谈法、问卷法、抽样调查法、个案调查法、田野调查法，都属于此类研究方法。

（二）历史研究法

一切社会现象都有其产生、发展的历史过程，监狱管理现象、管理活动和管理理论的成型也有一个发展的过程。成熟的、合理的监狱管理方法和管理理论无不是经过历史发展积淀下来的智慧结晶。透过监狱管理现象认识监狱管理活动的规律和方法，需要充分把握监狱管理的历史和监狱管理理论的历史，由此才能在前接后续的时间维度上发展监狱管理理论，升华监狱管理原理。

（三）比较研究法

比较研究法是通过横向参照与研究对象有关的研究结论、研究过程和研究内容促进本身研究的一种研究方法。比较的目的是形成更为宽广的研究视野，从而能够在借鉴和学习中充实自己的研究，提高研究的层次，同时增强研究的普适性。监狱管理是存在于监狱领域的一种普遍现象和普遍活动，通过比较不同国家、不同文化背景下监狱管理活动和监狱管理理论，可以深刻认识监狱管理的本质，找出符合我国监狱管理工作的理论参照和实践参考，进而增强监狱管理研究的学术性和规律性。比较研究要求研究者要充分了解其他国家和地区的监狱管理经验和管理思想，也需要研究者具有敏锐的甄别能力，能够去伪存真，找到适合我国监狱管理发展的理论和方法。

（四）规范研究法

监狱管理学的学科性和学术属性决定了研究方法的规范性。规范研究方法要求研究的概念、原则、原理的构建既要符合一般学术研究的严谨性和逻辑性，也要符合管理学和行政管理学的基本原理。规范研究法对应于实证研究法，着眼于监狱管理研究的抽象和理论层面，侧重于从概念到理论的逻辑推理过程，基本概念的演绎和基本原理的架构应具有一致性和融洽性，因此此种方法也被称为"逻辑演绎法"。

第三节 监狱管理学的学科地位和学科范围

一、监狱管理学的学科地位

监狱管理学是监狱学的下一级学科，属于监狱学的子学科，对其学科地位的精准认定必须借助于监狱学学科地位的厘定。监狱学的学科定位在我国经历了较为漫长的理论争鸣和实践探索过程。可以说，从1994年《中华人民共和国监狱法》颁行后，"监狱学"取代"劳改学或劳改法学"的称谓后，对监狱学的学科定位一直处在争论中。学科定位的不明晰直接制约了监狱学专业的发展空间和影响了监狱学人才培养的质量。当然这种学科地位的不明确与监狱研究人员范围较窄、研究层次相对不高、社会对监狱工作认同度不高、监狱机关行政级别有限等诸多因素有关。当前，关于监狱学的学科定位主要有三种较为有影响的观点。

第一种观点认为监狱学属于独立的法学学科，隶属于刑事法学。此种观点着眼于监狱是国家的刑罚执行机关，其刑事司法属性较为明显。监狱作为国家暴力机器和司法制度的重要组成部分，根据从制刑、求刑、量刑到行刑的刑事司法流程，监狱理应在刑事法学领域占有一席之地，并且应当与作为刑事实体法的刑法学、作为刑事程序法的刑事诉讼法学形成"三足鼎立"的局面。此种观点基本符合监狱工作的实践性质，在实务领域影响较大，当前涉足监狱研究的刑法学研究人员也大都持此种观点。另外，此种观点还有一种兼顾现实的折中版本，即根据国家颁布的《学位授予和人才培养学科目录（2011年）》，将监狱学定位为刑法学二级学科下的三级子学科。该种观点的有力佐证是：现在的国务院博士学科专业分类中，将监狱学与中国刑法学、外国刑法学和犯罪学并列为刑法学博士的四个研究方向之一。

第二种观点则主张监狱学的学科独立性，认为监狱学是一门独立的综合性社会科学。较早的如民国监狱学家孙雄认为"监狱乃社会缩影，故监狱学，对于社会之各种科学，皆包含一部分，学者称之为集合学信然"❶。当代监狱学者吴宗宪教授也认为"从监狱学目前的研究状况和未来的发展前景来看，监狱学应当是一门以监狱法学研究为主的综合性社会科学"❷。此种观点盛行于以监狱研究为主的研究人员以及监狱实务部门的研究者中，其大都着眼于监狱场域的独特性，认为需要综合运用政治学、法学、社会学、心理学、管理学等多种学科的理论研究监狱，方能全方位地认识监狱现象和实现监狱科学改造罪犯的目标。

第三种观点认为监狱学属于刑事执行法学的一部分，其应当作为刑事执行法学的主干部分而存在。实质上，此种观点在取消了"监狱学"称谓的同时，也取消了监狱学学科的独立性。从历史角度看，这种观点其实从1994年"监狱学"称谓产生前后起就一直存在于学界，而且老一辈监狱学家力康泰、邵名正等也支持这种观点。邵名正等认为，"监狱学研究只限于监禁刑罚的执行，不包括非监禁刑罚的执行，更不能涵盖非刑罚执行。从国际刑事执行的发展趋势来看，非监禁性刑罚和非刑罚执行方式是刑事执行发展的主要趋向，所以监狱学研究必须放在广义的刑事执行领域当中加以考查……我们完全可以把已经创立的监狱学学科体系结构所蕴含的特殊规律上升为刑事执行的一般规律"❸。随着我国社区矫正实践的深入开展和《中华人民共和国社区矫正法》的颁布和实施，在非监禁刑刑罚执行法治化取得重大进展的当下，不少研究者也重新提出了用刑事执行法统合监狱法和社区矫正法的观点。

客观地说，以上关于监狱学学科地位的三种观点都有一定的合理性，其他各种观点也大都能够归入这三种观点中。本书主张监狱学学科的独立性。不过，主张监狱学学科

---

❶ 孙雄. 监狱学 [M]. 北京：商务印书馆，2017：15-16.
❷ 吴宗宪. 监狱学导论 [M]. 北京：法律出版社，2012：14.
❸ 邵名正，司绍寒. 监狱学创立历程及发展趋势. 见：郭明主编. 中国监狱学学科建设暨监狱制度创新学术论坛文集 [C]. 2004：39-40.

的独立性需要更进一步地在学科体系中对其进行定位，即作为独立学科的监狱学在我国现行学科体系中到底居于哪个具体位置。因为从教育学的研究来看，"所谓学科就是指人们在认识客体的过程中形成的一套系统有序的知识体系。当这套知识体系被完整地继承、传授并创新发展以后，学科就表现为一种学术制度、学术组织教学科目，或表现为一种活动形态"❶。一门知识成为学科，必须同时具备学术标准、实践标准和制度标准三个标准。学术标准是衡量学科成立的知识的体系化和专门化要求，实践标准要求学科必须能够满足社会需求，制度标准则是学科成立的外在制度条件和教育建制。可以说，监狱学成为一门学科，以上三种观点都能够满足学术标准和实践标准，但对于制度标准则都不那么符合。在我国高等教育学科体系已经比较完备的当下，不充分考虑监狱学在我国当前学科体系现状中的定位，无论理论阐述多么严谨，对于监狱学的发展其实都未必能有多大的现实作用。基于此，参照教育部颁布的《普通高等学校本科专业目录（2012年）》，应将监狱学定位为：我国监狱学是一门属于法学类法学一级学科下的二级学科，其学科地位与法学理论、民法学、刑法学等其他现有十个二级学科相同。可以说，本书的观点综合了以上归纳的前两种观点，但落脚点有所不同，理由如下。

根据学科定位的三个标准，从监狱学对于监狱实践的积极影响和监狱专业人才的有效提供以及对于犯罪和重新犯罪防控的诸多贡献来说，监狱学学科独立应当完全符合学科成立的实践标准。对于制度标准，从《普通高等学校本科专业目录（2012年）》这一部门规章来看，"监狱学"被设置为法学门类法学一级学科的特设专业，专业代码为"030103T"，与"法学（030101K）""知识产权（030102T）"三个专业并列于法学类一级学科下。不过根据相关教育文件和教育政策，该规范性文件中的这种安排主要是根据教育需求来考虑的，即特设专业是针对不同高校办学特色，或适应近年来人才培养的特殊需求设置的专业。至于属于"K"类的法学（030101K）则仅仅表明该专业是国家控制布点专业。鉴于该文件针对的是普通高校本科专业的目录设定，也就说明在本科专业层次为监狱学发展留下了一个自我发展的空间，如果发展顺畅，则可以去掉特设之名"T"，进而成为一个普通专业或国家控制布点专业。由此可见，特设专业仅仅是制度安排方面的权宜之计，从良性发展角度预测，当专业建设成熟和趋于稳定后，监狱学存在上升、平移和下降等三种发展路径。应当说明的是，监狱学作为专业和学科虽然不同，但此处交叉论述并无太大不妥，因为目前还没有关于专业和学科的分析定义。"它们都是针对同一问题展开工作的科学家的松散组织，它们认同于、同时也被其他人认为是致力于某一社会认知所界定和标记的专业。专业相对更小并且具有流动性，而学科则更为稳定，同时在大学和正规职业团体结构中被制度化。专业成员之间了解彼此工作的程度要高于他们整体学科的研究程度……相关领域的研究丛构成了专业，其成员对某一特定的现象或方法有着共同的兴趣。而学科就是由专业丛所构成。"❷ 如果监狱学发展壮大，形成由诸多子学科构成的一个知识体系，它就是一门学科。在发展不完善、知识体系内部分支的独立性不够时，其就只能作为一门专业存在。

根据上文阐述，监狱学的上升发展指的是监狱学从法学类中独立出来，成为法科下

---

❶ 周光礼，武建鑫．什么是世界一流学科［J］．中国高教研究，2016（1）．
❷ ［法］马太·杜甘．比较社会学［J］．李洁，译．北京：社会科学文献出版社，2006：238．

面与法学、政治学、社会学、民族学、马克思主义理论和公安学并列的一级学科，其一级学科代码可接续公安学为"030107"。这当然是监狱学学科发展的理想图景，也是监狱理论研究者和实务工作者应当为之奋斗的目标，但确实与现实差距过大，目前不宜依此认定监狱学的学科地位。监狱学的下降路径指的是监狱专业发展达不到相应标准和社会期待，进而将其降低为专科目录层面，也就是技术型的职业教育层面。根据教育部《普通高等学校高等职业教育（专科）专业目录（2015年）》，监狱学属于公安与司法大类中法律执行类下的刑事执行专业（680601K），并且属于国家控制专业的"K"类专业。此种发展路径从形式上虽然符合监狱学定位的第三种观点，但其实不然，该种观点直接取消了"监狱学"的"学"之属性，将其降为一门针对刑罚执行实务的职业之"术"的教育，监狱学的独立性荡然无存，实质上也不是监狱学地位第三种观点主张者的本意所在。因此，本书赞同的是监狱学发展成熟，去掉"特设"之名后的平移之路，即仍保留在普通高校本科专业目录中，直接移入法学二级学科中，可接续"军事法学（030110）"，作为"监狱学（030111）"存在于法学二级学科中。该种定位既尊重了现有学科目录体系，保证了监狱学的学科独立地位，同时也符合监狱学学科研究的现有水平，并能够给监狱学发展提供足够的学术空间和学科资源。此处已经能够逻辑地得出结论：监狱管理学是作为法学二级学科监狱学的子学科，即在我国当前学科体系中应作为法科下的法学三级学科而存在。

二、监狱管理学的学科范围

围绕监狱管理关系，应当研究监狱管理中的哪些内容，并在理论上进行逻辑架构，即监狱管理学学科范围解决的问题。监狱管理涉及的人员众多、事项诸多、内容繁杂，过于微观的视角难以把握监狱管理的全局面貌，因此本书采取一种较为宏观的逻辑架构，以实现监狱优化人、财、物资源优化配置，内部秩序正常运行，行刑目标顺利完成为管理目标，用九章内容阐述了监狱管理的一般问题，具体如下。

第一章是绪论，从监狱管理的界定和特征入手，将"监狱管理关系"确定为监狱管理学的研究对象，阐明"监狱管理学"属于监狱学子学科和法学三级学科的学科地位，设定监狱管理学的学科范围和学科界限，为监狱管理活动的展开做好理论基础和铺垫。

第二章是监狱，论述作为监狱管理主体的监狱的内涵、职能、特征以及监狱管理体制、监狱管理制度、监狱管理的环境等内容，明晰监狱管理活动中主体的性质、属性和制度性背景。

第三章是监狱管理原则，将依法管理、科学管理、文明管理和效能管理等四项原则作为监狱管理活动中需要遵循的基本准则，四项原则既是监狱各级管理者管理行为的依据和要求，也是提高监狱现代化管理水平应遵循的基本路径和方法。

第四章是监狱人民警察管理。监狱人民警察作为监狱管理的直接主体，具体行使监狱管理职能，是形成各种监狱关系的重要参与者或者行动者。本章主要论述监狱人民警察的内涵、特征，监狱人民警察管理的特征、要求以及监狱人民警察从录用、培训到考核、奖惩等人事管理各个环节的内容，同时阐述了包括警衔管理、警用装备管理、警服管理、警务督查等警务管理的内容。

第五章是监狱物态管理。物态管理是监狱场所管理和活动管理的基础，也构成了其他类型和层次管理活动进行的条件和约束。本章从监狱物态分类，监狱物态管理的内涵、特征和基本要求到监管警戒设施管理、生活卫生设施管理、教育矫正设施管理等方面，论述了监狱对于运行中的"物"的要素的管理。

第六章是监狱财务管理。作为监狱运行的经济保障和基础，财务管理制度的规范化是现代监狱管理制度构建的重要组成部分。本章从监狱财务管理的含义、特征、目标，监狱预算管理，监狱收入管理，监狱支出管理，监狱资产管理，监狱负债管理，监狱财务报告、监狱财务监督和监狱财务管理的方法等方面全面论述了监狱运行中对于"财"的要素的管理。

第七章是监狱信息化管理。现代信息技术在监狱管理中广泛应用，为监狱管理水平的提升提供了理论和技术双重保障。本章从监狱信息化建设管理、监狱信息化平台的管理和监狱信息安全管理等三方面论述了现代信息技术条件下监狱对于信息化建设、平台和信息内容的管理。

第八章是监狱危机管理。加强监狱危机管理是防控和处置监狱危机事件，确保安全的根本措施。本章从监狱危机管理的概念和特征、监狱危机识别与响应管理、监狱危机的预防管理和监狱舆情管理等方面全面阐述了监狱危机管理的相关内容。

第九章是监狱管理监督。监狱的封闭属性决定了行刑权力和管理活动监督的必要性。本章从监狱管理法律监督、监狱管理监察监督、监狱管理审计监督和监狱管理社会监督等四方面，全面论述了现代监狱管理活动中对于监狱权力和管理行为的监督。

三、监狱管理学与相关学科的关系

（一）监狱管理学与狱政管理学的关系

狱政管理学是以狱政管理为主要对象和研究范围的监狱学学科。在我国，狱政管理一般与教育改造、劳动改造并称为"罪犯改造的三大手段"，同时狱政管理在《中华人民共和国监狱法》中与刑罚执行、教育改造共同组成监狱工作的主体部分，这就为狱政管理学科存在的独立性和合法性提供了法理正当性。从实质上看，监狱围绕正在服刑罪犯直接实施的生活管理、卫生管理、分类管理、处遇管理、纪律约束等活动，是确保刑罚执行顺利进行和全面改造罪犯的基础和重要载体。

狱政管理学自身的独立性并没有解决其学科定位的全部问题。从结构上讲，狱政管理学是监狱学的子学科，这一点应该没有疑问。但是，与狱政管理学并列的学科有哪些，以及狱政管理学的上位学科应该是什么，确实有待探讨。本书认为，狱政管理学应当是属于监狱管理学的子学科，是监狱学学科下的二级学科，理由如下。

1. 管理是监狱领域各个层面和各个环节都必然存在的活动。监狱领域的人、财、物以及特定事项都涉及通过管理达成目的的问题。狱政管理仅仅涉及监狱领域对人管理的一部分，虽然是相对重要的对于罪犯的管理，但是对于监狱民警的管理、对于监狱专业人员的管理并不在其范围内。监狱财务事项的管理、监狱设施的管理以及监狱信息化管理等方面的管理同样需要上升到学术和学科的层次予以研究。因此，监狱领域应当存在一类以管理为主的学科群或子学科群，以此来提升监狱管理的整体层次和研究地位。监狱管理学就是涵盖针对罪犯的狱政管理、监狱人民警察管理、监狱财务管理、监狱信息化管理等诸多管理领域的监狱管理类一般学科和总论型学科。以此出发，狱政管理学是监狱管理学的下位学科和子学科。

2. 监狱学学科结构的划分要兼顾学术性和逻辑性，也要在实践的基础上有理论升华。过于拘泥监狱实践工作条块划分，会导致监狱学学科体系的过于庞大和杂乱无章，也并非一切监狱工作中存在的部分都可以上升为监狱学的学科构成。比如过去有的观点将狱政管理学、监狱法学、罪犯劳动组织学、罪犯心理矫治学、监狱法律文书、中国监狱史等并列为监狱学的子学科，不仅杂乱，而且不利于监狱学学科自身的逻辑化和专业化发展。我们应当借鉴主流法学或者其他学科按照类别划分学科的观点，既要尊重实践，又要具有一定的理论凝聚度的学科分类。比如将监狱学分为矫正类、管理类、刑罚执行类、基础理论类等类似的学科丛的划分，首先在监狱学一级子学科的构建上形成最大限度的理论共识和行业共识，然后再考虑二级子学科的设立和发展问题。从这个角度而言，存在一门在狱政管理学及其他诸如监狱人民警察管理学、监狱信息管理学的上位学科的监狱管理学，具有一定示范意义和理论整合价值。

根据以上观点，监狱管理学的一般原理既是指导狱政管理学的理论基础，在某种程度上也需要整合和吸收狱政管理学的相关内容。监狱管理学学科设立的探索和成型，为狱政管理学的科学发展和理论化层次提高提供了更为直接和可资利用的学科平台和学术资源。

（二）监狱管理学与监狱法学的关系

监狱法学是以《中华人民共和国监狱法》为基本框架，以监狱法律现象和监狱法律规范为研究对象，具体包括监狱法律的制定、法律渊源、法律关系、刑罚执行等内容的监狱学学科。过去有观点曾将监狱法学等同于监狱学，目前随着监狱工作的开展和监狱研究的深入，这种观点基本上不被主流研究接纳。因为监狱作为国家的刑罚执行机关，围绕监狱法律的研究虽然是监狱研究的"骨干"部分，但监狱研究还包括监狱关系、监狱文化、罪犯矫正、监狱管理等无法纳入监狱法研究范围的部分。监狱法学在学科定位上应当与监狱管理学一样，属于监狱学的子学科。

处于同一学科位阶的监狱管理学和监狱法学之间具有密切的联系。监狱法学和监狱管理学分别从法的角度和管理的角度研究监狱，二者的理论视角不同，但研究所指向的现实空间和场域基本相同。在透过现象认识监狱本质，发现监狱运行规律方面，必然具有很多方面可以互相借鉴。监狱法学以法的思维认识和研究监狱，可以为监狱管理学的研究提供规范的、制度的依据和管理空间，监狱行为主体的权利、义务和职责界定更是监狱管理运行的前提和内容来源。监狱管理学从人、财、物、职责事项等监狱事务方面着手研究监狱的计划、组织、控制、协调等活动，既是从法治维度对监狱进行认识的事实基础，客观上也是法律层面监狱惩罚和改造罪犯目标实现的重要途径和手段。同时，在国家治理体系和治理能力现代化建设背景下，监狱管理学关注的监狱运行效率化、系统化和监狱法学关注的监狱运行法治化、规范化，都可以统一到监狱治理体系和治理能力建设的宏观结构中。

本章思考题

1. 监狱管理是刑罚执行机关的一种活动,为什么监狱管理的性质是行政管理而不是刑事执行活动?

2. 有人认为监狱管理学的研究对象是监狱管理活动,有人认为监狱管理学的研究对象是监狱公共事务,你觉得有无道理?将监狱管理学的研究对象定位为"监狱管理关系",在学理上有哪些优越之处?

3. 你觉得在实际的监狱管理活动中,理论与实践分别有什么作用?监狱管理学的研究和学习采用什么方法比较好?

第二章 监狱

　　监狱是监狱管理的主体。监狱是国家的刑罚执行机关,监狱管理要围绕着实现其法定职能而展开。在遵循管理科学一般原则的同时,监狱在管理中须探索符合区域文化、地域特色以及自身管理风格的模式,形成自身的特点。无论是宏观的管理体制设计还是微观的管理制度执行,都是为了服从与服务于监狱管理的需要,以便更好地实现监狱的职能。在管理过程中,各种政治、经济、文化等管理环境也对监狱管理活动有着重要的影响。

第一节 监狱概述

一、监狱的内涵

　　"监"原指古代官署或古代官名,同时也有监察、监督、监守的意思。"狱"也有多种含义,多含有诉讼、刑罚、牢房、纠纷、犯罪等意思。最初,监与狱是分开的。直到清朝,才出现"监狱"一词,监与狱合为一体。在古代,监狱有多种别称,如丛棘、夏台、圜土、囹圄、狴犴等。❶ 相比古代监狱和近代监狱,现当代监狱的类型更加丰富,监狱的设计更加科学,硬件设施更加完备,管理体制和制度更加完善,监狱管理更加文明,罪犯权利得到了更多保障,罪犯矫治质量得到了提升。

　　一般认为,监狱是依据法律的规定,以国家权力约束人民自由行动的公有营建物,是执行自由刑,限制受刑人的自由,对其加以教化、辅导,使其能够改过迁善,适应社会生活的地方。❷ 其实,从不同角度来看,对监狱的内涵可以有不同的理解。从国家角度来看,监狱是国家的附属,随着国家的产生而产生,监狱作为专政工具而存在;从刑罚角度来看,监狱担当了执行刑罚的功能;从社会角度来看,监狱承担了社会减压阀和对罪犯再社会化的职责;从人的角度来看,监狱必须要完成对罪犯主体性的确认;从心理学角度来看,监狱要对个体的不良品质进行改善和矫治;从法制角度来看,监狱是社会公平、正义的平衡器。可以说,从不同的层面可以对监狱做不同的界定。❸ 简而言之,监狱是伴随着刑罚而产生,是国家是为了实施刑法目的而组建,具有执行刑罚、管理和教育改造罪犯、维护社会治理秩序的作用的一种机构。

---

❶ 宋立军.科学认知监狱[M].南京:江苏人民出版社,2014:1-5.
❷ 许润章.监狱学[M].北京:中国人民公安大学出版社,1991:23-24.
❸ 于爱荣,王保权,等.监狱制度论[M].南京:江苏人民出版社,2010:1.

二、监狱的职能

（一）正确执行刑罚

这是监狱最基本的职能。它至少包含了两层含义：第一，监狱要按照各级人民法院依法做出的判决结果来准确执行刑罚，刑罚种类和刑期基本固定，不能随意变更。第二，监狱依照刑法和刑事诉讼法的规定，对被判处死刑缓期二年执行、无期徒刑、有期徒刑的罪犯执行刑罚，这涉及了执行对象问题。只有被依法判刑，且属于上述刑种的罪犯，才有可能被投送到监狱接受刑罚。但也有例外情况，《中华人民共和国监狱法》第十五条规定，罪犯在被交付执行刑罚前，剩余刑期在三个月以下的，由看守所代为执行。还有一些罪犯虽然被判处有期徒刑，但由于有严重疾病、怀孕或正在哺乳期，可以暂予监外执行。

（二）惩罚和改造罪犯

这一职能是监狱的主要或核心职能，监狱的一切管理活动主要是围绕这一职能展开的，它贯穿于罪犯从入监到刑满释放的全过程。惩罚罪犯是要将刑罚付诸执行，通过剥夺罪犯的法定权利，限制其自由，压抑其需求，使其在刑罚中体验到痛苦感，从而实现刑罚目的。改造罪犯则着眼于罪犯刑满后顺利回归社会的需要，通过系列教育和矫正手段，使其改变不良犯罪心理或性格，纠正错误思想和行为模式，从而顺利回归社会，成为合法公民。

（三）预防和减少犯罪

监狱预防和减少犯罪的职能表现在三个方面：一是通过关押罪犯，使罪犯失去继续犯罪的可能，从而减少社会犯罪。二是通过正确执行刑罚，惩罚与改造罪犯，使罪犯回归社会后不致再危害社会，尽可能不再重新犯罪，成为守法公民，为社会输送合格的组成人员。三是通过执行刑罚，惩罚与改造罪犯，面向社会公众进行警示教育，从而有效震慑潜在犯罪者，教育、引导社会公众遵纪守法，间接达到预防和减少犯罪的目的。

当然，除了上述的主要职能外，监狱还存在其他一些职能，比如实现国有资产保值增值，开展法治宣传教育，加强监狱人民警察队伍建设等。需要注意的是，职能与功能是不同的概念，除了职能，监狱还有很多功能。一般认为，监狱的功能包括正功能与负功能[1]，应报功能、预防功能、隔离功能、矫治功能、重整功能、修复功能等都属于正功能，提高罪犯再犯罪能力、导致罪犯监狱化、阻碍罪犯社会化、增加国家经济负担等都属于负功能。可见，监狱的功能与监狱职能既有关联又有区别，部分存在重叠，但又有不同。

三、监狱的特征

（一）监狱管理具有司法与行政双重性质

监狱作为一个刑罚执行的专门管理机构，有着清晰且可实现的具体管理目标，监狱

---

[1] 宋立军．科学认知监狱［M］．南京：江苏人民出版社，2014：11-14．

的设立和运行都是围绕着依法惩罚和改造罪犯这一职能而展开的,从而维护社会秩序,彰显公平、正义。监狱的法定职能决定了其根本属性,也决定了监狱所具有的特征。

监狱隶属于国家行政组织序列,但监狱职能——刑罚执行却是典型的司法职能。因此,监狱既要按照国家行政管理制度的要求来运行,又要按照刑事司法制度来执行任务,兼具司法和行政的双重性质。监狱直接管理人员——监狱人民警察,既有人民警察的身份,又具有国家公务员的身份。从监狱内部管理活动的内容和性质来看,监狱人民警察对罪犯实行的日常管理,既有鲜明的行政管理色彩,又兼具司法属性。监狱的这种双重性质深刻地影响到了监狱日常的运行管理,一方面有利于规范监狱执法工作,便于监狱统筹资源,惩罚和改造罪犯,维护社会公平和正义;另一方面也会给监狱执法工作带来不利影响,使得某些监狱活动在行政与司法两个层面摇摆,削弱了监狱执法工作的独立性,降低了监狱执法工作效能。

(二)监狱具有半军事化特点

《中华人民共和国监狱法》第四十一条规定,监狱的武装警戒由人民武装警察部队负责,具体办法由国务院、中央军事委员会规定。第四十三条规定,监狱根据监管需要,设立警戒设施。监狱周围设警戒隔离带,未经准许,任何人不得进入。从上述的规定可以看出,监狱具有半军事化的特点。从政治属性上看,监狱属于国家暴力机器,具有刑事惩罚性,监狱具有严格的层级式等级制度,内部权力运行要求强制性服从。因此,监狱是强制性的组织,要通过法律与高压政策等强制性手段控制内部成员,特别是罪犯。监狱也因此呈现出具有强力性质的管理制度以及半军事化的管理风格。

强制性贯穿于监狱的日常管理行为过程中。监狱依法对罪犯进行惩罚和改造,其本质是依靠国家暴力来实现的。罪犯在日常服刑生活中接受惩罚与教育,无一不是被强制的。即使罪犯在狱内拥有某种意义上或一定程度上的自由选择,这种选择也同样是被强制的,属于被强制限定条件下的自由。即使作为监狱管理者的监狱人民警察,其职业特点、职业标准及职业纪律也区别于一般职业,具有鲜明的半军事化的风格,统一的警服、警衔与警徽,更加严格的行为约束,自上而下的命令式管理,无一不体现出强制性的风格。这种强制性是因为监狱的特殊职能而产生的,反过来也保证了监狱法定职能的顺利履行。

(三)监狱具有相对封闭性

因为自身的职能的特殊性,监狱在时间和空间上具有独特性,这种独特性必然表现在管理活动中,特别是罪犯的日常活动要严格按照时间进行,每一日从起床到熄灯入睡都有严格的时间表。监狱大多数管理活动也主要发生在特定的空间中,有着明确的场所限制。这种相对封闭性是监狱的天然特点,将罪犯封闭并使其与社会隔离是几千年来世界各国监狱行刑的主要方法,其意义是使罪犯失去重新犯罪的条件,在某种程度上这是一种历史进步。❶ 但这种行刑传统也使得监狱变得封闭、神秘,客观上导致监狱发展在国家和社会整体发展中的相对边缘化地位,使民众对其产生妖魔化、孤岛化的刻板印象。

---

❶ 杨殿升,张金桑.中国特色监狱制度研究[M].北京:法律出版社,1999:249-251.

时至今日，科技日益发达，信息交流的范围扩大，监狱行刑的社会化趋势也越发明显，促使监狱开始以更加理性的态度面对社会发展和时代进步。监狱行刑也开始由完全封闭走向有条件的封闭。即使监狱的封闭在一定程度上有所松动，但无论如何开放，罪犯行刑必然要求其在一定程度上要与社会相隔离，因而监狱的封闭性无法完全被剔除。监狱有条件地开放，主要是为了更好地利用社会各种资源，降低社会行刑成本，更好地破除监禁人格等监狱管理带来的弊端，归根结底是为了更好地履行监狱职能。

四、监狱与其他组织的关系

（一）政府机关

监狱的上级部门，如省级监狱管理局、省级司法厅、司法部层面等，与监狱存在隶属关系；监狱所在地政府及相关部门、地方武警部队等，与监狱存在一定的业务关系；罪犯户籍所在地司法局及其他的政府职能部门，与监狱存在一定的协作关系，如监狱与所在地纪委（监察）部门共同建设廉政教育基地等，或者地方司法局协助监狱解决刑释人员安置问题等。

（二）有关企事业单位

常见的是，来监狱开展协作或交流活动的各类企业、高校、行业组织、电视台等。监狱与这些单位一般都是合作共建关系，双方围绕监狱职能开展合作，共同促进监狱管理的发展，如某高校应邀来监开展社会帮教活动，有的是共建基地等长期关系，有的是围绕某些活动而形成临时性关系。

（三）相关社会团体

公益组织和民间教育机构也经常与监狱开展合作。二者一般是相互服务的关系，一方为另外一方提供某些服务，如某些单位来监狱开展警示教育，监狱为其提供警示教育服务，或者某公益机构主动来监狱开展教育活动。

当前，随着监狱行刑的社会化，监狱主动走出去的动力不断增强，与其他组织发生联系的情况越来越多。监狱管理人员需要进一步牢固树立协作、协同的意识，加强对外联络工作，与社会各界组织保持良好沟通，共同提高监狱管理的开放度，促进社会公众对监狱的正面认知。

第二节 监狱管理的体制及制度

一、监狱管理体制概述

（一）监狱的分类

监狱分类是监狱管理的重要基础，对监狱进行分类是国际通行的做法，也是促进监狱管理科学化、规范化、精细化的必然要求。从目前国际通行的分类方法来看，普遍根据罪犯的犯罪类型、刑罚种类、刑期、改造表现等情况，对罪犯实行分别关押，采取不同方式管理。一般的监狱分类有以下几种。

1. 按照收押罪犯的性别，可以分为男犯监狱、女犯监狱及混合监狱。《中华人民共和国监狱法》第三十九条规定，监狱对成年男犯、女犯和未成年犯实行分开关押和管理，对未成年犯和女犯的改造，应当照顾其生理、心理特点。这说明不同类别的监狱在管理上要适应罪犯的特点。混合监狱是将男犯与女犯关押在同一所监狱中服刑，但并不是混押于同一个监舍。

2. 按照罪犯是否成年，可以将监狱分为成年犯监狱和未成年犯监狱。一般国家都以18周岁为分界点，对未成年进行集中单独关押以适应未成年的身心特点，保护未成年犯的合法权益。

3. 按照被关押人的法律身份，可以将监狱分为未决犯监狱和已决犯监狱。顾名思义，就是按照被关押人是否已经被法院判决为准。在我国，未决犯一般主要被关押在各地的看守所，监狱关押的都是已决犯。

4. 按照收押罪犯刑期长短，可以将监狱分为重刑犯监狱和轻刑犯监狱。在我国，重刑犯一般也被称为"长刑犯"，指被判刑有期徒刑十年及以上，无期徒刑、死刑缓期二年执行的罪犯。轻刑犯一般也被称为"短刑犯"，指被判处三年以下有期徒刑的罪犯。

5. 按照警戒度高低，可以将监狱分为高等级戒备监狱、中等级戒备监狱和低等级戒备监狱三种。其差异主要体现在押犯规模、安全防范设施、刑期长短及罪犯人身危险程度等方面。

6. 按照开放程度，可以将监狱分为封闭式监狱、半开放式监狱和开放式监狱，这在欧美国家较为常见，主要是因为罪犯的自由程度不同，在开放式监狱中服刑的罪犯很少受到监管、没有围墙、活动空间较大等。

以上只是列举了几种较为常见的监狱类型，从不同的角度，按照不同的标准，还可以对监狱进行更加细致的分类。如按照监狱位置，可以分为农村监狱和城市监狱；按照收押罪犯规模，可以分为大型监狱、中型监狱和小型监狱；按照管理主体，可以分为公立监狱和私营监狱。我国有的省份还设立了功能型监狱，如设置新收犯监狱、中心医院监狱、出监监狱等类型。当然，无论以什么样的标准划分监狱类型，其目的都是实施分类管理，提高管理效能，推动监狱科学发展。

（二）监狱的管理体制

一般而言，在分工日趋精细化的现代社会，组织或机构不会采用单纯的纵向型或横向型组织结构，而是将二者结合，形成"级职综合制"。这一混合体制将统一指挥与职能专业结合起来，兼具两种体制的优点。我国监狱结构的设置也采取了层级制与职能制相结合的层级职能制体制，依靠行政命令实施组织管理，属于宏观上的塔式层级组织结构。

当前，全国多数监狱采取了自上而下的管理体制，《中华人民共和国监狱法》第十条规定，国务院司法行政部门主管全国的监狱工作。国务院司法行政部门也就是中华人民共和国司法部。司法部内设监狱管理局，负责管理全国监狱；地方上各省市监狱主要由司法厅领导，由省监狱管理局具体领导，形成了司法部—省级司法厅（局）—省级监狱管理局—监狱—分监狱或监区的管理体制。另外一条线路则是省级司法厅—省级监狱管理局—监狱—分监狱或监区的管理体制。我国监狱管理的组织架构，可参见下图。

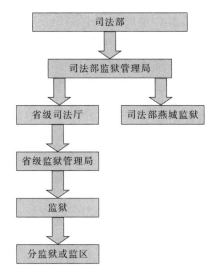

我国监狱管理组织架构图

但我国监狱的宏观管理体制，各省区市有所差异，多数省（市）设有监狱管理局，并将其作为省政府二级独立局，但在组织人事上将监狱局列入司法厅序列。不过，仍有一些地、市级监狱由地方政府管理。司法部对各省（市）监狱局具有业务指导关系。在宏观层面，《中华人民共和国监狱法》第十一条规定，监狱的设置、撤销、迁移，由国务院司法行政部门批准。在微观层面，司法部监狱管理局对监狱日常管理活动做出了较为细致和成体系的规定。

就我国监狱层面的微观管理体制而言，依据《中华人民共和国监狱法》第十二条第一款的规定进行设置，监狱设置监狱长一人、副监狱长若干人，并根据实际需要设置必要的工作机构和配备其他监狱管理人员。一般监狱在内部管理体制上包括领导层、下设机构和监区。领导层有党委和行政两套体系，下设机构则包括机关科室、基层单位和附属单位，监区是监狱的最基层单位，是直接关押和管理罪犯的机构，少数监狱还根据需要设立了分监区。每个监区一般设有党支部，监区长或教导员任党支部书记。若干机关部门也可以单独或联合成立一个党支部。

由此可见，从权力归属和范围的角度来看，监狱是典型的集权型管理模式，主要权限由上级掌握，上级通过固定渠道和方式，直接控制和指挥下一级监狱包括从监狱命名到监狱建设等各个方面的活动。2019年，为了统一监狱管理，增强监狱执法工作的规范性，加强监狱经费统筹保障，初步取消了全国市属监狱，进一步理顺和统一了监狱领导体制。但现实中仍然存在少数市属监狱。此外，根据实际情况，我国还有司法部燕城监狱、公安部秦城监狱等部属监狱。

随着时代变迁和监狱发展，监狱管理体制改革也一直在进行。自中华人民共和国成立以来，我国监狱也历经多次改革，在不同历史阶段取得了令人瞩目的成绩，改造了大批国民党战犯、日本战犯，将大量的罪犯改造成为守法的社会公民。因为历史原因、经济原因、体制原因等，监狱的监、企、社不分成为监狱发展最大的阻碍。2003年1月，《国务院批转司法部关于监狱体制改革试点工作指导意见的通知》发布，拉开了以"全额保障、监企分开、收支分开、规范运行"为目标的新一轮监狱体制改革。该轮改革的主要内容是"一个保障、三个分开、两个规范运行"。一个保障是指监狱经费由国家财政全额予以保障，三个分开是指监企分开、监社分开、收支分开，两个规范运行是指实现监狱监管改造工作和监狱企业的规范运行。

经过改革探索，21世纪初确定监狱体制改革目标已经基本实现，极大地促进了监狱改革发展。但是，监狱体制是一个不断适应和完善的过程，改革依然任重道远。

（三）监狱管理扁平化

监狱组织结构的扁平化是近年来监狱管理体制变革的一个重要方向。组织扁平化，就是通过破除组织自上而下的垂直僵硬的结构，减少管理层次、增加管理幅度、裁减冗员来建立一种紧凑的横向组织，达到使组织变得灵活、敏捷、富有柔性、创造性的目的。它强调系统、管理层次的简化、管理幅度的增加与分权。推动组织扁平化，是为了增强组织对环境变化的感应能力和快速反应能力，降低管理成本，提高管理效率。监狱一般采用传统的科层制管理制度，但在推动管理扁平化方面也做出了一些探索。

一是改变当前监狱中层管理机构繁多、中层管理人员过多的局面，真正将警力有效下沉，增强基层监区的执法力量，实现监狱职能的回归。二是提高决策的针对性，能够将上级决策快速有效地落实下去，缩短监狱指挥链条。三是改变当前工作导向，从行政命令导向转变为实际需求导向，激发监狱人民警察个体的创造力，增强基层一线工作单位的活力，从而整体提升监狱的环境适应能力和创新能力。四是减少行政管理成本，减弱决策阻力，有利于现代网络信息技术及其他先进技术的引进和运用。五是搭建更多扁平化的工作平台，使得监狱人民警察有更多的施展自身才华、奉献监狱事业的机会。

有的省份试点推行执法勤务机构改革，采取大部制管理模式，主要是根据职能相近或关联原则，将诸多分散的职能部门重新整合成若干综合部门，避免部门过多、机构臃肿、人员冗余。与此同时，压缩机关各部门领导职数，在基层监区增设警长这个层级，协助监区领导管理监区。还有一个重要的探索就是推行项目化管理，搭建各类工作平台，支持监狱人民警察成立以各类项目攻关为主的知识技术团队，发挥监狱人民警察的才干。同时，根据监狱工作需要，定期发布需求项目，确定项目团队，强化项目评估，及时兑现奖惩，推动项目化管理常态、长效。另外，为了适应快速反应处置的需要，组建监狱应急指挥中心，融合更多业务部门，拥有更大的指挥处置权限，提高指挥效率。最后，大力借助网络通信技术的发展，通过加强对网络通信技术的运用，提高组织信息沟通交流的效率，助力监狱管理扁平化。

二、监狱管理制度概述

（一）监狱管理制度

监狱管理体制好比一个人的骨架，监狱微观管理制度则是一个人的经络。监狱管理体制决定了监狱管理制度的总体方向，而监狱管理制度也具有相对独立性。监狱管理体制从宏观层面决定了监狱的架构，而监狱管理制度则从微观层面具体地影响着监狱的日常运行，从而影响监狱职能的履行。

我们可以从不同视角去理解监狱制度。监狱制度是监狱活动和监狱行为的约束规则体系；是行刑者与受刑者共同活动的规范空间和社会结构；是监狱活动赖以进行的重要资源库和社会依托；是特定监狱文化的外在表现形式，为监狱的存在和发展提供了意义共识与价值共享的机体和渠道。[1] 总而言之，监狱管理制度是监狱存在与发展的基础，是监狱规则、理念与价值系统的综合表征，制约着刑罚执行主体与被执行主体，以及与其他国家组织与社会组织、群体、个人等之间相互作用的语境、策略与结果。[2] 监狱制度的产生及运行需要在监狱体制框架内进行，并有一整套的制度体系作为支撑。

监狱管理制度所表现出来的特征取决于制度内容和制度领域的特殊性：一是执行自由刑的内容独特性。在监狱制度的宏观设计和微观运行中，都需要围绕着自由刑执行的各个环节进行考虑。二是国家罪犯主体的特殊性。监狱制度的主体事实上是国家，其与罪犯的关系是权力等级关系的体现。三是制度空间的封闭性和隐蔽性。监狱环境本身是一个封闭的人身保管场，其与外界的沟通交流也明显地低于其他制度类型。

（二）监狱制度的分类

监狱制度是监狱管理的依据和载体。监狱制度从不同角度可以有不同的分类。从制度创设特点和制度指向差异方面，可以将监狱制度分为正式制度和非正式制度。从监狱制度内容性质的差异方面，可以将监狱制度分为监狱民事制度、监狱行政制度和监狱刑事制度。从监狱制度在监狱发展历史中产生的顺序和发挥的作用方面，可以将监狱制度分为本源制度和派生制度。从制度约束强度的差异方面，可以将监狱制度分为指令性制度和禁令性制度。从监狱制度所规范的侧重点的差异方面，可以将监狱制度分为关系性制度和个体性制度。以上分类的侧重点不同，均有合理之处。

从当前监狱的一般实践情况来看，从管理制度涉及主要内容的差异，可以将监狱制度划分为监狱法律制度、监狱管理制度、监狱刑务制度、监狱警务制度和监狱监督制度五类。

1. 监狱法律制度。监狱法律制度是在监狱制度体系中居于主导地位和核心地位的具体制度形式。它是指由国家制定、认可并保证实施的，直接反映特定物质生活条件、监狱理念和国家意志，以行刑权力为基本内容，以确认、保护和发展国家所期待的行刑关系和行刑秩序为目的的行为规范体系。[3]

拥有不同层级立法权的国家机关制定并实施的各项涉及监狱的法律，是对监狱领域各项行为最为规范和严格的约束。监狱法律为监狱管理活动的展开确定了基本的原则和制度，也明确了基本的要求和价值导向。监狱法律制度在所有的制度中是最为严肃的，具有强制性。所有的监狱管理制度都必须符合监狱法律的要求和内容。监狱法律制度涵盖的内容非常广泛，涉及监狱管理和运行的各个方面。

2. 监狱管理制度。监狱管理制度是监狱自身运作规范化的重要制度形式。监狱管理

---

[1] 于爱荣，王保权，等. 监狱制度论 [M]. 南京：江苏人民出版社，2010：26-27.
[2] 于爱荣，王保权，等. 监狱制度论 [M]. 南京：江苏人民出版社，2010：1.
[3] 于爱荣，王保权，等. 监狱制度论 [M]. 南京：江苏人民出版社，2010：83.

制度包括监狱自身的机构设置、职责定位、岗位配置、部门协调和人员配置等方面。可以说监狱管理制度是监狱日常良性运转的基础条件，它通过确定人、财、物，明确层级设定、部门划分、岗位配置，运用计划、领导、组织和控制等手段，实现监狱运行的科学化、高效化。

3. 监狱刑务制度。监狱刑务制度是规范以刑罚执行为主要内容的一系列行为、事项和具体情形的制度形式。刑务制度是监狱制度体系中较为基础和本源性的制度。这是由于刑罚执行是监狱最重要的法定职能，而且因为有犯罪及罪犯，才有监狱的存在。监狱刑务制度既包括对罪犯的收监、减刑、假释、暂予监外执行、释放、考核和奖惩等纵向具体内容，也包括基本生活保障、教育矫正、危机管理等横向具体内容。

4. 监狱警务制度。监狱管理的直接主体是监狱人民警察，监狱警务制度就是关于监狱人民警察各项事务的规范总和。其目的在于按照法律及其他规范，保证监狱人民警察权力的顺利运行和监狱平稳发展。进一步来看，监狱警务制度的功能主要表现为监督控制和秩序维持两大方面。健全的警务制度不仅能够保障监狱价值、监狱目标以及监狱决策的有效落实，也是监狱人民警察队伍建设的必然要求。

5. 监狱监督制度。监狱监督制度是规制、约束和保障其他监狱制度的一项特殊制度。其内容包括对监督方式、监督对象以及监督后果等的相关规定。监狱执法的严肃性及国家性，决定了必须要加大对监狱及监狱人民警察行为，特别是执法行为的监督力度，确保执法规范。对于涉及权力行使环节的管理活动，更需要进行长效、常态化的监督。只有依靠监督制度的存在与运行，其他监狱管理制度才能够在规范中得到落实和推进。

从另外一种视角来看，即从职能来看，监狱管理制度大致可以划分为狱政管理类、刑罚执行类、行政后勤类、教育矫治类、政治工作类。每一个类别的监狱，又由若干具体的部门组成，承担着具体的职责。从设立时限看，可以将监狱分为常设的监狱部门和临时的监狱部门。常设的监狱部门具有稳定性，设立程序较为严格，存在时间较久。临时的监狱部门往往是为了完成某项重大任务而设立，设立程序较为简便，存在时间较短。从工作内容来看，可以将监狱部门划分为机关科室和基层监区。机关科室主要是负责监狱一般执法业务指导和承担日常行政管理事务的监狱。基层监区主要是负责直接管理罪犯的实战单位。

（三）监狱管理制度的作用

1. 治理作用。监狱管理制度从规范和规则层面维持监狱的日常运行，发挥其治理作用。监狱管理制度为监狱治理提供了稳定的框架和可供遵循的依据，所谓无规矩不成方圆，没有监狱管理制度，监狱日常管理便无从谈起。

2. 指引作用。制度通过其规则性对监狱人民警察和罪犯起到指向和引导作用，监狱人民警察与罪犯行为被纳入这一稳定的规则框架内。这种指引作用的发挥依赖于监狱管理制度的规范性和权威性，对什么可以做、什么不可做进行了规定，是监狱日常管理应遵循的规范。

3. 教育评价作用。监狱制度一旦建立，对监狱人民警察与罪犯的行为不仅是指引，也是潜移默化的教育，并以此来对监狱人民警察和罪犯的行为进行评价。符合监狱管理制度的行为会得到认可、赞扬甚至奖励，而不符合监狱管理制度的行为会被纠正乃至于受到惩罚。通过对行为的及时反馈，监狱管理制度具有了教育和评价作用。

4. 预测作用。制度形成体系，覆盖监狱方方面面，为行为主体提供了行为标准。它可以使监狱人民警察预先知道自己如何行为而避免出现失误乃至失职行为，罪犯也可以预先知道自己如何行为而避免受到监狱惩罚，在改造方面取得成绩。这种预测作用的发挥使监狱人民警察与罪犯形成了稳定的心理预期，能帮助监狱人民警察或罪犯规范自身行为，保证监狱正常运行。

第三节　监狱管理的环境

一、管理环境概述

（一）管理环境的分类

任何一个组织都是存在于一定的环境中的。组织所处的管理环境是指所有潜在影响组织运行和组织绩效的因素或力量，是组织管理活动的内在与外在的客观条件。管理环境调节着组织结构设计与组织绩效的关系，会影响组织的有效性。管理环境对某些组织的建立起到了积极的促进作用。组织与环境，是相互促进的关系，环境影响组织管理，组织对环境也具有积极的反作用。组织应该调整战略以适应环境，如何调整将随着环境的影响而变化。可以说，管理环境对组织的生存和发展起着决定性作用。

从类型来讲，一般可以根据管理环境与组织的界线或者系统边界，将管理环境划分内部环境和外部环境，也可以称为工作（具体）环境和社会（一般）环境。根据环境系统的特性来划分，可以将组织环境划分为简单-静态环境、复杂-静态环境、简单-动态环境和复杂-动态环境四种类型。所谓组织内部环境是指管理的具体工作环境。影响管理活动的组织内部环境包括物理环境、心理环境、文化环境等。管理的外部环境是指组织所处的社会环境，外部环境影响着组织的管理系统。组织的外部环境实际上也是管理的外部环境。一般外部环境包括的因素有社会人口、文化、经济、政治、法律、技术、资源等。

（二）管理环境的特点

管理环境主要有以下几个方面的特点。

1. 客观性。管理环境是客观存在的，它不以组织中人的主观意志为转移，它的存在客观地制约着组织的活动。有些环境是历史上形成的，依赖于一定的物质基础，较为稳定且短期内不易改变。组织的管理活动必须要适应这种客观性，才能使组织获得发展。

2. 系统性。管理环境是由与组织相关的各种外部事物和条件相互有机联系所组成的整体，它也是一个系统。系统性意味着其对组织管理活动的影响也是系统性的，其中的任何一个部分都有可能产生影响。组织的管理活动与环境之间的交互作用也必然是系统性的。

3. 动态性。管理环境的各种因素是不断变化的，各种管理环境因素会不断地重新组合，不断形成新的管理环境。管理环境的客观性、系统性、动态性等特征说明了组织环境本身就是一个有着复杂结构的运动着的系统。这种动态性也意味着管理活动同样也是动态的过程，需要保持一定的灵活性，才能适应动态变化的管理环境。

监狱也离不开管理环境，监狱的设立与运行、职能履行等都离不开监狱所处的内外、宏观与微观环境。这些环境既为监狱提供了生存与发展的机会，又决定了监狱的活动内容、方向。正确分析监狱所面临的环境中的各种组成要素及其状况，是任何一名监狱管理者进行成功的管理活动所不可缺少的前提条件。

二、监狱的政治环境

政治环境一般是指国家的基本政治制度，以及政治上层建筑中各要素的总和。❶ 政治局面是否安定、政治制度及经济管理体制状况、法律及政策状况等都是组织极其关注的环境因素。政治环境与行政组织的关系主要表现在：行政组织应该对什么样的利益要求，利益表达，利益协商制度，利益博弈结果的合理性、合法性予以认可。❶

具体到监狱同样如此。政治环境是对监狱产生直接、重要影响的条件因素。政治环境对监狱的影响是非常深刻的。监狱作为国家司法体系的组成部分，必须要在国家既定的政治制度下，调节相应的利益关系，执行自身应尽的刑罚法定职能。监狱的价值前提和活动的依据是稳定而明晰的政治环境。政治环境对于监狱有着严格的约束。监狱必须对政治环境确定的利益表达、分配行为给予合理认可。也就是说，监狱所处的政治环境就是监狱必须维护、遵守和执行的一个确定的"利益游戏规则"，同时监狱的职责就是要维护这些规则。如随着国家刑事政策调整，罪犯减刑假释政策随之变化，监狱管理也需要相应地进行调整，以配合国家刑事政策改革的需要。

监狱存在于一定的政治环境中，但反过来监狱的存在也是政治环境的一部分，特别是对其他社会组织而言，也构成了政治环境的一部分。在监狱所处的政治环境中，特别值得一提的是法律环境。监狱是法律的坚决执行者和捍卫者，必须将自身严格置于法律约束之下，推动依法治监进程，不得滥用公权力。法律环境在约束监狱管理活动的同时，也为监狱管理活动提供了最为强大和基础的保障，使得监狱管理活动得以顺利、平稳地进行。

三、监狱的经济环境

经济环境一般是指经济活动和经济关系的总体状况，也可以概括为一个社会的生产方式。❷ 经济环境是监狱赖以生存和发展的最深层次结构。监狱处于社会之中，必然会受到整个社会生产力水平和生产关系的制约。经济环境中涉及的因素比较多，如自然资源、人口、科技发展、国民收入、所有制、分配方式、财政、信贷等。这些因素彼此之间相互联系，共同形成了一个相互依赖、相互作用的系统，制约着包括监狱在内的一切组织的活动。

经济环境对监狱的影响主要体现在经济体制、政府职能和利益关系三个维度，其中尤以经济体制最为重要。中国监狱经济体制也是随着时代的发展有所变化的，特别是进

---

❶ 薛冰，梁仲明，柴生秦. 行政管理学 [M]. 北京：清华大学出版社，2012：61.
❷ 薛冰，梁仲明，柴生秦. 行政管理学 [M]. 北京：清华大学出版社，2012：62.

入21世纪，监狱体制改革启动，监企分离成为监狱改革最为核心的内容。这一次改革极大地影响了监狱日常管理、职能履行和价值取向，推动中国监狱迈向现代化、法治化和国际化。近年来，伴随着政府职能转变的大趋势，各级政府越来越强调打造服务型、开放型、高效型政府。监狱也在顺应这一趋势，围绕着执法工作，强调公正文明执法，着力打造法治型、服务型、开放型监狱，不断纯化监狱职能，努力提升监狱行刑社会化水平。另外，监狱工作的评价标准也发生了较为明显的变化，越来越重视从社会视角对监狱工作进行反思和考察。最后是利益关系维度，随着经济社会的发展，社会利益关系也日趋复杂，这同样影响着监狱对狱内外不同利益主体之间利益关系的处理方式及效果。这些具体的变化正是经济环境对监狱产生影响的生动佐证。

四、监狱的文化环境

文化是一个极其广泛的概念，这里主要是指教育、科技、道德、心理习惯以及人们的价值观与道德水准等影响着组织系统的各种文化条件的总和，称为文化环境。社会的文化在各领域发生作用，影响着社会成员的心理，制约着社会成员的行动，规定着社会成员的观念，营造了社会特定的文化氛围。

监狱在社会文化环境中运行，特定的文化环境要求监狱的活动与行为符合文化环境的规范与动态结构。对于监狱文化环境，可以从两个层面加以理解：一是监狱的制度文化，包括监狱的工作流程、规章制度、考核奖励制度以及健全的组织机构等；二是监狱的精神文化，包括监狱的价值观念、工作信念、经营管理思想以及成员的精神风貌等。一种良好的监狱文化是推动监狱发展的基础和强大动力。社会文化传统特别是监狱的文化传统会对监狱产生直接的深刻影响。几千年来形成的中国传统监狱文化被继承和延展，形成了中国监狱系统而独特的人性观、犯罪观、罪犯观和刑罚观，这些观念带着浓厚的文化气息，无时无刻不在影响着监狱的管理活动。

以上所列的三种主要的监狱管理所处的环境，并不是监狱管理环境的全部，只不过这些环境对监狱的管理活动有着较为直接和深刻的影响。总之，监狱管理活动不可能脱离具体的社会环境，也在随着社会环境的变化而不断自我调整，以使监狱获得最大的发展空间。

本章思考题

1. 在你眼中，监狱是什么样的？你认为监狱应该是什么样的？
2. 想一想，可以从哪些方面进一步深化监狱体制改革或完善制度？
3. 请你举例说明监狱所处的环境对监狱管理产生了哪些具体影响。

第三章　监狱管理原则

原则是人们观察、处理问题的基础性准则与本源性标准。监狱管理原则是指监狱机关开展管理工作时必须遵循的基本准则和基础标准。它既是监狱管理工作本质属性的具体体现，也是对我国监狱管理工作实践经验的科学总结。监狱管理原则属于行政管理原则范畴，同时也体现了监狱管理的特殊性质，是监狱开展各项管理工作的指导思想和依据。

第一节　依法管理原则

一、依法管理原则的内涵

依法管理原则是指"监狱及人民警察对罪犯的监禁和行政管理活动必须严格遵守刑法、刑事诉讼法、监狱法和其他有关法律、法规，坚持有法必依，执法必严，违法必究"[1]。依法管理原则强调的是监狱管理活动必须严格遵守有关法律、法规，并遵守相应的程序，一切管理行为都要接受法律的监督，对于违法管理行为应承担法律责任，应依法规范、约束监狱管理中的各项权力。

《中华人民共和国宪法》第五条明确规定"中华人民共和国实行依法治国，建设社会主义法治国家"。这意味着"依法治国"成为我国社会主义的基本治国方略。监狱是国家的刑罚执行机关，是依法治国的重要窗口，反映了一个国家的法治与文明程度。只有以法律的形式对监狱的管理活动加以规范，在监狱管理活动中认真遵循"科学立法、严格执法、公正司法、全民守法"的社会主义法治的基本要求，将监狱的各项管理活动纳入社会主义法制轨道，才能不断提高监狱管理工作的水平。

依法管理具有制约性、权威性和规范性等三重属性。依法管理原则是运用国家赋予的法定权力实施监狱管理的原则，制约性是其首要属性。依法管理表明监狱管理并非以个人意志为转移，随心所欲地实施管理活动，而是在管理活动的各个领域与环节中，管理的权力要时刻受到"法"的制约。制约监狱管理权力的"法"不仅包含宪法、法律，还应包括相关行政法规、部门规章及司法解释、部门解释等。也就是说，监狱管理过程中不仅要受宪法、刑法、刑事诉讼法、监狱法、人民警察法、公务员法、劳动法、国家赔偿法等相关法律的制约，还要受到国务院的行政法规，司法部相关规章，最高人民法院、最高人民检察院、公安部、国家安全部、司法部的解释、批复和通知的制约。

权威性是依法管理原则的第二个属性，体现在监狱管理的法律法规为国家权力机关

---

[1] 杨殿升. 监狱法学 [M]. 北京：北京大学出版社，2001：84.

和行政机关所确立的，具有最高的权威性，必须在整个监狱管理活动中居于主导地位，不得以政策、道德、习俗等调整手段或其他社会规范冲击或代替法律，任何组织或个人都必须严格遵守。在监狱管理过程中，任何组织或个人都不能对监狱管理方面的法律法规的执行进行阻挠和抵抗。

规范性是依法管理原则的第三个属性。依法管理的规范性即从事监狱管理的各项活动能够提供正当理由，能够为管理行为提供正当的标准。法律能够为监狱管理活动提供正当的支持，作为监狱管理活动的规范性性质，法律有引导具体的监狱管理活动的作用，即规范性作用。监狱是国家的司法行政机关，监狱管理是一项代表国家、政府实施严肃的管理活动，需要法律提供管理依据，做到有法可依、有章可循。"任何一种刑法制度都应被看作是一种有区别地管理非法活动的机制，而不是旨在彻底消灭非法活动的机制。"[1] 运用法律方法规定监狱管理各项制度，可以有效形成规范、有效、统一的管理体系。

监狱依法管理能够保障监狱的安全与稳定，能够使服刑人员履行法定的义务，保障服刑人员权利的行使，维护服刑人员的合法权益。依法进行监狱管理，有利于服刑人员增强法律意识与法制观念，懂得遵纪守法的重要性，树立明确的改造目标。

二、依法管理原则的内容

（一）管理制度的制定合法

依法管理要求相关管理制度的制定必须有法律依据，监狱管理各项制度的制定权是法律赋予监狱管理部门法定职权的重要组成部分，监狱管理制度是对管理对象诸多权利的限制，因此监狱相关管理制度的制定必须依法在相应的范围内进行。其制定主体、制定程序和制定内容都必须依据相关法律法规，体现法律的基本精神和原则，不得违反上位法和强行法的规定。

监狱管理制度制定的主体必须是符合法律法规要求的特定主体。尽管具体的监狱管理制度制定属于司法行政事务，各地方监狱对其有一定的独立制定权，但是由于监狱管理活动不同于一般的国家行政管理，它是带有刑事性质的行政事务，因此对于该种活动主体必须有严格的限制。各监狱管理部门必须严格按照司法行政部门的规章和条例制订相应的方案，不得越权、越级、越区制订管理方案，也不得单独制订自身职权范围以外的方案。

监狱管理制度的制定必须遵循严格的法定程序。管理制度一旦被用于监狱管理实践中，必然构成管理对象的行为准则和约束条件；制定中的瑕疵不仅可能会导致管理实践中的重大疏漏，也可能会给对服刑人员的刑罚执行与改造产生不利影响。制定监狱管理制度中的严格程序可以通过促进意见沟通、加强理性思考、扩大选择范围、排除外部干扰以保证决定的成立和正确性。具体在制定管理制度时要严格按照提出方案、讨论方案、表决、公布、备案的程序进行；在讨论方案的时候，必须考虑到程序的民主性和专业性问题，邀请有关专家出席并参加讨论，允许管理对象就制度发表自己的看法；管理制度在讨论后公布前要报上级机关和主管部门审核批准后方可予以公布执行；执行方案中出现重大问题时，要及时组织相关人员进行修改甚至废弃原制度。

---

[1] [法]米歇尔·福柯.规训与惩罚[M].刘北成，杨远婴，译.上海：三联书店，2003：99.

监狱管理制度的制定不得违背法律的基本原则和基本精神。在制定管理制度时，监狱管理相关部门必须对制度的内容进行严格审核和筛选，使方案内容体现法律的基本原则和基本精神，不违背法律法规的相关规定。监狱管理内容繁杂，有些方面在法律法规和相关规章条例中没有明确涉及，但是在监狱管理相关部门制定这些管理制度的时候，也要充分体现我国刑事法治的基本精神、遵循监狱法的基本原则。例如，《中华人民共和国刑法》确立了"适用刑法人人平等"的基本原则，作为刑事执行实践场所的监狱应当把"罪犯一律平等"这一理念贯穿到监狱管理中，并将这种精神渗透到行刑和管理罪犯的全过程，使罪犯经过长期的环境熏陶，树立人人平等的观念。

（二）行使管理权力的主体合法

依法管理首先就要求行使管理权力的机关和组织必须符合法律规定的主体地位、资格和组织条件，如果进行管理活动的主体不是依法成立的或者不具备管理主体资格，那么其管理行为就不具有法律效力。

《中华人民共和国监狱法》第二条规定"监狱是国家的刑罚执行机关"，第五条规定"监狱的人民警察依法管理监狱、执行刑罚、对罪犯进行教育改造等活动，受法律保护"，第十二条规定"监狱的管理人员是人民警察"。由以上法律规定可知，我国实施监狱管理活动的主体必须具备监狱人民警察身份，任何由非监狱人民警察实施的监狱管理活动都不具备法律效力。也就是说，在一般情况下，监狱管理应由监狱人民警察亲自行使，不得转让或随意委托给非法定机关或非法定人员去行使，由非监狱人民警察行使罪犯刑法执行的管理活动等都属于非法的管理活动。

（三）管理流程合法

监狱管理制度仅仅代表着采取措施的可能性，其最终落实必须通过执行才能实现。在监狱管理的各项活动中，各环节都涉及严格的法定程序，管理执行程序合法是保障监狱管理法制化原则落地的基础要件。执行者不按照制度制定者的意志执行，再有效的管理制度也是一纸空文。在监狱管理实践中，约束执行者执行的只能是条文化了的法律法规和规章制度，执法者只要严格按照相应的条文和其中体现的精神来执行管理制度，监狱管理制度所蕴含的内在品质就不会被腐蚀。监狱管理制度的规范执行是检验一个国家监狱管理体制有效性和文明程度的标准之一。

监狱管理制度的执行过程是国家行刑权实现的过程，也是监狱管理主体依据法律法规约束自身行为的规范化过程。在具体管理实践中，现实情况可能千变万化，执行者往往享有一定程度的自由裁量权，但是这种变通和裁量都必须以严格遵循法律法规和法律的基本原则为前提，促使监狱管理活动以一种规范的方式在现有法律制度框架内合理运行。

（四）保障被管理对象的合法权益

监狱在人员对象管理上较为特殊，主要包含对两部分人员的管理：一是对监狱人民警察队伍的管理；二是对罪犯的管理。依法管理原则要求监狱在实施管理活动过程中应严格遵循相关法律法规，充分保障被管理对象的合法权益。

在我国现行体制下，监狱人民警察既属于人民警察又属于公务员序列，因此监狱对于监狱人民警察队伍的管理要严格遵守《中华人民共和国人民警察法》《中华人民共和国公务员法》等相关法律法规与规章制度。严格规范监狱人民警察的录用制度，采取公开考试、严格考察、平等竞争、择优录取的办法，严格实行监狱人民警察的考核、晋升、任免等制度，充分保障人民警察的工资、福利待遇，从根本上维护监狱人民警察的权益，对于建设法治监狱、构建现代监狱都有着十分重要的现实意义。

《中华人民共和国监狱法》对罪犯的权益保障做出了明确的规定。对罪犯实施依法管理，必须严格保障罪犯的合法权益。罪犯在服刑期间，除因其人身自由权的被剥夺及以人身自由权为前提无法行使和实现的权益外，仍然享有宪法、法律赋予他们未被依法剥夺和限制的公民权利。如《中华人民共和国监狱法》第七条明确规定："罪犯的人格不受侮辱，其人身安全、合法财产和辩护、申诉、控告、检举以及其他未被依法剥夺或者限制的权利不受侵犯。"可见，任何对于罪犯的管理活动都必须以合法的、人道的方式运用于实践中，罪犯基本权利的不可剥夺性和国家权力的有限性共同促使监狱管理活动和行刑人员管理行为应以一种规范的方式在现有法律制度框架内合理运行。

三、依法管理原则的要求

（一）全面落实依法治国基本方略

依法治国指依照宪法和法律来治理国家，是建设社会主义法治国家的根本保证，是国家长治久安的必要保障，是社会文明进步的显著标志。全面依法治国已成为新时代坚持和发展中国特色社会主义的基本方略之一。监狱作为国家的司法行政机关，监狱管理需要符合依法治国的基本方略。监狱管理过程中需要坚持以人为本、执法为民的理念，将公正、公平、公开贯穿于监狱管理的全过程。监狱管理者必须忠于法律，监狱管理过程中需要运用法治思维，以法治规范管理行为，保障监狱管理在法律框架下运行。

（二）符合依法行政的具体要求

依法行政是依法治国基本方略的重要内容，是指行政机关必须根据法律法规的规定设立，并依法取得和行使其行政权力，对其行政行为的后果承担相应的责任。依法行政具有"合法行政""合理行政""程序正当""高效便民""诚实守信""权责统一"六点要求，需要将依法行政的具体要求贯穿于监狱管理的各个方面。监狱相关部门在监狱管理过程中要强化依法行政意识，深化对"职权由法定、有权必有责、用权受监督、违法受追究"的认识，自觉按照法律授予的权限行使权力；不断提升依法行政的能力和水平，努力规范监狱管理行为，监狱管理过程既要做到实体合法，又要做到程序合法；全面落实监狱管理责任制，完善监狱管理评议考核制，加大各项配套制度建设和落实的力度；健全监督约束机制，完善狱务公开制度，加强层级监督，发挥审计、监察等专门监督的作用，要完善监狱管理过错责任追究制。

（三）注重"法治"与"德治"相结合

法治是通过法律规范和指导人们的行为，为人们提供行为模式。法律作为社会行为的底线，是社会公德的固化和外化，作为他律对人的社会行为发挥强制作用。德治是通过道德建设来指引、教育人们的行为。道德作为更高的行为标准，像看不见的软性法律在人的内心规范着人们的行为，起着自律的作用。法治侧重于惩戒，德治侧重于教化。法治具有滞后性，德治具有超前性。法治主要是外在约束，德治主要是自我约束。法治和德治在监狱管理中并行不悖，而是作用互补，共同为实现监狱管理能力的现代化发挥作用。"徒法不足以自行"，法律需要人来执行，在监狱管理活动中，监狱管理人员要提高道德修养，实现严格执法和公正司法的理念和具体要求，增强监狱管理过程的法治内涵和道德底蕴。

第二节　科学管理原则

一、科学管理原则的内涵

科学管理原则是指"监狱应当以科学理论为指导，遵循罪犯思想转化的客观规律，采用先进的管理制度，运用科学文明的管理手段和现代化的监管设施，对罪犯实施监禁和管理"❶。科学管理原则强调的是以科学理论为指导，采用科学管理的理念，遵循监狱管理的客观规律，顺应科学技术发展要求，运用先进的管理制度，促进监狱管理效能的最大化、最优化。

泰勒在《科学管理原理》中指出，科学管理并非个别要素的构成，而是所有要素的集成；是科学，而不是单凭经验的方法；是协调，而不是分歧；是合作，而不是个人主义；是最大的产出，而不是有限的产出。❷ 因此，科学管理是在充分认识管理对象的本质，符合管理对象实际状态及变化规律的基础之上，将理念、理论、制度、方法等各方面管理要素有机结合，从而形成管理效能的最大产出。

科学管理具有客观性、系统性、发展性等三重属性。科学的首要基础就在于它是客观的，这是一种广为人知的属性。客观性是指监狱管理必须建立在对事物客观规律了解的基础之上。在具体的管理活动中，只有充分了解管理对象的发展和变化规律，才能制定出恰到好处的管理措施。客观性要求监狱管理人员在管理过程中应最大限度地排除个人主观经验的判断，坚持运用实证调查研究的方法，用数据说话，能够科学认识管理对象。在对罪犯的管理中，要充分认识罪犯教育改造的规律，用大数据客观分析出罪犯犯罪的犯因性因素，实施精准矫正，有效实现提高改造质量的目标。

系统性是科学管理的又一重要属性，是指将监狱作为开放性系统来进行管理，要求管理者应从管理整体的系统性出发，按照监狱管理的系统特征要求，从整体上把握监狱系统运行的规律，进而对管理各方面的要求做系统的分析，对管理内容进行系统的优化，并按照监狱管理活动的效果和社会环境的变化，及时调整和控制管理系统的运行，最终实现监狱管理目标。科学管理要求管理者在管理过程中系统、综合地运用先进的管理理念、管理艺术、科学技术手段等管理知识，厘清监狱管理的要素及各管理要素的功能，科学探求各管理要素之间的联系，明确各管理要素之间、各管理要素与整体之间以及整体与社会环境之间的关系，做到精细分工、协作紧密、高效运作。

人类对客观事物的认识总是在不断深入，管理科学的形成与发展也是一个历史发展的过程。管理的理论、方法、手段、技术总是随着社会的发展、科学水平的变化不断丰

---

❶ 杨殿升. 监狱法学［M］. 北京：北京大学出版社，2001：85.
❷ ［美］弗雷德里克·泰勒. 科学管理原理［M］. 赵涛，等译. 北京：电子工业出版社，2013：80.

富与完善，这是科学管理的发展性特征。它要求在监狱管理中管理者要有动态的眼光，不拘泥于以往，不拘泥于俗成，不拘泥于定式，监狱管理必须适应时代发展的变化，不断适应新要求，接受新的管理理念，建立新的管理制度。管理是一个不断探索与完善的过程，监狱的管理水平也受到国家政治、法律制度、经济水平、理论研究等方面的制约。随着监狱管理理念的不断更新，实践经验的不断积累，科学技术的不断进步，国家经济的不断投入，监狱管理必将更加科学、完善。

二、科学管理原则的内容

（一）科学的监狱管理理念

任何一项管理活动都是在某种管理理念下的具体实践活动。监狱管理理念是指依照什么样的管理思想、价值观念、行为准则等指导监狱的管理活动的思想，是监狱开展各种管理活动的前提和基础，是监狱管理工作应遵循的基本指导思想。

监狱诞生时的初始功能是对罪犯进行刑罚执行，科学的监狱管理理念首先要与社会刑罚文明进程相一致，即监狱的各项管理活动必须能够围绕并服务于当前社会刑罚文明的主流思想。在人类历史上，行刑理念伴随着人类文明的进程不断变迁，从最初完全以惩罚性质的残酷肉刑为主，到当前以人为本注重服刑人员合法权益的保障，强调服刑人员教育改造的行刑理念。在这一行刑理念下，监狱管理应向更加理性、实用性的管理方向转化。

监狱管理目标的实现需要高效的组织管理作为保障，因此科学的监狱管理还需要具备现代组织管理的理念。现代科学技术的快速发展导致管理科学发生了深刻的变革，管理在功能、组织、方法和理念上产生了根本性变化。监狱要能够广泛将监狱学、法学、心理学、社会学、经济学、数学等学科发展的最新成果运用到监狱管理中，不断追求管理的科学性。监狱管理的现代化过程不仅仅是引进一些现代化的技术与设备，而是要将现代管理的思想融入监狱管理活动中，从而使其成为监狱管理必须遵循的理念。

人是监狱管理的核心要素，科学的监狱管理要始终贯穿以人为本的管理理念。以人为本的管理理念是一种对人在管理中主体作用与地位的肯定。随着18世纪社会文明的进步，罪犯的主体地位得到了明显增强。"即使是在惩罚最卑劣的凶手时，他身上至少有一样东西应该受到尊重的，即他的'人性'。"❶ 强调人在管理中的主体作用与地位，是一种价值取向，强调尊重人、解放人、依靠人和为了人，是一种思维方式，就是在监狱管理过程中分析和解决一切问题时，既要坚持法律的尺度，也要坚持人的尺度。因此，要将马斯洛的需求层次等人本主义理论充分运用到监狱管理中，重视人的需要。对于民警管理，要把民警自我价值的实现与监狱的发展目标相融合，把管理制度的强制性实施变为民警自觉遵守和执行，这是对严格规范管理的升华。尊重、理解员工，保障民警的合法权益，注重与民警的全面沟通，才能发挥民警的最大动能。对于罪犯的管理，也要坚持以"人"字为先的管理理念，在保证刑罚执行严肃性的基础之上，以罪犯人格的不断发展与完善为根本目的，注重罪犯的合理需求，科学分析其犯罪的根源性问题，充分调动和激发罪犯改造的积极性，不断提高罪犯教育矫治成效。

---

❶ [法]米歇尔·福柯. 规训与惩罚[M]. 刘北成，杨远婴，译. 上海：三联书店，2003.82.

监狱管理理念作为监狱管理深层次思考的结晶。回答监狱管理的全部活动所涉及的三个基本问题：监狱管理为什么？监狱管理做什么？监狱管理怎么做？科学的监狱管理理念为监狱的一切管理活动提供了指导，是整个监狱管理活动的舵手，能帮助监狱保持正确的航向，确保监狱始终能够开展合理、高效的管理活动，从而实现监狱管理目标。

（二）科学的监狱管理机制

科学的监狱管理机制是指监狱管理活动要在符合管理学相关要求的前提下实现制度化，以达到科学先进、合理有效的程度。科学的运行协调机制是使监狱管理从理论形式转化为实践形式，并经受实践检验成为定型制度形式过程中的关键一环。从国内外的理论和实践来看，不同国家的监狱管理机制各异，但是在保证监狱管理科学化方面，评估机制、分类管理机制、激励竞争机制无疑发挥着重要的作用。

科学认识罪犯是进行监狱管理的基础，科学的评估机制可以协助监狱管理者实现对服刑人员更加客观、深入的了解。加拿大、英国等国家对罪犯科学评估有较长时间的研究，已形成较为完善的评估体系，主要包含罪犯人身危险性评估体系、罪犯再犯罪风险评估体系、罪犯矫正需求评估体系、罪犯动态关押评估体系等。罪犯人身危险性评估体系可以帮助监狱管理者客观了解罪犯的人身危险程度，从而作为对罪犯进行分类关押的重要依据之一。罪犯再犯罪风险评估体系可以帮助监狱管理者科学了解罪犯的再犯风险程度，根据矫正的"风险-需求-响应"原则，监狱管理者可以科学配置监狱矫正资源，实现资源效能的最大化。罪犯矫正需求评估体系可以帮助监狱管理者科学掌握罪犯的犯罪推动因素，明确罪犯管理与矫正的工作目标，使监狱管理工作有的放矢。罪犯动态关押评估体系可以帮助监狱管理者动态掌握罪犯的实际情况，作为监狱制定相应管理措施的重要依据。

建立在行刑个别化和矫正理论基础上的分类制度是各类监狱管理活动和技术得以产生和应用的前提，科学的分类机制推动了监狱管理的高效运作。对罪犯的科学化分类是构建现代监狱制度的理论基础。《中华人民共和国监狱法》第三十九条明确规定："监狱对成年男犯、女犯和未成年犯实行分开关押和管理，对未成年犯和女犯的改造，应当照顾其生理、心理特点。"这是监狱管理的基本制度，但我们还需要在监狱管理运行中对此进行具体化和科学化，以保证监狱类型化理念的落实。目前，国外通行的分类标准是以安全为目的，以罪犯的危险性等级为标准，把监狱划分为不同的警戒等级，如高度戒备监狱、中度戒备监狱、低度戒备监狱及半开放式监狱。在监狱内根据罪犯的人格特征和犯罪性质把罪犯分为不同的类别，从而对不同类别的罪犯进行不同的矫正和处遇。分类制度是科学监狱管理技术合理运用的条件和界限，因为每一种管理技术都是理想化的模型，如果不结合分类制度对罪犯进行合理筛选和科学归类，任何科学的管理技术都不可能成功地被应用于监狱实践。

竞争激励机制是监狱管理科学实现的重要手段，管理者在监狱管理过程中应通过有效的考核与奖惩对管理对象的行为与表现做出评价，从而充分调动管理对象的主观能动性，发挥其最大动能。要建立有效的竞争激励机制，首先，要科学掌握管理对象的需要，需要因人而异、因时而异，并且只有满足最迫切需要的措施，其效用才高，其激励强度才大。因此，监狱管理者必须深入地进行调查研究，不断了解管理对象的需要层次和需要结构的变化趋势，有针对性地采取激励措施，只有这样才能收到实效。其次，要坚持公平合理原则，竞争激励制度的制定与实施要适度而公平。最后，竞争激励要坚持惩恶扬善原则，监狱管理者要充分运用激励机制引导管理对象自觉发扬好的行为，放弃不好的行为。因此，竞争激励机制必须做到正激励与负激励相结合。对于管理对象符合监狱目标期望的行为，要进行奖励，而对于管理对象违背监狱目标的非期望行为，要进行惩罚。好的激励应当是人的内在需要的满足，是人们一种自觉自愿、心情愉快舒畅、积极主动的工作状态，而不是一种被迫的行为状态。监狱管理者应当把握好竞争与激励之间的度，并尽可能地避免或减少组织内部成员间的恶意竞争。

（三）科学的监狱管理方法

科学的监狱管理，重点在于管理方式与方法的科学化。所谓科学化，就是符合事物的发展规律。监狱管理方法科学化就是指在监狱管理中借鉴学习符合监狱管理规律和符合监狱管理内容的各种科学依据，从而得以提高监狱运行效能和监狱管理质量的方法。在监狱管理实践中，一些方法的主观随意性极大，完全不具备科学性；一些管理方法凭经验办事，不太科学；一些管理方法比较科学。科学的监狱管理方法应是能够及时、有效、高质量地实现监狱管理目标的手段。考察监狱管理方法的科学化，可以从管理方法本身及执行方法结果两个层面进行。从管理方法来看，科学的监狱管理方法应具有系统、完整的规范程序，简单、明了的管理程序，既有科学依据，也包含最新的科技成果。从执行监狱管理方法结果来看，表现为是否以最好的质量、最低的消耗、最快的速度实现监狱管理目标。

监狱管理的一般方法承袭于传统的行政管理方法，由于监狱的特殊性，传统行政管理的各种方法在现代监狱管理中仍然具有可用性。监狱管理的一般方法主要包括行政指令方法、经济方法和法律方法。

行政指令方法是指监狱管理者依靠组织的权威，运用行政手段，包括行政命令、指示、制度、规定、条例及规章制度等，按照行政组织的系统和层次进行行政管理活动的方法。行政指令方法是运用得最普遍的行政方法，也是一种非常有效的行政方法。从实质上看，行政指令方法是通过行政组织中的职位和职务来进行管理的，其基本特点是依靠权力和权威，采用强制手段直接指挥下级，要求下级遵循上级指示，以实现行政组织的目标。行政指令方法能够使国家的政策法律和上级的意图快速地向下贯彻，有利于行政管理系统的集中、统一。它使监狱各个环节都围绕监狱总体管理目标统一思想、统一行动，保证决策指令的迅速贯彻和实施。同时，监狱管理中，上级可以针对下级的工作情况，及时、灵活地发出各种指令，使监狱管理中出现的新情况、新问题得到及时处理，尤其是对一些突发事件的处理，更显示出了这种方法的灵活、快捷的优点。但是，行政指令方法以强制性的指令、命令支配下级的行为，下级处在被动服从的状态，长此以往，会压抑下级的积极性和主动性，造成下级对上级的过分依赖。另外，过分依赖这种方法，容易造成领导者个人专断，助长家长制、一言堂的不良作风，不利于进行参与式的民主管理。行政指令是以垂直方向传达的，在指示、命令的下行传达过程中容易忽略横向的协调，形成条块之间的矛盾，反过来制约了监狱管理系统的高度统一。

经济方法是指监狱管理者运用经济杠杆调节和影响管理对象，对被管理者加以引导和控制的管理方法。经济杠杆是指以工资、奖金等经济范畴为支点，把某个部门或个人的物质利益与其劳动成果联系起来而形成的调节工具。运用经济方法可以挖掘人的潜能，激发人的主动性和积极性。监狱管理中运用经济方法，一方面，可以通过经济杠杆激励和影响罪犯的改造活动，提高其改造的积极性，激发服刑人员服从管理、积极改造的动力；另一方面，可以用经济杠杆影响监狱人民警察的思想和行为，促进其改进工作，提高效率。

法律方法是指监狱管理者运用各种法律手段实施监狱管理的方法。法律手段，即监狱管理相关法律规范及其国家法律法规。在监狱管理中运用法律方法，实质上就是通过法律法规的实施，将统治阶级的意志转化为监狱管理对象的普遍行动，用法律法规来调整监狱管理对象的行为，使其朝着有利于监狱管理目标实现的方向发展。法律方法以法律作为管理的手段，因此具有其他方法所不具备的优点：一是能够为监狱管理活动提供规范和程序，使监狱管理各部门都能明确各自的职责、行动的规范和工作程序，因而保证了监狱管理的集中和统一，使监狱管理保持连续性和稳定性，提高了监狱管理的效率；二是通过法律手段的运用，能够增强监狱管理主体和被管理者的法律意识，增强其守法、用法的自觉性。

监狱管理也需要借鉴现代企业管理中的成熟经验，从而形成监狱管理的具体方法。监狱管理的具体方法较一般方法更具现代性，是传统行政管理方法在应对监狱不断变化的环境中的种种不适应而产生的，是对监狱管理一般方法的有益补充。监狱管理的具体方法主要有目标管理法和网格化管理法等。

目标管理法实际上是一种面向成果的管理方法，指由管理者与管理对象共同决定具体的绩效目标，并且定期检查完成目标进展情况的一种管理方式。由此而产生的奖励或处罚则根据目标的完成情况来确定。目标管理体现了现代管理的哲学思想，是管理者与管理对象之间双向互动的过程。目标管理一般分为四个步骤：第一步是建立一套完整的目标体系。这项工作总是从监狱管理的最高层级开始，然后由上而下地逐级确定目标。上下级的目标之间通常是一种目的与手段的关系。某一级的目标需要用一定的手段来实现，这些手段就成为下一级的次目标，按级顺推下去，直到作业层的作业目标，从而构成一种锁链式的目标体系。第二步要制定目标。在制定目标的过程中要明确制定目标的依据，对目标进行分类且符合 SMART 原则，不同管理层级的目标需沟通一致。第三步是组织实施。目标既定，监狱高层管理人员就应放手把权力交给监狱管理的下级成员，而自己去抓重点的综合性管理。达成目标，主要靠管理执行者的自我控制。上级的管理应主要表现在指导、协助、提出问题、提供情报以及创造良好的工作环境等方面。第四步是检查和评价。对各级目标的达成情况，要事先规定期限，定期进行检查，检查的方法可灵活地采用自检、互检和责成专门的部门进行检查等。检查的依据就是事先确定的目标。对于最终结果，应当根据目标进行评价，并根据评价结果进行奖惩。经过评价，目标管理进入了下一轮循环过程。

网格化管理法是指依托统一的监狱管理以及数字化的平台，将监狱管理范围按照一定的标准划分为单元网格，通过加强对单元网格的部件和事件巡查，建立一种监督和处置互相分离的形式。网格化管理是监狱管理方法的一种革命与创新，第一，它将过去被动应对问题的管理模式转变为主动发现问题和解决问题；第二，管理手段数字化，主要体现在管理对象、过程和评价的数字化方面，保证管理的敏捷、精确和高效；第三，科学、封闭的管理机制，不仅具有一整套规范统一的管理标准和流程，而且发现、研判、处置、结案四个步骤形成一个闭环,从而提升监狱管理的水平。

科学的监狱管理方法并非一成不变,它会随着监狱管理要求的变化及科学技术的发展而不断更新和发展,这也是监狱管理科学化的重要属性之一。监狱管理者要根据实际,灵活采用合理的管理方法与手段,确保管理的科学性。

三、科学管理原则的要求

(一)坚持科学理论指导,树立科学管理思维

科学管理不是盲目的实践,而是在一定的科学理论指导之下有目的的实践活动,是在科学的管理的系统指导之下进行的科学管理活动。

随着科学技术的发展,现代管理科学已有了长足的发展,各种学科知识都充分融入了现代管理科学中,形成了丰富的现代管理理论,为监狱管理理论的充实与提高提供了丰厚的理论基础。在监狱管理过程中,管理者要积极引进和吸收运筹论、系统论、控制论、信息论、科学决策理论等相关现代科学理论知识,不断理解,逐步运用,使监狱管理建立在科学的理论基础之上。监狱管理还要广泛吸收监狱学、法学、犯罪学、心理学、教育学、社会学、统计学等相关学科中有利于监狱管理的知识理论,提高监狱管理的效能。

对监狱的科学管理还要求监狱管理者树立科学管理的思维方式。科学的管理思维方式为监狱管理提供了科学思想方法。科学的管理思维是正确认识和把握监狱管理规律的有效工具。认识规律、把握规律,是监狱管理者有效地进行监狱管理活动的基本前提,深刻地影响着监狱管理者的管理实践。科学管理思维为监狱管理者观察、分析监狱管理任务的发展与变化,正确认识和把握监狱管理的客观规律,明确新时代监狱管理的主要任务提供了指导。科学管理思维方式是选择科学管理路径的重要保证。管理思维方式决定着管理路径的科学与否,管理路径是思维方式的集中体现,两者密不可分。因此,树立科学的思维方式,有利于形成科学的管理路径。科学管理思维犹如一把钥匙,为监狱管理者打开了科学管理的大门。但是,由于受认知手段和认知能力的制约,种种非科学管理思维在现实监狱管理活动中仍有存在,或多或少地影响着当前监狱管理的认识和实践。部分监狱管理者自觉或不自觉地用种种非科学管理思维方式来认识问题、处理问题,导致认识陷入误区、管理工作出现偏差,成为制约监狱发展、影响监狱工作效能的重要因素。

(二)坚持实事求是,注重实证研究

要实现监狱管理的科学化,就必须探索和研究监狱管理对象的客观规律。科学研究是人类认识活动的高级表现形式,任何科学研究活动的目的都是探寻研究对象的本质及其与相关事物的本质联系,揭示研究对象内部的客观规律,并利用这些规律去指导人们的行动。监狱管理实现科学化,必须探索监狱运行、罪犯管理与改造的客观规律,进而指导监狱管理的实践活动。

探索与发现监狱管理的客观规律需要坚持实事求是的态度。实际上,真理只有在实践的反复探索中、在大量的实际调查中才能获得。监狱管理者应通过实证调研获得翔实、充分的感性材料,并对其进行思维抽象和辩证分析,经过去粗取精、去伪存真,获得监狱运行、服刑人员管理与改造的客观规律。

监狱管理者在监狱管理过程中要坚持实证研究,用事实说话,不唯上、不唯书,只

唯实，强调对监狱管理面临的现实问题的关注与研究，实现对监狱发展与管理的动态和趋势的把握，强调研究结果的现实性与预见性。从具体方法上看，实证研究主要采用实地考察、统计分析、抽样调查、建立数学模型等方法，注重定量与定性分析相结合，为监狱管理政策的制定提供科学、客观、准确的依据。在对大量罪犯进行实证研究的基础之上，科学分析罪犯的人身危险因素、再犯风险因子、矫正需求因子，并依此构建监狱的分级管理体系及罪犯的科学矫正体系，充分体现了监狱管理的实事求是精神。

（三）科学管理队伍建设，提高管理技能

监狱人民警察是监狱管理的主要力量，是监狱管理的核心要素。科学监狱管理实现的必备条件是拥有一支高素质的监狱人民警察队伍。科学管理监狱人民警察队伍建设，一方面要确立科学的人才价值观，促进监狱管理队伍的健康成长；另一方面要加大科学培训力度，为监狱管理队伍健康成长设好"练兵场"，多途径提高管理队伍的科学管理技能水平。

要实现监狱管理的科学化，监狱管理者应当拥有先进的人才管理理念，高度重视监狱民警队伍建设，深入贯彻落实监狱民警队伍发展战略，注重挖掘监狱民警队伍的长远发展潜力，从监狱民警队伍的开发、培育、配置、利用等方面提高监狱民警队伍管理水平，是现阶段提高监狱民警个人的能力和素质，从而促进民警与监狱共同发展的最有效形式。按照"科学选配、优化结构、注重培养、有效激励"的总体思路，以培养监狱人才为重点，突出监狱民警队伍建设，促进了监狱科学管理目标的顺利实现。

人是一种最富有能动性的宝贵资源，监狱民警队伍的科学化素质与管理技能的不断提高意味着监狱的良性发展。努力提高他们的整体素质，意味着他们更能为监狱科学管理目标的实现提供坚实的保障。监狱管理者要重视对监狱民警的培训工作，加大对其投入的力度。要做好岗前培训，一方面让新入职监狱民警对监狱有一个细致的了解；另一方面也能够对自己所要从事的工作进行充分的认识。但是仅有岗前培训还远远不够，需要定期针对不同类型岗位的监狱民警进行培训，加快建设监狱内部的兼职教师团队，支持开展各种形式的管理培训活动，组织各层次的监狱管理人员参加多种形式的管理技能培训，提升监狱民警的管理技能水平。

（四）充分利用大数据，提升管理科技含量

现代科学的发展为监狱管理提供了丰富的技术手段，当前云计算、物联网的兴起意味着管理已经进入了大数据时代。快速、准确地收集与分析海量数据，是进行科学监狱管理的基础。

科学的监狱管理要充分利用大数据技术，提升日常管理的辅助决策能力，监狱需要加大对大数据平台构建的投入，提升监狱大数据管理的应用能力，加大对高科技管理人才队伍的培养，提升对前沿技术的应用能力，把围绕大数据技术的应用和管理模式创新作为我国监狱管理体制下一步改革的新方向，同时加强应急协作和数据共享，提升监狱管理成效。

有效利用大数据，提升监狱管理的科技含量，要加强对监狱管理实用技术装备的使用，提升监狱管理能力，加强对监狱大数据研究中心的建设，加大对监狱内物联传感等实用技术装备的建设投入，完善监狱数据采集和反馈等基础设施的建设，创新应用模式，大力发挥物联网在监狱管理中的作用，有效提升监狱的管理效能。

第三节 文明管理原则

一、文明管理原则的内涵

文明与野蛮相对立，是人类社会进步的体现和标志。文明管理原则是指在监狱管理活动中，以依照法律规定和程序正义为前提，坚持人道、人权、人文和以人为本的理念，在保障管理对象的合法权益的基础之上，尊重管理对象的人格尊严，进行非歧视、理性化的管理。这也是现代法治理念和权利本位的要求和体现。"随着人类社会的发展，法治理念逐渐从古代侧重于对国家权力的制约转向注重于人权保护的方向转化，在制约国家权力的同时也强调国家对公民积极自由和权利的保护……高度发达的法律程序体系是人类为了保障社会主体基本权利的目标而出现并发展起来的。保障权利是法治的价值目标。法治理论和实践是与权利意识联系在一起的。"[1] 更有学者明确地提出，"以制度保障每一个人的权利、以制度约束个人的恣意，构成了当代政治文明的核心"[2]。

与其他管理活动一样，监狱管理也是围绕人的活动和人的行为以及人的关系展开的。因此，对人的重视和对人的潜能的发掘，是监狱管理深入推进的必经之路。监狱管理涉及的人不仅仅是罪犯，也包括民警，既包括享有具体执法权的公民，又包括人身自由受限制的公民。监狱管理的目标具有一定的独特性，其管理方式、方法、资金来源、物质基础等也都与一般的管理有所不同。但恰恰是因为这些特殊的地方，导致了人道、人权、人文和以人为本理念对于监狱管理具有定向功能，决定了监狱管理的基本方向和发展走向。

文明管理原则是人道、人权和人文及以人为本的理念在监狱管理中的具体运用。文明管理要以遵守法律规定与程序正义为前提，任何超越法律界限的管理活动都不属于文明管理原则的范畴。文明管理是指让被管理对象在感受法律所带来的威严与神圣的同时，也享受法律所固有的"温情"与"体恤"。这要求监狱管理者在监狱管理过程中坚持理性、平和、文明、规范管理，将被管理对象当作真正的人来看待，尊重、保护其作为人的尊严与权利，保护其基本权利，体恤其作为自然人的需求，给予其人文关怀、尊重、理解与宽容。

监狱文明管理的本质在于通过创造重视人、尊重人、关心人和爱护人的监狱人文环境，激发监狱场域的人文精神和精神力量，达到矫正罪犯的最终目的。监狱文明管理基于其自身特性，既可以为社会秩序、自由文明以及人类理性的建构做出积极的宏观贡献，也可以在监狱管理领域发挥自己独特的微观作用。

文明管理具有保障人权、合乎情理、最小损害三重属性。以人为本是监狱文明管理原则的基本理念，也是根本要求。在监狱管理管理过程中，监狱管理者要把保障被管理对象的人权摆在突出位置，尊重被管理对象的人格和尊严，保护其合法权利。监狱管理行为的内容要客观、适度、合乎情理，要求监狱管理者合情、合理、恰当、适度地行使

---

[1] 夏锦文. 法哲学关键词[M]. 南京：江苏人民出版社，2013：104.
[2] 齐延平. 人权与法治[M]. 济南：山东人民出版社，2003：19.

自由裁量权，不得滥用自由裁量权。在监狱管理中，监狱管理者要处理好法律与政策的关系，法、理、情的关系，在执法管理过程中既要有法度也要有温度，努力实现法律效果与社会效果的有机统一。"最小损害"是指监狱管理机关在实施管理行为时，必须在多种方案中进行选择，选择对被管理对象的权益损害最小的方案。最小损害属性表现的是监狱管理中不仅仅要关注是否得出合乎法律规定的结果，更需要关注得出该结果是否体现出对被管理对象合法权益的应有维护。这就要求监狱管理者更加关注管理过程中是否体现出公权力的自我克制和对被管理对象的人权的尊重。最小损害中的"损害"不单纯指向被管理对象的生命、健康和财产等能被法律所评价的损害，也包括监狱管理者的不文明行为对被管理者所造成的精神损害和情感伤害。

二、文明管理原则的内容

（一）管理制度文明

在监狱管理活动中，文明管理的核心是管理制度文明。管理制度作为一种规范形态，具有强化管理组织和规范管理行为的重要作用。文明管理的实现依赖于制度，制度是管理文明的保证，合理、公正的规则和制度有助于监狱文明管理行为的形成。

从监狱管理活动来看，监狱管理制度主要包括组织决策、组织制度、人事制度、分配制度、责任制度、监察制度等多方面。监狱在制定各项管理制度时，需遵循文明、公正的基本原则，包括依法原则、人本原则、平等原则、整体利益原则、机会均等原则、调剂原则等。如监狱对于罪犯管理制度的制定要着重考虑依法原则、平等原则、机会均等原则与人本原则。在监狱管理实践中，管理者应自觉地按规章办事、依制度管理执法，实现文明管理、公正管理。

（二）管理组织文明

组织是管理的载体，管理是组织中必不可少的活动。监狱管理组织是为实现监狱职能，人为设计出来的社会系统，是协调组织成员之间的合作条件，以及使管理活动得以进行的系统整体。管理组织是管理制度在组织形式和活动方式方面的具体化。管理组织是否合理、是否科学，会直接影响管理制度的实施与完善。因此，监狱文明管理的实现不仅要有文明的管理制度，还需具备文明的管理组织。

管理组织文明的基础条件是保证组织成员的基本权利和基本尊严。监狱管理者在对待管理对象时，要把管理对象看作与自己一样的人来对待，虽然他们之间的地位、职责或法律身份不同，但本质上都是人和国家公民，在人格上享有平等的权利。监狱组织的管理者要能够平等对待不同层级的民警，监狱民警在对罪犯实施管理的过程中要能够尊重罪犯的人格。监狱管理者对同一类管理对象要制定并实行统一的标准，不能搞双重或多重标准，制定的标准必须统一、完善、有序。

管理组织文明还包含在同类管理组织内部提供均等的发展机会。这意味着在监狱管理中，监狱管理者要为同类管理对象提供一致的起点。如对于监狱民警的管理，要为其提供平等的奖励、培训、晋升等获得报酬与发展的机会。对于服刑人员的管理，要为其提供平等的考核奖惩、教育改造、劳动改造等发展与改造机会。当然，组织文明要求只可能做到同类组织中成员的发展机会均等，而并非要求所有成员的发展结果平等。

文明的管理组织还包含健全的保障机制。监狱管理组织文明还体现为要能够建立完善的保障机制，为无法参与平等竞争或分配过程中处于不利地位的弱者提供基本的保障。如果组织成员中存在一些由于先天或后天因素在竞争中处于不利地位的，应为其提供基本的保障，为其提供人道主义的支持与帮助，确保其基本权利得以有效行使，这样能够有效缓解组织内部可能的冲突和抵触，增强监狱组织的凝聚力，使监狱能够相对稳定、正常地运转和发展，并使监狱管理成为一种符合文明要求的管理，组织成为一个文明的组织。

（三）管理行为文明

管理行为是实现监狱文明管理的重要途径。不管管理行为是否文明，都会起到一定的导向作用，都能给组织成员以示范和引导。管理行为文明就是要求监狱管理主体在文明管理理念的指导下，根据文明的管理制度的要求实施文明管理行为。管理行为文明包括组织行为的文明和管理者行为的文明，但最重要的是管理者行为的文明。

管理者在组织中的特殊地位决定了管理者的品德和行为对监狱文明管理起着至关重要的作用。各级管理者是监狱管理的直接主体，从监狱管理的总体战略决策到监狱管理目标的具体实施，他们都处于主导地位，是权力行使的主体，是各种人际关系的协调者，是监狱组织资源的分配者。监狱管理者能否认真遵循文明管理的原则，能否坚持文明的管理方式，都会对文明管理的实现产生直接的影响。监狱管理者增强文明管理意识，有利于消除各种管理活动中的不文明现象。文明管理意识是隐藏在权力主体内心深处的道德意识，来源于对权力行使价值的确认，驱使权力主体以人本主义的态度处理各种利益关系，使他们始终严格按照既定程序对相关事务做出文明的管理行为。

三、文明管理原则的要求

（一）树立文明管理理念，创建文明的管理环境

理念是行为的先导，是具体管理工作的指针。要实现监狱文明管理，必须在监狱管理队伍中形成全员、全面的文明管理观，真正使文明管理成为每一个人的工作的价值引领和目标追求。这就需要监狱重视理念创新，促成全员、全面文明管理观的形成。

权力本位、官本位、关系本位、管制本位的管理理念是阻碍监狱实现文明管理的障碍，要实现文明管理，监狱必须树立权利本位、民主本位、发展本位的文明管理理念，从管理的来源、目的、本质认识上培本固基，顺应现代监狱管理的要求，将监狱管理的根本出发点和落脚点转移到以监狱被管理对象的权利为本、民主为本、发展为本上来。

监狱管理者要使文明管理观由简单表层的认识向系统深入的理论体系转变。文明管理具有深刻的理论根源和丰富的实践成果，监狱管理者可通过学习理论、总结经验、借鉴成果、结合实际，形成符合现代监狱管理特性的全面、深入的文明管理观。

监狱管理人员个体层面的自发的文明管理手段难以实现监狱整体管理的文明样态，须提升到组织层面的自觉化制度构建和自觉化执行观念，进而将其树立为监狱全体的核心理念和价值观准则。同时，要强化文明管理理念教育和培训，使全体监狱民警深刻理解文明管理观，从而内化为心中的思想和理念，并自觉运用文明理念指导监狱管理

实践。

（二）营造监狱法治的文化氛围，以法治促文明

法治与文明紧密相关，没有法治的文化氛围，就不可能有真正的文明。社会主义法律是通过民主程序制定的，是最广大人民群众的意志和利益的体现，是社会文明的体现与保障。缺乏法治的管理体系易陷入人治的惯性思维，以个人意志强制推行自己的决策和主张，不考虑法律法规和保障管理对象的基本权益，这种思想观念会阻碍监狱文明管理的实现。

监狱要实现文明管理的价值追求，须按照社会主义法治理念的要求，在法治精神的引领下，进一步深化依法管理原则，充分营造监狱法治的文化氛围，使法律的本质要求真正执行到位。文明管理是一个管理与被管理者自上而下与自下而上相统一的过程，没有广泛参与的管理不可能公正。对于广大管理对象来说，法治文化的核心是让管理对象树立主人翁意识和权利与义务统一的观念，敢于监督监狱管理者依法治监，善于运用法律维护自己的合法权益。这样才能对权力形成有效的制约，防止权力践踏权利的现象发生，从而以强大的法治文化促进文明管理的实现。

（三）正确认识文明管理与严格执法的辩证关系

监狱作为国家的刑罚执行机关，文明管理并不意味着丢弃严格执法，而是要将二者有机统一。在监狱管理实践中，管理者应当正确认识文明管理与严格执法的辩证关系。严格执法是前提，文明管理是手段，文明管理与严格执法应贯穿于监狱管理的全过程。

第四节　效能管理原则

一、效能管理原则的内涵

效能管理原则是指在监狱管理工作中，以依法管理为前提，以实现现代监狱管理目标为方向，以消耗最低的人力、物力、财力和时间为基础，取得监狱管理活动结果的目标价值、行刑效益、社会效益的最大化。效能管理原则是对监狱管理人员从事管理工作的质量的要求与评价。

效能管理是现代监狱管理的基本要求。在现代以执行自由刑为主要内容的刑罚体系中，监狱管理不再是简单的"人身保管"工作，而是要通过严格的刑罚执行与系统的教育改造工作减少或消除重新犯罪。由于刑事政策与监狱管理要求的变化，一方面罪犯的构成趋向复杂化，另一方面社会对监狱工作的要求不断提高，现代监狱的职能与任务日趋复杂。监狱管理者必须不断创新管理方式，通过有效的管理充分发挥一切可用资源的最大效能，调动一切可以调动的积极因素和力量。

效能管理是监狱管理实践的产物。效能管理的方式和方法有许多，我国监狱普遍实行分类关押制度，监狱类型多样，监狱要根据监狱的关押特点、工作重心与资源配置等相关因素，紧密围绕监狱的特点，采取适合本监狱特点的方式进行管理，特别是监区管理民警更要细心体会、钻研和摸索管理方法，积累管理经验，既要严格管理，解决敢管的问题，又要探索管理的方式和方法，解决会管服管的问题。有效的管理能达到一呼百

应、令行禁止的效果，可促使监狱成为一个团结协作、合作顺畅的有机整体。

效能管理具备合法性、有利性、目的正当性三个基本属性。效能管理的合法性是指监狱在追求效能原则时做出的管理行为必须合法。合法是效能的内部特征，"合法高效"，"合法"在前，"效能"在后。提高管理效能不是以违反法律或破坏正当程序为前提，监狱管理应把效率和合法、合规、合程序有机结合起来，而不是对立起来。效能管理的有利性是指监狱管理行为的效率高、效果佳、效益好。效能管理的目的正当性是指提高监狱管理效能，不能一味追求效率和管理效果，必须遵循监狱工作惩罚与改造罪犯的根本宗旨，必须在监狱工作法治化和罪犯基本权利得到保障的前提下进行，即要求效能管理具有正当理由支持和正义理念支撑。三位一体，缺一不可。这一特征意味着在监狱管理活动中单纯追求"快"产生的效果不好，既无行刑效益也无社会效益的管理行为不符合效能管理的原则。符合效能管理原则的管理行为应该是能够促进良好的行刑效益、社会效益同步和协调发展的管理行为，但在判断的过程中应该考虑短期效益和长期效益、局部效益和整体效益等诸多因素。

二、效能管理原则的内容

（一）计划工作效能

法约尔认为管理意味着展望未来，预见是管理的一个基本要素，预见的目的就是制订行动计划。提升计划工作效能是监狱效能管理的起点。狭义的监狱计划工作是指监狱根据组织内外部的实际情况，权衡客观的需要和主观的可能，通过科学的调查和预测，提出在未来一定时期内所需达到的具体目标以及实现目标的方法。监狱计划层面的内容主要包括制订监狱工作计划、下达监狱各种指示、对监狱遇到的问题做出决议和对监狱工作进行安排等活动。

监狱计划并非随意制订的，需通盘考虑监狱人、财、物和公共关系等监狱全部资源，监狱正在进行的工作的性质，监狱所有的活动及预料监狱工作未来的发展趋势等问题，并以此为基础制订工作计划。

良好的监狱工作计划具有以下特点。首先是统一性，监狱每一项管理活动不仅要有总体计划，还需要有具体计划，不仅要有前面的计划，还要有后续的计划。其次是连续性，监狱管理不仅要制订监狱工作长期计划，还需制订中期和短期计划，三者之间应具有连续性。再次是灵活性，计划应可以适时调整，能应对意外事件的发生。最后是精确性，计划应在充分调研的基础之上制订，使之科学、客观。

监狱管理人员在制订计划时，需要对监狱的运行状况有整体的了解，应有积极参与的观念，并且对监狱每天、每月、一年、三年等不同时段的运行状况进行预测，监狱各部门的负责人要对自己所在部门的工作开展总结和预测，对所在部门的计划负责，根据具体情况适当地调整计划。监狱管理人员主要负责制订计划，而中下层的管理人员主要负责执行计划。

（二）组织效能

组织主要指把已经确定的计划和决策付诸实施，包括对机构的设置、调整和有效运用，对人员的选拔、调配、培训和考核。监狱组织可分为静态与动态两部分。静态方面指监狱内部的组织结构，即反映监狱管理活动中的人、职位、任务以及它们之间的特定关系的网络。这一网络可以把分工的范围、程度、相互之间的协调配合关系、各自的任务和职责等用静态的部门划分和层级设置的方式确定下来，成为组织的框架体系。动态方面指监狱管理活动中维持与变革组织结构，以完成组织目标的过程。通过组织机构的建立与变革，将监狱运行过程中的各要素、各环节，从时间、空间上科学地组织起来，使每个成员都能接受领导、协调行动，从而产生新的、大于个人和小集体功能简单加总的整体职能。在资源大体相同的情况下，不同监狱的组织设计不同，其运行效能也会有很大的差异。

监狱组织内部不同素质和不同水平的人员应以最合理的方式组织起来，使每个人都有明确的任务、权限和责任，达到"人尽其才，财宏其效，物当其用，事竟其成"的管理目的。人浮于事是阻碍监狱实现高效管理的重要因素之一，人浮于事不仅简单地表现为监狱工作人员多，而且表现为领导干部多，虚职、副职过多，造成了职务贬值，有职无责，有职无权。这容易助长官僚主义，使上情不易下达、下情不易上送，人为地阻碍了监狱政令的畅通。

科学分配监狱组织的岗位和职能是提高监狱运行效能的保障。监狱岗位设置要按照系统化、程序化、标准化的要求，规范岗位设置，借鉴人本管理理念，构建类别、等次、能级明确的岗位体系，注重岗位的成长性。岗位责任制是一项管理制度有效推进的基础。根据现代管理理论，岗位是指一名有相应资格的工作人员所担负职务和责任的最小组织单元。岗位责任制是明确规定各个工作岗位的职责和权限，根据履职要求任用和管理工作人员，做到设岗定责、有章可循，各司其职、人岗适配，按岗履责、奖惩得当。落实岗位责任制，要优化整合各种警力资源，以较低成本的组织资源履行组织职能，明确各个工作岗位的职责和权限，确保职责法定。

组织任务目标的实现，离不开组织内部的专业化分工和协作，因为现代监狱的管理工作量大、专业性强，科学设置专业部门有利于提高监狱管理工作的效率。在合理分工的基础上，各专业部门又必须加强协作和配合，只有这样才能保证监狱各项专业管理工作的顺利开展，以达到组织的整体目标。

管理幅度是一个组织部门能够直接、有效地指挥的下属成员的数目。"扁平化"管理是相对于"等级式"管理构架的一种管理模式，它较好地解决了等级式管理的层次重叠、冗员多、组织机构运转效能低下等问题，可以加快信息流通的速率，提高管理决策与执行效率。

（三）协调效能

协调是指通过各种具体措施，不断改善和调整监狱各职能部门之间、人员之间、活动之间的各种关系，使监狱各项工作分工明确、配合密切、步调一致，以共同实现预定目标。法约尔认为协调能使各职能机构与资源之间保持一定的比例，使收入与支出保持平衡，材料与消耗成一定的比例。监狱管理中的协调效能就是让监狱各项工作和行动都保持合适的比例。

高效的协调表现为监狱内部各部门的工作与其他部门保持一致，监狱各项工作都有顺序进行。各部门对本部门的任务清晰、明了，且相互之间的协调与协作良好，各部门的计划安排经常随实际情况的变动而调整。

组织协调的目的在于实现组织管理的整体功能和总体目标，而要有效地实现这种整体功能与总体目标，就必须形成全局的、系统的观念。监狱管理者要有效地对监狱组织活动进行协调、管理，使监狱各职能岗位的工作人员和民警之间密切配合、团结协作。

有效的协调需以组织流动通畅为基础。监狱管理活动是不间断的流动过程，是若干个环节连接在一起的统一体。这个过程一般可分为"人流"和"信息流"两个方面。人流指监狱内部人员之间的流动；信息流指监狱管理过程中信息的产生、传递和处理过程。二者息息相关，如果信息传递不及时、不准确，整个流程会受到阻碍，造成失误，影响监狱管理效率。

（四）控制效能

控制是指检查监狱的各项工作是否和计划相符，其目的在于指出工作中的缺点和错误，以便纠正错误并避免重犯。控制既包括对人员的控制，也包括对具体管理活动的控制。只有有效的控制才能更好地保障监狱管理目标的顺利实现，避免管理活动偏离既定目标。

从监狱管理角度看，监狱管理者应确保监狱管理有计划，并且可执行，而且要反复确认，及时修正、控制，保证监狱管理组织的完整。控制适合于监狱所有工作内容，控制的方法包含事中控制、事前控制、事后控制等。当某些控制工作工作量大、内容复杂、涉及面广，不宜由部门的一般人员来承担时，可设立专门的检查员、监督员或专门的监督机构。承担控制任务的工作人员应该具有持久的专业精神、敏锐的观察力和决断力，能够观察到工作中的错误，并及时加以修正。

三、效能管理原则的要求

（一）创新监狱管理方法，提升精细化管理水平

在监狱管理活动中，要实现效能管理，就必须做到使监狱管理的精细化。精细化管理是一种理念、一种文化，是分工的精细化及工作质量的精细化对现代监狱管理的必然要求，是建立在监狱常规管理的基础上，并将常规管理引向深入的基本思想和管理模式，是一种最大限度地减少管理所占用的资源和降低管理成本，以实现高效产出为主要目标的管理方式。

监狱的精细化管理就是要落实管理责任，将管理责任具体化、明确化，要求每一个监狱管理者尽可能地一次性地把工作做到位，工作要日清日结，每天都要对当天的工作情况进行检查，发现问题及时纠正、及时处理。

精细化管理的本质意义就在于，它是一个对监狱战略和工作目标的分解、细化和落实的过程，是让监狱的发展战略规划能有效贯彻到监狱工作的各个环节并发挥作用的过程，同时也是提升监狱整体执行能力的一个重要途径。高效的监狱管理需要在进行了一定的精细化管理实践后，重点结合监狱现状，按照"精细化"的思路，找准关键问题、薄弱环节，分阶段进行，每阶段完成一个体系，便实施运转、完善一个体系，并修改相关体系。只有这样才能最终整合全部体系，真正实现监狱管理精细化所要求的功能、效果和目的。同时，也要清醒地认识到，在实施"精细化管理"的过程中，最为重要的是

要有将规范性与创新性相结合的意识。"精细化"的境界就是将管理的规范性与创新性更好地结合起来,从这个角度来讲,精细化管理具有把监狱引向高效的功能和可能。

在现代监狱效能管理中,精细化管理涉及监狱运作过程的每一个环节,现代监狱效能管理要实现监狱安全精细化管理、狱政精细化管理、行刑精细化管理、罪犯教育改造精细化管理、监区文化建设精细化管理、罪犯生活卫生精细化管理、监狱信息精细化管理、罪犯劳动精细化管理和监狱警察队伍精细化管理等精细化管理全覆盖。

(二)运用管理技术,将现代信息技术成果与监狱管理深度融合

现代监狱管理需要实现以信息主导监狱,将现代信息技术成果与监狱工作深度融合,推动监狱管理模式变革,减少管理资源的消耗,提升监狱管理效能。

监狱效能管理,首先要强化基础信息平台的建设,以"一人采集、全员共享,一证登录、全网漫游,一站集成、全警运用"的理念构建、完善监狱智能化管理平台。监狱智能化大平台要注重与监狱业务工作的深度融合,囊括罪犯改造、指挥调度、政务办公、警务人事、审计监督、狱务公开等方方面面,实现功能与需求、数据与实战、技术与业务三个对接,推进智能化大平台的全面、规范、高效应用,从而实现监狱管理的电子化、数据化。

监狱效能管理要建立实体型实战化指挥中心,能够对接联动,整合警力、物力、信息技术等资源,综合集成视频监控、紧急报警、周界电网、门禁控制、监听对讲、电子地图、公共广播、智能分析、应急预案等安防子系统,构建"统一指挥、运行规范、反应迅速、决策及时、处置有力"的以信息化为导向的管理机制,以快捷、高效的管理路径,打破部门壁垒,通过信息化手段促进规范化管理。

监狱采用先进信息技术、设施的程度,是衡量监狱效能管理的重要因素。我国监狱经过几十年的发展,信息技术装备已经有了很大改观,但要不断提高监狱管理效能,监狱信息化水平还需要不断提升。如一步升级改造监狱视频监控系统,促进智能视频监控重点部位、网络报警重要位置、武警联动区域高清探头全覆盖;推广应用监舍全功能报警系统,构建及时准确、高效安全的监内报警体系;引进无人机,将其运用到安全巡防、应急处突等管理工作中,构建全方位、立体化、无死角的高效安防管理体系;拓展罪犯"一卡通"功能,探索开发被服管理、图书借阅、健康医疗等功能,延伸信息自动感知触角,提升监狱管理效能。

(三)强化管理培训,提高监狱管理者的素质

监狱效能管理的实现离不开高素质的监狱管理者队伍,随着监狱管理的要求的提高,监狱管理面临的问题越来越复杂,要实现监狱效能管理,管理者必须具备较高的管理素质。但在现实的监狱管理活动中,我们常常能看到一些监狱管理者并不能通过管理把工作完成得既有效率又有效果,这与其管理能力不足直接相关。

提升监狱管理者的管理能力,要从职业意识、管理技能和管理经验三个方面着手。监狱管理者的职业意识包括诸多方面,如法治意识、整体意识、人本意识、制度意识等。只有不断地强化和提升这些职业意识,才有利于监狱管理者管理能力的提升。

实现监狱效能管理,还需通过提高监狱管理者的管理技能来强化其职业意识。管理技能主要包括以下几个方面:计划管理技能,即根据组织发展情况制订出科学、合理的

计划并能贯彻执行；组织协调技能，包括协调组织成员，合理分配任务，化解矛盾和冲突，促进团队合作；指导培训技能，即能够因材施教，针对不同特点的员工给予其所需要的指导，为组织培训储备干部；有效沟通技能，即能够清楚地交流信息，表达情感，获得理解和支持；控制监督技能，即关注组织成员的工作绩效，能够控制团队整体的发展方向，出现问题能够及时解决。

不同的管理层需要具备不同的核心管理技能。有的监狱管理岗位以有效沟通为核心技能，而有的岗位可能以组织管理为核心技能。监狱应该明确各岗位所需的核心技能，通过对监狱管理者进行有针对性的培训，提高相应的管理技能。当然，管理是一项综合的、复杂的活动，所需的管理技能彼此间也不是完全割裂开来的，它们互相联系、协同作用，因此，不能单一发展某一项管理技能而忽视其他技能。一般来说，监狱管理者需要在对于其岗位能力有一个基本的、全面的掌握的基础上，再着重提升所在岗位的核心管理技能。

监狱管理活动具备很强的实践性和应用性，因此，除了增强职业意识和提升管理技能外，对实践经验的积累也非常重要。如果缺乏监狱管理经验，那么职业意识和管理技能就很可能会沦为"纸上谈兵"。在监狱管理实践中，缺乏实战容易造成即使对管理层的培训很多，但效果并不理想的现象，因此需给监狱管理者提供更多的实战机会。监狱上级为下级管理层安排任务时，应给予更多的授权。合理授权不仅能够让管理者积累更多的监狱管理经验，还能让上层领导者把精力集中在对监狱发展更为关键的事务上，从而更加有利于监狱的高效运作和长足发展。

本章思考题

1. 简述依法管理原则的内容与要求。
2. 简述科学管理原则的内容与要求。
3. 简述文明管理原则的内容与要求。
4. 简述效能管理原则的内容与要求。

第四章　监狱人民警察管理

　　管理活动通常是由人来承担的，人是管理的主体。监狱人民警察依法管理监狱，执行刑罚，对罪犯进行教育改造等活动，是监狱管理的直接主体。只有监狱人民警察依法履行管理职能，才能保证监狱正常的运行秩序，确保监狱的安全，发挥监狱的正常功能。民警队伍管理的成败将直接关系到监狱工作的成败，因此监狱人民警察管理工作应从人员入口抓起，贯穿于监狱人民警察工作的始终，着力从人民警察考录、教育、培养、考核、奖惩等方面加强管理，培养和造就政治坚定、业务精通、作风优良、执法公正的监狱人民警察队伍，发挥监狱的本质功能，推动监狱事业健康、协调、可持续发展。

第一节　监狱人民警察管理概述

一、监狱人民警察的概念和种类

　　监狱人民警察是我国人民警察的一个警种，是从事监狱管理活动的直接主体。20世纪90年代，国家将人民警察列入国家公务员系列。在我国，监狱人民警察是指依法从事监狱管理、执行刑罚、改造罪犯工作的人民警察，是国家的一支重要刑事执法力量。根据《中华人民共和国监狱法》《中华人民共和国人民警察法》的规定，监狱人民警察主要由各级监狱管理机关的公务员，监狱、未成年犯管教所的公务员，各类监狱科研和教育机构的研究人员和教学人员组成。本章的监狱人民警察主要是指在监狱及未成年犯管教所机构工作的具有监狱人民警察身份的人员。

　　按照公务员职位的性质、特点和管理需要，监狱人民警察职位类别划分为综合管理类、专业技术类和行政执法类等。综合管理类主要是指履行行政、文秘、审计、财务、科技管理、装备管理、后勤保障等职能的岗位。专业技术类主要是指履行矫正教育、心理矫治、医疗卫生、技能培训等职能的岗位。行政执法类主要是履行刑罚执行、狱政管理、教育管理、劳动管理等职能的岗位。

二、监狱人民警察管理的内涵和特征

（一）监狱人民警察管理的内涵

　　监狱人民警察是人民警察队伍中的诸多警种之一，有其特殊的任务，其管理也有自身的特定内涵和要求。监狱人民警察管理是指对监狱人民警察的职位分类，警衔，录用，奖惩，处分，职务、职级升降，培训，辞职、辞退与退休等一系列问题的管理活动

及过程。

具体地说，监狱根据法律法规和政策制度有组织、有计划、有目的地对监狱人民警察队伍进行的教育引导、督促检查、考核激励等活动，都属于监狱人民警察管理的范畴。监狱警察队伍管理的建设目标在于不断增强警务效能，高质量地完成各项工作任务，努力实现监狱警察队伍的革命化、正规化和专业化。"监狱必须妥善使用人力资源，应当对各个部门进行严格定岗定员定责，按照'岗位—职责—管理—考核—监督'的逻辑关系明确细化相关制度措施，切实加强管理考核，坚决做到'按岗配人'、杜绝'因人设岗'，确保人岗相适、人尽其才。"[1] 监狱警察队伍管理的所有工作必须有组织、有计划、有目的地开展，所有工作都应有执行方案、执行细则、执行标准、执行程序、结果评估，所有工作都力求准确、高效，减少和杜绝差误，最大限度地提升警务效能。

（二）监狱人民警察管理的特征

1. 在行为上实行准军事化管理。根据《中华人民共和国人民警察法》《公安机关人民警察内务条令》的规定，司法行政机关应对监狱及监狱人民警察实行准军事化管理。这就要求在监狱管理的一切活动中应严格管理、严密纪律，一切行动听指挥，忠于职守，雷厉风行，时刻准备接受任务。

2. 在组织指挥上实行职务和警衔管理。按照《中华人民共和国人民警察警衔条例》的规定，当监狱管理活动出现特殊情况时，在职务隶属关系明确的时候，以职务高低来确定谁是领导和指挥人员；在职务隶属关系不清的时候，以警衔的高低来确定谁是领导和指挥人员，从而有利于监狱系统处理突发事件，有效维护监管改造秩序。

3. 在人事管理上实行国家公务员管理。监狱人民警察属于国家公务员系列，但因其工作任务与性质的特殊性，在人事管理上与其他公务员的人事管理有所不同。监狱人事任免的管理权限采取条块相结合的办法，领导班子成员任免实行分级管理。一般情况下，监狱管理局除了局长、政委是由省政府任免以外，领导班子的其他成员都是由省司法厅任免，监狱领导班子由监狱管理局任免。

此外，我国监狱人民警察的管理，实行党委领导下的监狱长（所长）分工负责制。

三、监狱人民警察管理的要求

（一）依法管理

监狱人民警察的组织人事管理工作的政策性、法律性都很强。因此，在对监狱人民警察进行管理的过程中，必须树立高度的人事法律意识，严格依照人事法律、法规办事，严格贯彻执行《中华人民共和国公务员法》《中华人民共和国人民警察法》《中华人民共和国监狱法》等有关的法律、法规和规章，自觉加强组织人事管理的执法检查和监督。同时，必须建立健全监狱人民警察的组织人事管理工作的规章制度，促进组织人事管理工作的制度化与法治化。

---

[1] 刘斌，周雪松. 试论监狱警察人力资源优化的路径——以广东省监狱人民警察为例［J］. 河南司法警官职业学院学报，2019（1）.

（二）分级管理

监狱人民警察在监狱所从事的工作不同，担任的职务不同，承担的责任、职责不同，因而应当合理规范监狱人民警察的职务名称、职务责任、权力范围和各级职务隶属关系，从而对不同级别的监狱人民警察用不同的管理标准进行管理。实行分级管理，有利于明确隶属关系、上下级关系、正副职关系。

（三）分类管理

监狱人民警察是一个组织实体，具有多序列、多职位（职务）、多专业和综合结构等特点。在对监狱人民警察进行管理的过程中，必须严格遵循"因事设职"的原则，实行职位分类与专业分类管理。比如，有研究者建议"结合监狱工作实际，建议对我国监狱民警分为看守、刑务、矫正、事务、医务和监督官六种类型。以上人员职务可分为首席、主管、高级、中级、初级和助理六级"❶。同时，根据监狱机关的机构设置、人员编制、职责范围和工作任务的不同，分别配备相应的监狱人民警察，明确各自的职务岗位与专业岗位。对不同职位与专业的人员，确定相应的责任、权力和利益，并统一职位名称，统一管理标准，分门别类地进行管理，以确保监狱人民警察组织人事管理的科学化。

（四）从严管理

从严管理就是按照监狱人民警察管理的内容，对监狱人民警察实行严格教育、严格要求、严格训练、严格纪律，不断提高监狱人民警察的综合素质，提高整体战斗力。严格教育，主要是对监狱人民警察进行政治理论教育，人生观、价值观教育，廉政教育，法制、政策教育和整纪教育；严格要求，主要是对监狱人民警察在录用、培训、使用、晋升、考核、奖惩等方面严格按照规章制度办事，做到合情、合理、合法；严格训练，主要是指对监狱人民警察的业务技能、战斗作风和意志品质等方面的训练；严格纪律，主要是要求监狱人民警察严格遵守各项纪律，做到纪律面前人人平等，不管任何人，只要违反了纪律，都要严肃查处，不能因人而异，放纵乃至包庇违纪者。

总之，依法对监狱人民警察进行管理，具有十分重要的意义。首先，有利于监狱人民警察队伍的法制化、科学化和民主化建设。其次，有利于监狱人民警察队伍的廉政建设。最后，有利于实现监狱管理机关工作的高效运转。

第二节　人事管理

一、人事管理的内涵和特征

人事管理是指运用现代化的科学方法，通过组织、协调、控制、监督等手段，使从事社会劳动的人力和物力相互适应，实现充分发挥人的潜能，把事情做得更好这一目标所进行的管理活动。

---

❶ 牟九安．监狱民警专业化建设研究［J］．中国司法，2018（6）．

人事管理既是一门科学，也是一门艺术，与其他管理相比具有其突出的特点，认清这些特点是做好人事管理的前提。一是具有综合性。人事管理要求能够因人制宜、因事制宜，综合利用各种学科知识诸如哲学、社会学、心理学等，充分调动被管理者的积极性，达到人事相宜的目标。二是具有情感性。人是有情感的，人事管理要考虑人的情感属性，以人为中心。同时，人的情感也会随不同的情境而有所变化，情绪的高低会影响工作的质量。因此，人事管理要视具体情况灵活处理，要有针对性地做好工作。三是具有不完善性。人事管理很难摆脱管理者的主观偏见和情感的影响，其评价很难采用严格的定量考核标准，取而代之的是经常用"一般""比较""非常"来评价，加之人事管理多数内容牵涉职工的切身利益，利益的分配复杂又较难协调，往往做不到皆大欢喜、尽如人意。

二、监狱人民警察录用

（一）录用及录用条件

1. 录用。监狱人民警察的录用，是指监狱为补充担任一级主任科员以下及其他相当职级层次的公务员，采取公开考试、严格考察、平等竞争、择优录取的办法，将不具备警察身份的人员录用为监狱人民警察的一种人事管理制度。监狱人民警察具有警察和公务员的双重身份，因此，对其的招考录用必须依照《中华人民共和国公务员法》《中华人民共和国人民警察法》《中华人民共和国监狱法》等有关的法律规定进行。

2. 录用条件。根据《中华人民共和国公务员法》第十三条，《中华人民共和国人民警察法》第二十六条的规定，担任人民警应具备相应的国籍、年龄、政治素质和道德品行、正常履职的身体和心理素质、文化程度和工作能力等条件。有下列情形之一的不得录用：曾因犯罪受过刑事处罚的；被开除中国共产党党籍的；被开除公职的；被依法列为失信联合惩戒对象的；有法律规定不得录用为公务员的其他情形的。

（二）录用原则

人民警察的录用与国家公务员的录用一样，贯彻公开、平等、竞争、择优的原则。一是公开原则。人民警察录用的标准、条件、方法、程序、结果都向社会公开，并接受社会的监督。二是平等原则。凡中华人民共和国公民，只要符合规定的条件，均有平等的机会和权利报名参加考试。三是竞争原则。报考者能否被录用，取决于本人的政治、业务素质和考试成绩。四是择优原则。经过考试、考核，按综合成绩采取先高分后低分的顺序进行排列，择优录用。

（三）录用程序

1. 发布招考公告。发布招考公告是招考录用监狱人民警察的必经法定程序。监狱系统根据核定的编制名额和职位空缺情况，编制监狱人民警察录用计划，上报省级司法厅。在此基础上，由公务员主管部门向社会发布招考公告，具体包括以下内容：招考的名额、职位；报考的资格条件；报名的方式、时限；考试科目和内容、时间、地点；需要提交的申请材料；其他注意事项等。一般而言，适合到监狱系统工作的人员，主要来源于法学、警察学、教育学、社会学、心理学、社会工作等专业的院校和领域。

2. 报名和资格审查。这是保证被录用的人民警察的素质的第一道程序，主要是审查报考者是否具备从事人民警察的条件，资格审查的主要目的是了解报考者是否具备从事监狱人民警察的基本条件和所报考职位的资格条件要求。招录机关在接到报名申请材料后，一般要在规定的时限内完成资格审查工作。符合条件者方可发给准考证，参加考试。资格审查工作由监狱政工部门负责。

3. 考试。考试的目的是测试报考者的基础知识和专业知识水平，以及是否具备适应职位要求的业务素质。目前采取的方法主要有笔试和面试两种，笔试是测试报考者的文化基础、专业知识、写作能力和思维能力等。笔试合格者可参加面试。面试是面对面地直接观察和测评报考者的素质，包括报考者的语言表达能力、应变能力、仪表等，主要有口试、智能测验等。此外，招考录用监狱人民警察还需要考查报考者的体能状况，需要组织相应的体能测试。

4. 体检。体检是检查报考者是否具备担任监狱人民警察的身体条件。体检在各地主管机关指定的县级以上综合性医院进行。

5. 考察。考察是在考试的基础上进行的，其对象是参加考试的合格者，内容主要包括政治素质、工作表现、工作能力和是否需要回避等，一般由监狱政工部门组织实施。在考察中，招考单位人事部门一般派两人以上的一个考察小组，到考生所在单位（学校），召集同事（同学）、领导（老师）等有关人员及考生本人进行座谈或个别面谈的方式。通过与人交谈，来了解考生各方面的现实情况，并听取大家对考核对象的意见。对应届毕业生的考察，要听取其所在院校班系、毕业生分配办公室等的意见，查看学生档案，还应到考生家庭主要成员的单位或街道了解他们的现实表现及历史情况，通过查档，了解社会关系是否清楚。对社会其他人员的考察，要向考生所在单位、户籍所在地和居住地派出所、居（村）委会了解情况，查阅考生档案，并由其所在单位的组织人事部门出具个人表现的证明材料；到派出所了解考生本人及其家庭成员有无违法犯罪情况，了解清楚其有无海外关系，由派出所出具证明意见。

6. 公示、审批或者备案。根据考试、考核的结果提出拟录用人员名单，报相应的公务员主管部门审批；审批后，用人单位还要公布录取名单，然后为被录取者办理录用手续。

7. 试用。对新录用的人民警察实行试用期制度，试用期为一年。试用期内，由招录机关对新录用的监狱人民警察进行考核，并按照规定进行初任培训和工作见习；试用期满考核合格的，按照有关规定予以任职定级；不合格的，取消录用。

三、监狱人民警察培训

（一）培训的概念和特征

1. 培训的概念。监狱人民警察培训是指监狱管理机关参照《中华人民共和国公务员法》《干部教育培训工作条例》《中华人民共和国人民警察法》等的相关规定，根据对监狱人民警察工作职责的要求和提高监狱人民警察素质的需要，通过各种形式，有计划、有组织地对监狱人民警察进行以政治素质、业务知识、文化素养和技能培训为主要内容的各种继续教育和训练活动。监狱人民警察培训是提高监狱警察队伍专业化和职业化水平的重要途径。监狱人民警察的管理对象是罪犯,"罪犯作为一个独立的个体,每个人的成长环境、心理状态、家庭环境都不尽相同,如何针对每个人的不同情况,制定相应的矫正方案,这是一项需要具有专业素养的人才能够完成的工作。监狱警察不仅是刑罚的执行者,更是教育管理者,要实现教育矫正罪犯的最终目标就需要监狱警察提升自身的素养,成为具有专业素质的管理者"❶。

2. 培训的特征。监狱人民警察的教育培训是一种终身的、回归的继续教育,属于"第二次教育过程",有鲜明的特征。一是全员性。凡是在职的监狱人民警察,无论担任领导职务还是一般职务;无论是资历较深的还是新录用的,都要接受培训。二是针对性。培训内容应与在岗培训对象从事的工作或者与将要从事监狱工作的新录用人员工作密切相关,其有极强的针对性。三是多样性。监狱工作对监狱人民警察的知识和技能的需求多种多样,这就决定了教育培训要采取灵活多样的方法进行,以保证培训质量和效果。四是短期性。监狱人民警察教育培训属于根据从事工作的需要而对监狱人民警察进行的"再教育",虽然培训的内容多样,但是培训的时间一般不长,在数天到数月之间,一般不会超过一年。

(二)培训原则

监狱人民警察教育训练必须坚持以马克思列宁主义、毛泽东思想、邓小平理论、"三个代表"重要思想、科学发展观、习近平新时代中国特色社会主义思想为指导,贯彻新时代中国共产党的组织路线,坚持党管干部原则;政治统领,服务大局原则;以德为先,从严管理原则;突出重点,注重实效原则;分类分级,精准科学原则;联系实际,改革创新原则。

(三)培训内容

根据监狱工作的需要,培训内容主要包括公共理论知识、公共技能、拓展训练三个方面。公共理论知识指在从事监狱工作的过程中所需要的相关知识,包括政治理论知识、法律纪律知识和业务知识。公共技能指监狱人民警察需要熟练掌握和恰当使用的通用技能和岗位技能。通用技能指作为监狱工作者必须熟练掌握和恰当使用的技能,如警容风纪、警体技能、信息应用技能、突发事件处置技能等。岗位技能指与作为监狱人民警察个体所从事的具体工作相关的技能,如管教岗位、生产劳动岗位、政治工作岗位、行政后勤岗位、领导岗位等。拓展训练是指针对民警队伍现状,设计相应的活动情境与内容,以达到参训人磨炼意志、陶冶情操、完善人格、改善人际、熔炼团队的培训目的所进行的活动。

监狱警察培训应注重分类分级培训,加强培训需求调研。对于综合管理类监狱人民警察,要强化公共管理和公共服务等培训;对于专业技术类监狱人民警察,要强化专业知识和专业技能等培训;对于行政执法类监狱人民警察,要强化法律法规和执法技能等培训。

(四)培训类型

监狱人民警察培训主要分为初任培训、晋升培训、专门业务培训和在职培训等。

---

❶ 邓乐.关于我国监狱警察专业化建设若干问题的思考[J].黑龙江省政法管理干部学院学报,2017(6).

初任培训是对新录用的监狱人民警察进行的培训，重点是提高其思想政治素质和培养与监狱工作相适应的能力。初任培训由监狱管理局等主管部门统一组织，主要采用办培训班集中培训和到基层实习、边工作边培训的形式进行。初任培训中应当组织新录用的监狱人民警察公开进行宪法宣誓、入警宣誓等。初任培训应当在试用期内完成，时间一般不少于12天。

晋升培训包括晋升职务培训和晋升警衔培训。对晋升领导职务的监狱人民警察进行的培训，重点在于提高其胜任职务的政治能力和领导能力。晋升职务培训应当在监狱人民警察任职前或者任职后一年内进行。晋升职务的监狱人民警察依据其岗位职务职能要求，分级参加晋升培训。晋升警衔培训按照逢晋必训的原则，警员晋升警司由各监狱负责培训，警司晋升警督由各省（自治区、直辖市）司法警官院校（培训中心）负责培训，警督晋升警监由中央司法警官学院培训。

专门业务培训是根据监狱人民警察从事专项工作的需要进行的专业知识和技能培训，重点是提高其业务工作能力。专门业务培训的时间和要求由监狱、监狱局根据需要确定。

在职培训是对全体公务员进行的培训，目的是及时学习、领会党中央的决策部署、提高政治素质和工作能力、更新知识。在职培训的重点在于增强监狱人民警察素质和能力培养的系统性、持续性、针对性、有效性，时间和要求由各级监狱人民警察主管部门及其所在监狱机关根据需要确定。

（五）培训实施

监狱人民警察教育培训的过程，由监狱人事部门通过研究培训方法、安排培训经费、确定培训时间、进行培训登记的方式对监狱人民警察的教育培训的有关事宜进行管理和安排。监狱人民警察教育培训的实施主要包括制订计划、组织培训、培训登记、培训评估、培训反馈和培训后续管理等几个方面。《中华人民共和国公务员法》第六十八条规定："公务员的培训实行登记管理。公务员参加培训的时间由公务员主管部门按照本法第六十七条规定的培训要求予以确定。公务员培训情况、学习成绩作为公务员考核的内容和任职、晋升的依据之一。"对于没有参加初任培训或培训考试、考核不合格的新录用的监狱人民警察，不能任职定级。对于没有参加任职培训或培训考试、考核不合格的监狱人民警察，应及时进行补训。专门业务培训考试、考核不合格的，不得从事专门业务工作。无正当理由不参加培训的，根据情节轻重，给予批评教育或者处分。

四、监狱人民警察考核

（一）考核的概念

任何职业都有必须要遵守的义务和纪律，也都必须接受考核。监狱人民警察考核是指有考核权限的部门按照考核的内容、标准、程序和方法，全面考核监狱人民警察的德、能、勤、绩、廉，重点考核政治素质和工作实绩。考核分为平时考核、专项考核和定期考核等方式。考核的目的是为调整监狱人民警察职务、级别、工资以及奖励、培训、辞退等管理活动提供客观的依据。对于民警队伍管理和监狱工作来说，监狱人民警察考核有着十分重要的意义。

（二）考核原则

对监狱人民警察进行考核，应当坚持客观公正、民主公开、分类考核和注重实际的原则。客观公正原则要求制定的考核标准要科学、合理，对所有单位、个人都要严格按照既定的标准进行考核，不能因职务高低或关系的亲疏而在考核标准的掌握上有所区别。

民主公开原则要求将考核的对象、时间、内容、条件、标准、程序等有关考核的事项在一定范围内公之于众，广泛听取群众的意见和建议，便于被考核者广泛了解组织对自己的评价，正确认识自己，扬长避短。

分类考核原则指由于考核对象不同，考核的内容和标准、方法应有所区别，如对领导成员、非领导成员、专业技术人员的考核，考核标准和方法、考核侧重点等都有所不同。

注重实际原则强调在考核中应当以监狱人民警察的实际工作表现和成绩来决定其奖惩、培训、晋升和薪资福利等，不应以年资长短、亲疏远近、文凭高低等因素作为评价优劣的标准。注重实际原则有利于创造公平、合理的竞争环境，有利于增强民警之间的竞争意识，有利于保证考核的客观、公正，有利于高素质的民警队伍建设。

（三）考核内容

对监狱人民警察的考核，以该民警的职位职责和所承担的工作任务为基本依据，全面考核德、能、勤、绩、廉，重点考核政治素质和工作实绩。

德，主要包括政治素质、个人品德、职业道德和社会公德。其重点考核监狱人民警察在学习与贯彻执行党和国家的路线、方针、政策和上级的指示、决定，以及遵纪守法、严格依法办事等方面的实际表现。

能，是指履行职责的业务素质和能力。能力是对工作人员的才识和专业技术水平方面的要求。能力决定了工作人员是否能承担某项工作任务。其重点考核监狱人民警察本职岗位的专业技术能力和管理能力的运用和发挥，专业技术提高情况和知识更新情况。重要的还在于，即使一个人具备了适合其岗位的能力，然而还要看其能力运用的目的性是否明确、得当，手段和方式是否合理、规范。

勤，是指责任心、工作态度、工作作风等方面的表现。其重点考核监狱人民警察的工作态度、事业心和勤奋精神，是否主动负责、任劳任怨，勇于钻研和创新。

绩，是指完成工作的数量、质量、效率和所产生的效益。其重点考核监狱人民警察在完成任务、目标和履行岗位职责的过程中因采取的措施、发挥的具体作用而取得的绩效等。

廉，是指廉洁自律等方面的表现。其重点考核监狱人民警察是否廉洁奉公、忠于职守，有无利用职务便利谋取利益的行为等。

（四）考核方式

在我国，监狱人民警察考核分为平时考核、专项考核和定期考核等。平时考核侧重于对监狱人民警察的日常工作和一贯表现进行经常性考核，及时肯定鼓励、提醒纠偏。专项考核侧重于对监狱人民警察在完成重要专项工作、承担急难险重任务、应对和处置突发事件过程中的工作态度、担当精神、作用发挥、实际成效等情况进行针对性考核，具有机动灵活、针对性强的特点。定期考核侧重于对监狱人民警察在1个年度或者一个任期内的总体表现进行综合性考核。非领导成员监狱人民警察的定期考核采取年度考核的方式。领导成员监狱人民警察的定期考核包括年度考核、任期考核，按照《党政领导干部考核工作条例》的有关规定办理。

（五）考核等次与结果的使用

考核等次是对监狱人民警察实际表现优劣的一种高度概括性的评价形式。通过考核定位监狱人民警察的等次，明确监狱人民警察的工作实绩，是考核的主要目的。《中华人民共和国公务员法》将公务员考核的等次划分为优秀、称职、基本称职和不称职四种。优秀要求监狱人民警察在德、能、勤、绩、廉等方面都表现出色，圆满完成各项工作任务，成绩显著；称职要求监狱人民警察在德、能、勤、绩、廉等方面都达到任职要求，很好或者较好地完成工作任务；基本称职是指监狱人民警察在德、能、勤、绩、廉等方面勉强达到任职要求，勉强完成工作任务；不称职是指监狱人民警察的政治、业务素质较差，达不到现任职务的要求。定期考核的结果将被作为调整监狱人民警察职位、职务、职级、级别、工资以及公务员奖励、培训、辞退的依据。

五、监狱人民警察奖励

（一）奖励的概念

监狱人民警察的奖励是指按照有关法律的规定，对工作表现突出，有显著成绩和贡献，或者有其他突出事迹的监狱人民警察或者集体，给予奖励。奖励坚持定期奖励与及时奖励相结合、精神奖励与物质奖励相结合，以精神奖励为主的原则。

（二）奖励的条件和种类

《中华人民共和国公务员法》第五十二条规定："公务员或者公务员集体有下列情形之一的，给予奖励：（一）忠于职守，积极工作，勇于担当，工作实绩显著的；（二）遵纪守法，廉洁奉公，作风正派，办事公道，模范作用突出的；（三）在工作中有发明创造或者提出合理化建议，取得显著经济效益或者社会效益的；（四）为增进民族团结，维护社会稳定做出突出贡献的；（五）爱护公共财产，节约国家资财有突出成绩的；（六）防止或者消除事故有功，使国家和人民群众利益免受或者减少损失的；（七）在抢险、救灾等特定环境中做出突出贡献的；（八）同违纪违法行为作斗争有功绩的；（九）在对外交往中为国家争得荣誉和利益的；（十）有其他突出功绩。"监狱人民警察获得奖励的具体条件在司法部1997年10月21日发布的《司法部关于司法行政系统表彰奖励工作的实施意见》中也有具体的规定。

监狱人民警察个人或者集体在工作中表现突出，有显著成绩和特殊贡献的，给予奖励。奖励分为嘉奖、三等功、二等功、一等功、授予荣誉称号。凡受奖的个人和集体，由批准机关颁发证书、奖章、奖状或奖旗，以会议或书面形式向群众宣布，并由批准机关按规定发给一定数量的奖金或其他物质奖励。对于受奖励的人民警察，按照国家有关规定，可以提前晋升警衔；符合晋级、晋职条件的，经报有关部门批准，可予以晋级、晋职。

（三）奖励的权限和程序

给予监狱人民警察或者监狱集体奖励，按照规定的权限和程序决定或者审批。奖励一般按下列程序进行：监狱人民警察或集体做出显著成绩和贡献需要奖励的，由所在机关（部门）在征求群众意见的基础上，提出奖励建议；必要时，上级机关也可以直接提出要奖励的对象。对确定奖励的监狱人民警察，由所在单位填写奖励审批表，写明受奖人的事迹材料，按照规定的奖励审批权限上报。审核机关（部门）审核后，在一定范围内公示7个工作日。审批机关批准，并予以公布。凡对监狱人民警察进行奖励的决定及主要附件，均应存入本人档案。集体奖励审批表存入获奖集体所在机关的文书档案。

（四）奖励的实施

对于在本职工作中表现突出、有显著成绩和贡献的，应当给予奖励。给予嘉奖和记三等功，一般结合年度考核进行，年度考核被确定为优秀等次的，予以嘉奖；连续三年被确定为优秀等次的，记三等功；给予记二等功、记一等功和授予"人民满意的公务员""人民满意的公务员集体"荣誉称号，一般每五年评选一次。对于在处理突发事件和承担专项重要工作中做出显著成绩和贡献的，及时给予奖励。对于符合奖励条件的已故人员，可以追授奖励。

（五）奖励的监督

不得自行设立除相关规定之外的其他种类的奖励，不得违反《司法部关于司法行政系统表彰奖励工作的实施意见》标准发放奖金，不得重复发放奖金。有下列情形之一的，要撤销奖励：申报奖励时隐瞒严重错误或者弄虚作假，骗取奖励的；严重违反规定奖励程序的；获得荣誉称号后，公务员受到开除处分、刑事处罚的，公务员集体严重违法违纪、影响恶劣的；法律、法规规定应当撤销奖励的其他情形。

奖励被撤销后，审批机关应当收回并公开注销其奖励证书、奖章，停止其享受的有关待遇。撤销奖励的决定存入本人档案。集体获得的奖励被撤销后，审批机关应当收回并公开注销其奖励证书和奖牌。

对于在奖励工作中有徇私舞弊、弄虚作假、不按规定条件和程序进行奖励等违法违纪行为的人员，以及负有领导责任的人员和直接责任人员，根据情节轻重，给予批评教育或者处分，构成犯罪的，依法追究刑事责任。

六、监狱人民警察处分

（一）处分的概念

处分是指运用行政手段制裁相关人员的违法、违纪行为。它带有处罚的性质，属于组织内部的行政行为。监狱人民警察违反法律、法规、规章以及行政机关的决定和命令，应当承担纪律责任的，给予处分。监狱人民警察的奖惩必须严格按照现行的法律法规执行，主要法律法规有《中华人民共和国公务员法》《中华人民共和国人民警察法》《中华人民共和国监狱法》《中华人民共和国行政监察法》《行政机关公务员处分条例》等。

（二）处分的种类

监狱人民警察出于故意或过失，实施了违纪行为，尚未构成犯罪的，应该按照纪律规定承担相应的违纪责任和后果，接受行政处分。行政处分的种类有警告、记过、记大过、降级、撤职、开除。受处分的期间为：警告，六个月；记过，十二个月；记大过，十八个月；降级、撤职，二十四个月。监狱人民警察在受处分期间不得晋升职务、职级和级别，其中受记过、记大过、降级、撤职处分的，不得晋升工资档次；受撤职处分的，应当按照规定降低级别。

《中华人民共和国人民警察法》规定，对受行政处分的人民警察，按照国家有关规定，可以降低警衔、取消警衔。对违反纪律的人民警察，必要时可以对其采取停止执行职务、禁闭的措施。

（三）处分的条件

处分的条件是指监狱人民警察应受处分或纪律制裁的某种行为。关于处分的条件，在《中华人民共和国公务员法》《中华人民共和国人民警察法》《中华人民共和国司法部关于司法行政系统工作人员奖惩暂行办法（试行稿）》中都有具体的标准。

（四）处分的程序

为了保证处分的客观、公正，实施处分时必须按照严格的法定程序进行，并且对监狱人民警察进行的任何处分都要做到事实清楚、证据确凿、定性准确、处理恰当、程序合法和手续完备。处分一般有一套法定的实施程序，主要包括初步调查、立案、调查、公布调查结果、提出处理意见、审核、审批机关批准等。

监狱人民警察违纪违法的，应当由处分决定机关决定对监狱人民警察违纪违法的情况进行调查，并将调查认定的事实以及拟给予处分的依据告知本人。本人有权进行陈述和申辩，处分决定机关不得因本人申辩而加重处分。处分决定机关认为对监狱人民警察应当给予处分的，应当在规定的期限内，按照管理权限和规定的程序做出处分决定。处分决定应当以书面形式通知监狱人民警察本人。

（五）处分的解除

处分的解除是指在受到开除以外的处分后，在受处分期间被处分人有悔改表现，并且没有再发生违纪行为的，处分期满后，由处分决定机关解除处分并以书面形式通知本人。解除处分要做到程序合法、手续完备。先由被处分人本人写出解除处分的书面申请，再经所在机关通过，报原处分机关批准，并将解除处分的决定以书面形式通知本人，存入本人档案。

解除处分后，晋升工资档次、级别和职务不再受原处分的影响。但是，解除降级、撤职处分的，不视为恢复原级别、原职务，而是根据公务员自身素质、实际表现和职位空缺情况按任用程序重新任命职务和确定新级别。

（六）不服处分的申诉

受到处分的监狱人民警察对处分决定不服的，依照《中华人民共和国公务员法》《中华人民共和国行政监察法》的有关规定，可以申请复核或者申诉，但复核、申诉期间不停止处分的执行。监狱人民警察不因提出复核、申诉而被加重处分。

处分决定被撤销的，应当恢复该监狱人民警察的级别工资档次，按照原职务安排相应的职务，并在适当范围内为其恢复名誉。被撤销处分或者被减轻处分的监狱人民警察的工资福利受到损失的，应当予以补偿。

七、监狱人民警察职务、职级升降

职务是国家行政机关为实施行政管理而设置的国家公职,具有领导职权和职责两方面内容。职级是公务员的等级序列,是与领导职务并行的晋升通道,是体现公务员的政治素质、业务能力、资历贡献,确定工资、住房、医疗等待遇的重要依据,不具有领导职责。

为了深化公务员分类改革,健全公务员激励保障机制,建设忠诚、有担当的高素质专业化公务员队伍,根据《中华人民共和国公务员法》《公务员职务与职级并行规定》等有关法律法规,公务员职位类别和职责设置为公务员领导职务和职级序列。监狱人民警察的职务、职级管理参照此执行。

监狱人民警察的晋升是指监狱管理机关依照国家有关法律、法规的规定,根据工作需要和监狱人民警察本人的工作表现、业绩情况等,依照法定程序,提高监狱人民警察的职务与职级的人事管理活动。监狱人民警察职务与职级晋升是监狱警察人事管理中的重要环节,具有不可忽视的作用。它能保证各个职位获得合适的人选,保证监狱机关的正常运转,不仅如此,职务与职级晋升还是监狱单位选贤任能、优胜劣汰的重要手段,有利于把真正有才能的人员选拔到最需要的职位上来,有利于鼓励先进、督促后进,促进监狱事业的发展。

监狱人民警察的晋升包括晋升领导职务和职级晋升,无论哪种晋升,都应当符合相应的条件。

晋升领导职务应当具备拟任职务所要求的政治素质、工作能力、文化程度和任职经历等方面的条件和资格。领导职务应当逐级晋升,特别优秀的或者工作有特殊需要的,可以按照规定破格或者越级晋升,并实行任职前公示制度和任职试用期制度。

职级晋升,即根据个人的德才表现、工作实绩和任职资历,参考民主推荐或者民主测评结果确定人选,经公示后,按照管理权限审批。职级也应当逐级晋升,但也不是达到最低任职年限就必须晋升,也不能简单按照任职年限论资排辈,要体现正确的用人导向。晋升职级所要求的任职年限的年度考核结果均应为称职以上等次,其间每有1个年度考核结果为优秀等次的,任职年限缩短半年;每有1个年度考核结果为基本称职等次或者不定等次的,该年度不计算为晋升职级的任职年限。

担任领导职务的监狱人民警察履行领导职责,不担任领导职务的职级监狱人民警察依据隶属关系接受领导和指挥,履行职责。

对于监狱人民警察的职务、职级,实行动态调整机制,宜升则升,宜降则降。对不适宜或者不胜任现任职务、职级的,应当进行调整。监狱人民警察在年度考核中被确定为不称职的,按照规定程序降低一个职务或者职级层次任职。

八、监狱人民警察辞职与辞退

(一)辞职

辞职是指监狱人民警察依照法律、法规的规定,申请终止其与任免机关的任用关系,或者担任领导职务的监狱人民警察根据法律规定的条件和程序辞去所担任的领导职务。

辞去公职是监狱人民警察的一项法定权利，但权利的行使也必须符合法律规定，这就决定了辞去公职的程序和情形是受到法律限制的。《中华人民共和国公务员法》第八十五条规定："公务员辞去公职，应当向任免机关提出书面申请。任免机关应当自接到申请之日起三十日内予以审批，其中对领导成员辞去公职的申请，应当自接到申请之日起九十日内予以审批。"第八十六条规定："公务员有下列情形之一的，不得辞去公职：（一）未满国家规定的最低服务年限的；（二）在涉及国家秘密等特殊职位任职或者离开上述职位不满国家规定的脱密期限的；（三）重要公务尚未处理完毕，且须由本人继续处理的；（四）正在接受审计、纪律审查、监察调查，或者涉嫌犯罪，司法程序尚未终结的；（五）法律、行政法规规定的其他不得辞去公职的情形。"

辞去领导职务分为四种类型：一是因公辞职，指担任领导职务的监狱人民警察因工作需要变动职务，依照法律或章程的规定，向任免机关提出辞去现任领导职务。二是自愿辞职，指因个人或者其他原因，可以自愿提出辞去现任领导职务。三是引咎辞职，指领导成员因工作严重失误、失职造成重大损失或者恶劣影响，或者对重大事故负有重要领导责任，不宜再担任现职，由本人主动提出辞去现任领导职务。四是责令辞职，指任免机关根据领导成员任职期间的表现，认定其已不再适合担任现职，通过一定程序责令其辞去现任领导职务，包括因其他原因不再适合担任现任领导职务的，或应引咎辞职本人不提出辞职的情形。

（二）辞退

辞退是指监狱管理部门依照法律法规，解除与监狱人民警察的任用关系。辞退要有符合法定的辞退缘由，根据《中华人民共和国公务员法》规定，有下列五种情形之一的，予以辞退：一是在年度考核中，连续两年被确定为不称职的；二是不胜任现职工作，又不接受其他安排的；三是因所在机关调整、撤销、合并或者缩减编制员额需要调整工作，本人拒绝合理安排的；四是不履行公务员义务，不遵守法律和公务员纪律，经教育仍无转变，不适合继续在机关工作，又不宜给予开除处分的；五是旷工或者因公外出、请假期满无正当理由逾期不归连续超过十五天，或者一年内累计超过三十天的。2000年11月，司法部发布了《司法行政机关人民警察辞退暂行办法》，规定了国家司法行政机关辞退司法行政系统人民警察的制度，赋予相关机关辞退符合条件的人民警察的权利。

从保护人民警察的合法权益，特别是保护妇女的合法权益的角度出发，存在下列情形之一的，不得辞退：一是因公致残，被确认丧失或者部分丧失工作能力的；二是患病或者负伤，在规定的医疗期内的；三是女性公务员在孕期、产假、哺乳期内的；四是法律、行政法规规定的其他不得辞退的情形。

辞退决定应当以书面形式通知被辞退者本人，并应当告知其辞退依据和理由。辞职或者被辞退，离职前需要办理公务交接手续，必要时应按照规定接受审计。

九、监狱人民警察退休

监狱人民警察达到国家规定的退休年龄或者完全丧失工作能力的，应当退休。退休不仅有利于队伍保持正常的新老交替，保持队伍的活力和工作效率，同时也关系到人民警察队伍权益的保障。

监狱人民警察自愿提前退休的，参照《中华人民共和国公务员法》中的相关条款办理，目前未出台专门针对监狱人民警察提前退休的指导性文件。《中华人民共和国公务员法》第九十三条规定："公务员符合下列条件之一的，本人自愿提出申请，经任免机关批准，可以提前退休：（一）工作年限满三十年的；（二）距国家规定的退休年龄不足五年，且工作年限满二十年的；（三）符合国家规定的可以提前退休的其他情形的。"

第三节　警务管理

一、警务管理的内涵和种类

"警务"一般理解为"警察的事务"，或泛指警察的管理工作。警务管理具体主要指警察队伍内部管理的规范化建设。对于"警务"概念的外延，从范围看，可分为警察外部事务和内部事务。从层次看，可分为宏观事务和微观事务。从性质看，可粗略分为刑事执行事务、行政管理事务、监督检查事务、后勤保障事务等。

警务管理包括制度（规范）建设、内务管理、执法管理、绩效管理、领导责任管理等多个方面，其目的在于以明确每名民警的任务、职权、责任和工作程序为重点，以加强制度设计、促进工作落实为保障，以追求警务绩效为目标，致力于实现警务活动的规范化、标准化和集约化运行。加强警务管理属于队伍建设的基础性、系统性、复杂性工程，是监狱警察队伍建设的重要组成部分，警务管理的目的是实现警务效率最大化。加强监狱警务管理是监狱警察队伍建设的必然要求。监狱警务管理的重点包括警衔管理、警用装备管理、警服管理、督查管理等方面的内容。

二、警衔管理

（一）警衔管理的内容

警衔是区分人民警察等级、表明人民警察身份的称号和标志，是国家给予人民警察的荣誉。监狱警察警衔管理就是监狱组织人事部门根据《人民警察警衔工作管理办法》等的规定，科学、准确地办理监狱人民警察警衔的授予、升降、保留和取消并建立健全警衔档案等工作的过程。监狱警察警衔管理的主要内容包括及时准确办理警衔授予、晋升、保留、降级和取消的相关手续；严格加强对警衔佩戴情况的检查和督察；认真做好晋升培训；建立健全警衔档案。

（二）监狱警察警衔管理标准

我国人民警察警衔管理主要依据《中华人民共和国人民警察警衔条例》《人民警察警衔工作管理办法》等法律规章。在具体工作实践中，监狱警察警衔管理主要参照公安机关人民警察警衔管理规定执行，结合监狱工作，又有其自身的特点和规律，主要包括以下几个方面。

1. 健全的警衔管理工作机构。监狱政工或警务人事部门统一扎口负责全监狱所有警察的警衔管理工作，部门内确定由专职人员负责警衔管理的具体工作，熟练掌握关于警衔管理工作的法律政策文件，政策清楚、业务娴熟、操作规范。

2. 严格条件管理。在具体的警衔管理工作中，需要根据《中华人民共和国人民警察警衔条例》《人民警察警衔工作管理办法》等相关规定准确操作。比如，首授标准、晋升标准、保留标准、降级标准、取消标准等。

3. 详尽的警衔统计资料。其包括反映监狱警衔整体状况的年度统计、反映民警个体警衔变动的统计、警衔标志配发与回收统计等资料，监狱应对民警警衔规范佩戴情况进行日常检查和督察，并保有相关的检查督察和处理记录，及时通报，严格按制度执行。

4. 准确的警衔变动档案。监狱有能够全面反映警察警衔变动的档案。档案应该能够真实、准确地反映从1992年首次授衔以来监狱在警衔管理方面的全部工作和民警集体及个人警衔变动材料。档案建设必须符合相关管理规定，通过资料能够随时查阅、了解所有民警的警衔变动情况。

（三）监狱警察警衔管理操作流程

1. 首授警衔流程。监狱人民警察警衔从1992年首授以来，到目前为止，警衔首授的对象主要限于新招录的监狱警察、部队转业军人和从其他系统调任监狱警察的人员。首授流程的设定主要是基于从警意识的培养和能力的提高，无论是新招录的还是以其他形式进入监狱警察队伍，都必须经过严格的业务技能培训，并通过严格的考核，合格后方能正式行使职能。

2. 晋升警衔流程。监狱警察警衔晋升包括按期晋升、提前晋升、选升、晋职晋升等。其工作程序大致相同，只是督级以上警衔晋升和提前晋升、选升等要报司法部批准，其余晋升报司法厅（局）批准。警衔晋升流程，特别是排查、审核等程序体现了警衔晋升的严肃性，防止出现工作误差，有利于进一步强化警察意识，促进履职。监狱管理部门也可根据监狱警察离退休时警衔保留的要求进行警衔保留处理。

3. 警衔降级流程。警衔降级是基于被调任下级职务时警衔高于新任职务等级编制警衔的最高警衔或因违反警纪情节严重受到降低警衔处理的。警衔降级流程的设定既有利于对当事人进行教育并警示其他警察，体现监狱警察正规化管理，又有利于体现"奖罚对等、有错必纠"的原则，促进监狱人民警察队伍管理形成公开、公平、公正的良好风气。

三、警用装备管理

（一）警用装备概念

监狱人民警察警用装备（以下简称警用装备）是指监狱人民警察在执勤、执法等任务中所配备的个人基本装备和安防设备，包括警械、武器、防暴防护器材、通信工具、安检设备、监控设备等。监狱警察警务装备管理的关键是根据监狱职能的履行需求，科学地配置和使用各类警械和武器，保障装备完好、使用规范、保管严密。

（二）警用装备的分类

监狱警用装备主要包括以下六大类。

1. 警械。警械包括：手铐、脚镣、警棍、警哨、警绳、警戒带、多功能腰带、强光手电、应急灯、警用水壶、便携式无线报警器等。

2. 武器。武器包括：手枪、冲锋枪、自动步枪、狙击步枪、班用机枪、子弹等。

3. 防暴防护器材。防暴防护器材包括：防暴枪、网枪、手掷催泪弹、盾牌、防火服、防弹头盔、防暴头盔、防弹背心、防刺背心、自卫喷雾器、防割手套、防沾染隔离服、急救包等。

4. 通信工具。通信工具包括：手持对讲机/内部小灵通、警务通、移动卫星电话等。

5. 安检设备。安检设备包括：手持金属探测器、X光射线监测仪、安检门、应急报警系统等。

6. 监控设备。监控设备包括：摄像机、照相机、视频监控系统、周界控制系统等。

（三）监狱警察警用装备管理的标准

监狱警察警用装备管理的标准主要由《中华人民共和国监狱法》《中华人民共和国人民警察法》等法律法规予以规定。如《中华人民共和国监狱法》第四十五条、第四十六条分别规定了戒具和武器的使用要求；《中华人民共和国人民警察法》第三十六条规定："人民警察的警用标志、制式服装和警械，由国务院公安部门统一监制，会同其他有关国家机关管理，其他个人和组织不得非法制造、贩卖。"结合具体监狱工作实践，警务装备管理的标准可以归纳为以下几个方面。

1. 配备齐全。监狱警用装备的配备以能够满足监狱人民警察履行职能，有力处置突发事件，对罪犯形成一定威慑力，保障监狱安全和监狱人民警察人身安全为基本要求，为监狱防暴大队配备所有的防暴器材，为监狱狱侦部门配备2~3套完好的狱侦器材，为基层各押犯部门配备相应数量的警械，为全体民警配备"六件套"（执勤用武装带、对讲机、警棍、强光电筒、催泪喷雾器、警笛），监狱根据需要配建电台等。

2. 装备登记准确。负责装备管理的职能部门要严格装备配发、维护、更换、流转登记工作，做到账物相符，严防丢失。

3. 使用与保养规范。监狱应该对监狱人民警察使用装备的技能进行定期的培训，以保证履职和处置应急事件时发挥装备的最大作用。监狱警用装备必须保持完好的性能和使用状态，警用装备的保养和维护坚持"谁使用，谁保养"的原则，由警用装备的使用单位定期对本单位的装备进行维护。发现装备损坏时，应及时上报，并根据损坏程度及时组织修复；如本单位不能修复，应当按上级要求组织送修或者就地修理。同时，要制定切实可行的装备使用与保管办法，强化使用与保管的责任，按季度或年度进行定期检查、考核和维护，确保在控受控，维护保养到位。

（四）监狱警察警务装备管理的流程

1. 警务装备配给流程。监狱警务装备配置要坚持及时、实用、高效的原则，按照审批权限逐级审批。警务装备配给流程体现了配置的必要性、管理的严肃性、审批的统一性。

2. 警务装备的使用报批流程。这里主要指的是需要对罪犯使用警械具和执行任务需要使用武器时的报批程序。使用报批流程可以促进监狱警察规范使用警械具和武器，严防违规违纪使用现象的发生，确保队伍的安全。

四、警服管理

（一）监狱人民警察着装的一般规定

根据《人民警察制式服装及其标志管理规定》第二条的规定，人民警察制式服装是指人民警察按照规定穿着的统一式样服装，包括常服、执勤服、作训服、多功能服、制式衬衣及警帽、领带、腰带、纽扣等。监狱人民警察的着装关系到执法权威和队伍形象问题，有利于加强队伍的正规化建设，也有利于提高监狱人民警察集体作战的士气。因此，要加强对警服的管理，避免出现警服质量不合格、民警乱着装、错着装或非法穿着，非法生产、销售警察服装等破坏警察服装秩序的现象。

监狱人民警察着装的要求主要参照《监狱劳动教养人民警察着装管理规定》《司法部关于加强警务督察工作的意见》《司法部关于印发〈司法行政系统人民警察警务用品管理规定〉的通知》等规范性文件。

1. 着装的情形。一般情形下，监狱人民警察工作时间必须着装。有下列情形之一的，不得着装：第一，非工作时间；第二，女人民警察怀孕后体型发生显著变化的；第三，因涉嫌违法违纪被停止执行职务、接受审查的；第四，辞职、辞退、开除公职的；第五，其他不宜或者不需要着装的情形。

2. 警察着装的具体要求。人民警察着装时，必须严格遵守下列规定：第一，不得将警服和便服混穿。第二，不得歪戴警帽，不得披衣、敞怀、挽袖、卷裤腿。常服内着毛衣（衫）或者衬衣，内着内衣时，毛衣（衫）、内衣不得外露。第三，不得在外露的腰带上系挂钥匙或者饰物。第四，不得赤脚穿鞋或者赤足。男人民警察的鞋跟不得高于3厘米，女人民警察的鞋跟不得高于4厘米。第五，不得系扎围巾，不得染指甲、留长指甲，不得染彩发、化浓妆、戴首饰。第六，男人民警察不得留长发、大鬓角、卷发（自然卷除外）、剃光头或者蓄胡须，女人民警察的发辫不得过肩。第七，除工作需要或者眼部有严重伤疾外，不得戴有色眼镜。

（二）违反监狱人民警察着装的规定

对违反本规定的监狱人民警察，由其所在单位或上级机关警务管理部门进行纠察和处理：情节轻微的，当场进行批评教育和纠正；情节严重、影响恶劣的，扣留其证件，并向其所在单位开具"违反警容风纪通知单"，必要时，带离现场进行教育。违规者所在单位收到"违反警容风纪通知单"后，视情节轻重，按警务管理部门的有关规定进行严肃处理。

（三）监狱人民警察警服日常管理要求

1. 专门的着装管理部门。监狱成立专门的警用服装管理部门和警容风纪督察机构，赋予其相应的后勤服务管理和警容风纪督察职责。一般情况下，监狱行政科或后勤服务中心负责警用服装管理；监狱政工或监察部门负责警容风纪检查、督察。每年确立一个月作为警容风纪检查月，监狱利用此契机，对模范遵守警容风纪规定的单位和个人，要及时予以表彰，并作为年终评比的重要依据之一，同时要及时通报检查情况。

2. 健全的着装管理制度。根据司法部的《监狱劳动教养人民警察着装管理规定》制定符合当前实际的监狱警察着装管理规定；制定出台监狱警察制服配发与管理的相关规定；制定监狱警察警容风纪检查督察工作细则。

3. 规范的服装管理台账。建立健全监狱警察服装发放登记表、监狱警察服装遗失与报告登记表、监狱警察着装情况检查督察登记表，以便及时督促，实时检查、考核。

4. 统一的监狱警察更衣柜。为便于监狱人民警察上下班换装，统一给每一名警察配备一个更衣柜、警容自查镜，纳入监狱安全防范的重点部位加强监管，并安装全景全程监控，保障安全，切实做到警察"上班着制服、下班着便装"。

上述标准对于规范服装管理、保障按照规定及时调整和供给，树立良好的监狱警察形象，具有显著作用。

五、督查管理

（一）督查的概念

监狱人民警察肩负着依法管理监狱、执行刑罚、监管改造罪犯的神圣使命，可以说监狱警察执法的公平、公正是实现司法公正的最后一道防线。其活动内容涉及罪犯人权的保障、国家行刑权的实现以及国家法治建设等问题，因此更加需要各种主体的监督与制约。为确保正确行使执法权力，必须对监狱人民警察的执法活动进行有效的监督，这是确保执法公正、预防执法腐败的根本性措施之一。

督查有广义、狭义之分。广义的督查是指来自监狱内部及其他监督主体所构成的监督，包括国家权力机关、检察机关、行政机关、社会团体、公民等。狭义的督查指监狱机关内部对其工作人员执法活动和遵守纪律情况进行的监察、督促、检查，并对违法或不当行为实施纠正、补救或追究责任的一种法律行为。

在监狱管理过程中，督查侧重于监狱内部在日常的执法管理活动中根据行政隶属关系所进行的一般性的内部监督。实践中，监狱一般成立专职或各部门组建的督查组开展督查工作。督查组是例行检查，查看监狱各基层单位工作有何问题，政策的落实情况如何，并帮助其解决问题。另外，监狱管理中还会存在督察组的活动，督察组与督查组的工作重心不同，督察组的工作内容以监督为主，督查组的工作内容则是以检查为主。

（二）督查的形式

1. 专项活动督查。为确保专项活动的顺利开展，监狱实行统一督导制度，由专项办联合督促检查，按照所制定的工作进度表，分阶段进行督促检查，保证专题活动统一推进。

2. 每日督查。坚持执法督查制度，由监狱领导带队，由科室领导和巡逻员组成，轮流负责巡逻督查工作，每天对基层的执法情况进行督查，做好记录，对发现的问题，责令责任单位立即整改，并追究责任单位和责任人相应的责任。

3. 防暴队巡查。由各部门抽调精干力量组建特警队，每天早、中、晚空档时间在监管区进行巡逻执勤，随时关注罪犯动态，及时发现各类危险苗头和隐患，协助处置罪犯的暴力违规行为，维护监狱日常的改造秩序。

4. 考核督查。为加强督查的实效性、针对性，促进监狱各项工作的扎实运转，监狱一般实行"日检查，月公示，季考核"督查。监狱一般在政工部门成立督查考核办公室，每日对各单位的制度落实情况进行例行检查，对检查出的问题，及时在监狱信息网上公布，每月公示，每季排名，严格兑现奖扣分。

（三）督查的重点内容

专项督查会有专门的督查内容与考核要求，如"警容风纪月"专项督查就以督查民警警容风纪与行为礼节为专项内容。常规督查的重点是现场检查民警值班备勤、民警履职履责、制度落实、警容风纪以及重点罪犯掌握等情况，对于在督查中发现的问题，现场做出纠正，情节严重的，及时按照相关规定进行处理。

督查的方式多种多样，有定期督查、不定期督查，突击督查、全面督查，事前督查、事中督查、事后督查等，也可以将多种方式相结合使用。监狱督查管理促进了监狱安全稳定制度的落实，强化了重点时段的管理，提高了监狱人民警察队伍的正规化、专业化、职业化水平，为实现监狱安全稳定提供了有力保障。

本章思考题

1. 简述监狱人民警察的内涵和特征。
2. 简述监狱人民警察人事管理的流程和重要环节。
3. 监狱人民警察警务管理包括哪些内容？

第五章　　监狱物态管理

物质是一切人文活动的基础和保障，任何人为活动的开展，都离不开环境的支持，都要使用工具，都必须借助一定的资源。监狱作为特殊的监管场所，虽然其性质独特，但一切监管活动的开展同样离不开对物态设施的利用和管理。本章根据监狱管理的不同功能、需求，将监狱物态粗分为监管警戒、生活卫生和教育矫正三大类设施分类讨论，选取其中功能最集中、使用最频繁、作用最显著的若干设施进行重点介绍，以点带面地展现监狱物态概貌，揭开监狱神秘面纱的同时，也凸显了监狱作为监管改造罪犯的特殊场所"安全、规范、科学、文明"的管理原则及特性，从物态维度为监狱管理、改革、创新奠定基础，提供指引。

第一节　　监狱物态管理概述

一、监狱物态管理内涵与监狱物态分类

监狱作为国家刑罚执行机关，对维护社会公平、正义，保障群众生活安定具有不可替代的作用。监狱一切功能的发挥都离不开客观真实的"物质载体"，即监狱的各种监管、改造、生活、保障等场所及设施。因此，对监狱物质载体的运用、管理和维护，也就构成了监狱物态管理的基本内容。

（一）监狱物态管理的内涵

物态，即物质形态。所谓物态管理，即对某些既定物质形态的建设、运用、维护和发展的管理规则及行为约束。

监狱物态管理，从广义上说包括对监狱存在和运行中所涉及的一切建筑、场所、器材、设备的运行和管理，涉及面较广，涵盖了监狱管理工作的大部分类型。本章的研究视角主要是监狱工作中涉及监管、改造、生活等与罪犯惩教直接相关的主要设施和场地的管理，重点阐明这些物态形式的建设标准、管理要求、发展趋势等核心内容，即做狭义的监狱物态管理分析。其中尤以监狱建筑为主体，因为"监狱建筑是监狱的重要组成部分，是监狱工作者开展相关工作和罪犯服刑改造的物质平台。科学合理的监狱建筑，不仅有利于监管安全，也有利于监狱工作者和罪犯的身心健康，有利于促进罪犯的改造"[1]。本章选取其中最基础、最具代表性的建筑形态，展示不同功能物态的建设标准和管理要求，化繁为简，以点带面地展示监狱物态管理工作概貌。

---

[1] 吴宗宪. 监狱学导论［M］. 北京：法律出版社，2012：157.

（二）监狱物态的分类

监狱物态泛指监狱刑罚执行和罪犯改造过程中涉及的一切物质载体和表现形态，主要包括监狱建筑、警戒设施、生活用具、教育设备等各种物态要素。无论是监狱"惩罚"还是"改造"功能的实现，都必须依托于物态条件的支持和保障。但监狱作为一个物质客体，其日常运转自有规律，犹如一部机器，任何一个环节都必不可少，都有其存在的意义与价值，如果事无巨细地一一加以分析，难免轻重不分、杂乱不明。所以在正确理解监狱物态功能和价值的同时，按照一定的标准对监狱物态进行归纳、分类，也是深入了解监狱的职能，加快推进监狱规范化、现代化建设的必然之选。

对监狱物态的分类，可以从宏观、中观、微观三个不同角度进行，宏观是以监狱类型为视角；中观是以使用主体为依据；微观则是以功能、用途为标准进行分类。具体如下：

1. 按"监狱类型"分类。监狱类型也有多重分类视角，按生理学标准可分为女犯监狱、男犯监狱和未成年犯监狱。按犯罪学标准可分为初犯监狱与累犯监狱，或暴力犯监狱与财产犯监狱等。按社会学标准可分为封闭式监狱、半开放式监狱和开放式监狱。监狱戒备等级与监狱物态形貌直接相关，因此我们主要以监管等级要求为标准，将监狱分为高度戒备、中度戒备和低度戒备三种类型。

高度戒备监狱主要是用来关押具有高度现实危险性和反复违反监规纪律、破坏监管秩序的罪犯，如有脱逃史、限制减刑、终身监禁等类的罪犯。科学的监狱建筑结构，现代化的安全警戒设施，高科技警戒和管理设备，高效的安全防范和紧急应变能力，先进的安全管理手段，以及具备快速反应能力的监狱警察队伍等，是高度戒备监狱必要的物态条件。

中度戒备监狱主要是用来关押现实危险性为中度，虽然犯罪但入监后能认罪悔罪，服从监狱管理，积极参加改造的普通罪犯，目前大多数的监狱都属于此类。这类监狱应该有安全的围墙警戒设施，有先进的中央监控系统，有对罪犯进行常规管理和教育的设施设备，以及正常的民警执勤备勤条件，这些都是监狱的基础物态设施，不可或缺。

低度戒备监狱主要是用来关押现实危险性较低的罪犯，主要包括即将刑满的罪犯，人身危险性较低的过失犯、短刑犯、少年犯等。这类监狱不同于前两种监狱，对罪犯的管理提倡自觉约束，罪犯在监狱活动的自由度较大，更加注重对罪犯回归社会的价值观引导和行为能力培养。所以此类监狱宜尽量淡化监禁色彩，以更接近社会化的环境对罪犯实施管理、教育和训练，各种物态设施的选择和管理更宜趋向于校园式风格，而不同于普通监狱。

2. 按"使用主体"分类。任何物态设施都是为一定主体服务的，都是以实现一定功能为目的的。监狱的主体主要有三类：负责警戒管理的监狱人民警察；受惩罚改造的服刑人员；负责后勤保障的工勤人员。与此相对应，监狱物态设施也可以分为三类：警用设施、改造设施和保障设施。

警用设施主要服务于监狱人民警察的监管、教育、执法等工作需要，是监狱安全稳定的基石和物态管理的主导。其主要包括围墙、电网、监控、门禁等监管设施；警务室、办公室、会议室等工作设施；电话、电脑、单警装备等执勤设施。

改造设施主要是用来教育、改造罪犯,是罪犯在狱内服刑改造的主要依托,包括罪犯生活、学习和劳动三大现场的所有设施和设备,即监房、教学楼、车间等场所及设施,是监狱物态管理的中心及重点,也是监狱"惩罚和改造"功能有效发挥的前提和基础。

保障设施主要是服务于监狱正常运行的功能性保障设施,主要包括配电房、水泵房、伙房等硬件保障;武警营房、工人值班室、收发室等人员保障设施;汽车、车库、油气站等附属设施。

3. 按"功能用途"分类。对不同类型监狱的管理各有侧重。聚焦于普通监狱罪犯改造的微观视角,按照服务于罪犯监管改造的不同功能和用途,可以将监狱物态设施进一步细分为监管警戒、生活卫生和教育矫正三大类设施。

监管警戒类设施,顾名思义,主要是用来维护监狱监管安全的设施和设备,是确保监狱能"关得住、管得了"的物质保障,也是监狱最直观、最典型的文化符号和形象代表。其主要包括围墙、电网、大门、监控、禁闭室、证据室、会见楼、武警营房等设施设备。

生活卫生类设施,主要是保障罪犯在监狱内生活便利、身体健康、环境和谐的基本设施。罪犯虽然因犯罪被剥夺了自由权,但是其作为自然人和社会人的生命健康、通信通话和学习娱乐等基本权利没有被剥夺,对此监狱应尽力加以保障。其主要包括罪犯监舍、食堂、医院等功能区域和设施。

教育矫正类设施,主要是对罪犯开展教育和改造活动的场所。监管和改造相结合,监管是前提,改造是目的,教育改造罪犯是监狱的核心功能,作用日益凸显,是今后监狱工作需要重点强化和创新的地方。其主要包括罪犯教学场地、户外操场、监狱礼堂等教育与娱乐设施,心理咨询室、教育谈话室等心理矫治设施,以及生产劳动车间、技能培训中心等劳动与培训设施等。

二、监狱物态管理的基本特征与要求

监狱物态种类繁多,大到楼宇、厂房,小到钥匙、手铐,外起围墙、电网等外围警戒,内到监控、门禁等隔离设施,无论是监管警戒、生活卫生还是教育改造,作为监狱特定的存在与表现,这些物态存在都不是简单的自然排布,而是按照不同功能和特征进行的有机组合,都有不同于社会普通物态的管理原则和执法标准。正是这些功能、特征和管理原则才共同构成了监狱存在的重要文化标志,彰显着监狱"惩罚与改造相结合"的特定内涵和执法形象,最终起到了惩戒、预防和减少犯罪的作用。

(一)监狱物态管理的基本特征

与社会上一般单位或企业的物态管理相比,监狱物态因其职责定位的特殊,无论是在外观形式、管理理念还是在运行维护等方面,都具有其独特、鲜明的管理特征。

1. 庄重性。监狱的执法和管理体现的是法律意志,维护的是法律威严,所以监狱物态无论是在建筑形式、功能设施还是在执法执勤等方面都必须严格谨慎、严肃认真,都要严格按照法律规定行事。监狱建筑要庄重、大气,体现出执法机关的严肃、规范和文明形象,在建筑规模、高度、外观、尺寸和内部结构等方面要严格按照相关标准执行,不能像社会建筑那样为追求创新和标新立异而影响监狱执法机关形象。对于监狱的相关设施设备，要严格按照规定进行建设和配备，严格按照使用标准和规范进行领用和管理，如监狱警戒设施的管理，围墙高度、警戒带距离、岗楼设置、电网密度等都有严格的国家标准，不允许随意更改。手铐、脚镣、武器、警械等的使用，都有严格的使用规定和管理要求，使用时必须登记和汇报，即便是监狱警察也不能滥用、乱用，这些都是严格的执法行为，体现了监狱物态管理的庄重。

2. 封闭性。监狱最明显的特征就是封闭，就是要通过强制力量剥夺罪犯的人身自由，让其受到惩罚，帮助其悔过自新。因而自监狱诞生之日起，就天然地具有与外界隔离的特性。监狱的高墙、电网是最直观、最外围的隔离，在将罪犯封闭在监狱内的同时，也隔绝了外界对监狱的认知和观察，所以在很多人的意识里，监狱都是封闭、神秘的，是让人敬畏和远离的存在。即便是在监狱内部，封闭性特征也无处不在，不同监区和功能区之间必然要进行隔离，不允许罪犯在未经同意的情况下私自流动。在监区内部的每个监舍、房间和活动场所也要时刻保持关闭，防止罪犯单独滞留发生自伤、自残等监管事件。在信息传播上，监狱也带有其难以磨灭的封闭印记，不仅对罪犯与外界的通话通信要严格监控、监听，防止内外勾结散布反改造言论，对监狱自身的信息管理，在一定程度上也强调保密，不能随意公开。虽然近些年监狱的开放程度有很大提升，媒体进监、狱务公开、亲情帮教、微信微博等形式极大地增进了社会对监狱的了解和认知，但是监狱的封闭性特征仍很浓厚。

3. 指向性。监狱物态管理的指向性非常明确，对内要确保监管安全，让监狱惩罚改造的功能得到根本落实；对外要培养守法公民，让罪犯刑满后能自力更生，降低再犯罪率，为社会稳定做出贡献。通过围墙电网、岗楼监控和门禁警械等监管警戒设施，让罪犯在监狱内关得住、守得稳，在让罪犯人身自由受到严格限制的同时，又能按照监狱的要求积极认罪悔罪，参加劳动改造，充分体现出监狱对自由的监禁和对犯罪的惩罚功能，这是对内指向性的体现。通过三课教育、小班化教学和职业技能培训，让罪犯在思想上做到认罪悔罪，在行为上养成规范意识，刑满后能做到自力更生，这是罪犯管理和改造工作的对外指向和根本初衷。总之，无论是监管警戒、生活卫生，还是教育改造设施，监狱各种物态形式基本上都是围绕内外两个维度展开的，具有十分明确的功能指向性。

（二）监狱物态管理的要求

在执法和管理过程中，掌握基本的监狱物态管理要求，不仅对日常工作是一种有效的行为约束和规划导引，同时也是现代监狱建设的共同价值追求与体现。

1. 安全。安全是底线，所有监狱都一定会把安全放在监狱物态管理最突出和最重要的位置，这一点毋庸置疑。当然，随着时代的不断发展，人们对监狱安全的理解和要求在不断发生变化。过去，监狱的安全是防范由罪犯引发的一系列问题，如最常见的逃跑、行凶、劫持、劫狱等直接暴力违法事件。未来，要防范来自罪犯对监狱和监狱警察的安全威胁，同时还包括对罪犯本身安全的管理，不仅要重点防范罪犯在监内自杀、自伤、打架斗殴等监管事故的发生，还要努力提高监狱内的医疗卫生水平，维护罪犯的基本生命健康权利，加大对罪犯职业劳动技能的培养，畅通刑释回归就业途径，防止其回归社会后因无家可归、无法自立而再次走上违法犯罪道路。这些都是当下对监狱安全的新要求、新标准，需要在今后监狱物态的建设和发展中逐步健全和完善。

2. 规范。规范是基础，监狱作为国家专政机器，是社会公平、正义、法治、文明的保障。为保证安全的底线、执法的尺度和管理的力度，监狱必须要有统一的建设标准和发展指引。在国家层面，司法部曾联合多部门出台过《监狱建设标准》《监狱狱政警戒设施建设标准》等多项国家标准。各省（自治区、直辖市）也都有对未来监狱建设的整体规划和思考，如江苏省监狱管理局就制定了《江苏省现代监狱建设监测指标考评细则》《江苏省监狱医院建设标准》等多个文件。同时，在个别专业性物态的建设及管理方面，除了要落实监狱建设规范外，还要遵循该行业的专业标准，如对监狱医院的建设要参照《综合医院设计规范》进行，对监狱教学楼的建设要参照《中小学建筑设计规范》中的有关规定等。需要指出的是，规范既是基础，也是一种引导，未来监狱的改造和建设都应该按照新的标准不断进行完善和升级。

3. 适度。适度是原则，监狱从选址、设计、建设到管理、运行、维护，再到执法、执勤、警戒的全流程，都应该遵循科学适度原则。首先，在监狱硬件建设上要科学适度，监狱建设必须遵循国家有关的法律、法规、规章，必须符合监管安全、改造罪犯和应对突发事件的需要，必须从监狱当地的实际情况出发，与经济社会发展相适应。监狱建筑的装修应遵循简朴庄重、经济适用的原则，结合监管工作实际，合理确定装修标准。建设现代监狱是一个不断探索和完善的过程，国家虽有指导标准，但是在实际执行过程中，各地还需结合不同地区经济社会发展水平和文化差异等不断细化和完善，既不能贪高求大、盲目浪费，也不能故步自封、不思进取，要与经济基础相匹配、与社会发展同步。例如，中西部地区监狱基础条件差，所以监狱建设的重心应该聚焦于提高基础设施保障水平，而东部沿海省份经济基础好、监狱保障水平高，可以在扎实做好监狱信息化的基础上，自提标准，加快探索智慧监狱建设，为全国监狱管理智慧赋能提供经验。其次，在教改方法创新上也要科学适度，在人民群众可理解、可接受的范围内，审慎推进狱务公开，科学创新矫正方法，努力提升监狱教育矫正的质量，如在推动监狱医疗资源社会化方面，要科学区分监狱自身职能和社会医院可引进资源的种类，精心设计合作模式，鼓励先行试点，尽量避免一拥而上、重复投资、资源浪费等问题，努力增强医疗资源的共享成效。

4. 文明。文明是方向，监狱是对犯罪的威慑，更是对人性的挽救，建设现代化文明监狱既是历史的发展，也是社会的期许。文明是对法制进步的彰显。过去，人们提起监狱总会首先联想到阴森、恐怖、暗无天日等形象，而现在随着时代的发展，监狱建设和设施标准不断提升，一批又一批普通大众和社会媒体走进监狱，人们开始真正了解监狱内的真实场景，监房清洁整齐如军营，狱内环境花草相间，假山曲水伴广场，犹如校园，生产车间宽敞明亮，流动有序，7S管理精细、高效，不亚于社会同行。这已与过去人们对监狱的印象大相径庭。过去，监狱犹如长在深山，封闭、神秘、无人问津，如今的监狱已然走向社会，诉说自己，这就是法制的进步、文明的自信。文明是人文关怀的体现。监狱最让人感动也最让人伤心的地方肯定是会见楼。为了能让亲情的温暖融化罪犯心中的坚冰，很多监狱都对会见室设计做了大量工作，从会见等级分类，宽见、普见、视频会见到特优会见，每一种会见从场地设计到环境装饰都别具匠心，真情处处皆在。从候见室的物品收储、信息登记、狱务公开，到开放日接待，亲属关心罪犯随时可以通过网络、公开栏等了解信息，这是对亲情的尊重，是社会对监狱的温暖期许，也是监狱管理尤其是物态管理一直在努力、始终在前进的方向和动力。

第二节　监管警戒设施管理

一、监狱警戒设施管理

古往今来，随着时代的变迁，监狱的性质、形态、设施、环境都在不断发生变化。但是，不管任何时代，只要是监狱存在，其惩戒罪犯的根本性质都不会改变，其防止罪犯逃脱、威慑犯罪行为的根本要义也必然存在。所以，无论在任何时候、任何地方，监管警戒设施永远都是监狱必不可少的基础配置，都是监狱最显著、最重要也是最根本的物态特征。从某种意义上讲，正是监管警戒设施以其特定的外在形象和价值定位在文化上构成了监狱的独特符号。

警戒设施是监狱刑罚执行功能的体现，是监狱强制力的保障。从围墙电网到监舍门锁，从武器警械到监控照明，从武警巡逻到民警执勤，共同构成了监狱监管警戒安全的严密体系。其中，以警戒设施的功能区位划分，大致可分为外围警戒设施和内部监管设施两大类。

（一）外围警戒设施管理

外围警戒设施主要包括监狱大门、围墙、电网、岗楼、隔离带、监控、报警、照明等固定设施和防暴器材、警用武器、阻车桩等移动设备。

1. 监狱大门管理。监狱大门负责监狱所有人员、车辆、器材、物资的进出和检验，是监狱监管安全的桥头堡和生命线，担负着监狱物资转运和安全稳定的双重重任，是监狱警戒的首要设施和最后屏障，也是风险最高、隐患最大的管理区域，不容有失误。所以，在监狱大门建设时，首先要考虑的问题是安全、牢固，然后才是方便、快捷。

目前，国内外监狱在建造大门时大多是采用"车行大门＋人行小门"的建筑模式，大门附近设立指挥调度中心和狱政、狱侦等业务协调部门，以及防暴机构等。监狱大门处需设置门卫值班室、武警哨位，并应设置防护装置，室内应设通信、监控和报警装置，并需设有可在室内控制大门开闭的装置。监狱大门主要用于车辆进出和人数较多时人员的通行，基本上采用的是内外双重门控模式（AB门模式），由大门管理人员通过电子监控装置指挥开启，人员和车辆先进入一侧大门，然后关闭大门，在门内待管理人员安检和清查人数后，再开启另一侧大门放行，两侧大门不能同时开启，在程序设置和物理隔离上充分保证监狱大门随时至少有一侧是关闭的，任何企图通过硬闯或破门而出的行为都是绝不可能发生的。人行小门主要是用来方便监狱民警和工作人员日常进出使用，至少包括武警监控门、安检门、外侧门（A门）、内侧门（B门）等多道程序，需要通过武警验证、物品安全检查、民警信息核实等重重审核后方可放行。这充分确保了进出监狱人员的身份信息准确和人数无误，有效防止了任何企图通过化装、尾随、硬闯等方式蒙混过关、越狱脱逃等行为的发生。

监狱大门在选材上多是以铁制、钢制材料为主,辅以钢筋混凝土结构,充分保证了其坚固耐用、防腐防暴、防破坏的物理属性。监狱大门的建筑风格以庄重大气为主,要充分体现出监狱作为刑罚执行机关的法律威严,在形式上可充分借鉴其所在地区地域文化和建筑风格,没有固定的样式。在具体规模和尺寸上,要充分考虑监狱车行、人行功能的需求,尤其是在大门高度、宽度、纵深长度等方面要科学设计,住房和城乡建设部、国家发改委于2010年批准发布的《监狱建设标准》(建标139—2010)中规定:"监狱大门车辆通道宜宽6m、高5m,车辆通道进深(AB门之间的距离)不宜小于15m",但是考虑到现在科技和社会的不断发展,各种进出监狱车辆的尺寸在不断加大,所以监狱大门在建造时宜预留充分的空间,便于日后使用、维修和功能升级。

2. 围墙岗楼管理。高墙电网是监狱最基础的配置,在监狱诞生之初就伴随始终,是监狱最为显著的外在形态。我国《监狱建设标准》中对监狱围墙的建设有明确的标准和要求:"中度戒备监狱围墙一般应高出地面5.5m,墙体应达到0.49m厚实心砖墙的安全防护要求,围墙上部宜设置武警巡逻道。围墙地基必须坚固,围墙下部必须设挡板,且深度不应小于2m,当围墙基础埋深超过2m时,可用围墙基础代替挡板。围墙转角应呈圆弧形,表面应光滑,无任何可攀爬处。围墙内侧5m、外侧10m为警戒隔离带,隔离带内应无障碍。围墙内侧5m、外侧10m处均应设一道不低于4m高的防攀爬金属隔离网,网上均应设监控、报警装置。高度戒备监狱围墙应高出地面7m,墙体应达到0.3m厚钢筋混凝土的安全防护要求,上部应设置武装巡逻道。围墙地基必须坚固,围墙下部必须设钢筋混凝土挡板,且深度不应小于2m,当围墙基础埋深超过2m时,可用围墙基础代替挡板,如遇软土等特殊地基时,围墙基础埋深应适当加深。围墙内侧10m、外测12m为警戒隔离带,隔离带内应无障碍。围墙内侧5m及10m处、围墙外侧5m及12m处应各设一道不低于4m高的防攀爬金属隔离网,网上应设监控、报警装置。围墙外侧的两道隔离网之间应设置防冲撞设施。"❶从文件规定的详细程度就可以看出围墙对监狱的重要性。而且这还只是基本建设要求,现在很多新建监狱在建设监狱围墙时,又在此基础上进行了标准升级和设施改进,如有的监狱在围墙顶部加装了隔离网和蛇腹网,将监狱围墙进一步加深、加高。同时,在相关国家标准中,还规定监狱围墙顶端应设高度为1m的电网,其电压宜为6～10kV,且两线间的距离不应大于200mm。可以说,从外界警戒设施层面,监狱围墙的建设标准为监狱安全打下了牢不可破的基础和保障。

武警岗楼是武装警戒人员执行监狱警戒任务的重要设施和屏障,通过岗楼执勤,武警人员时刻观察、监视和控制监狱围墙及周界的秩序和人员动向。在国内,由于监狱布局的不同,武警岗楼的位置设置略有不同,但基本遵循在四周设防、制高点观察等原则。同时,在岗楼的物理标准上,国家规定:"岗楼宜为封闭建筑物,四周应挑平台,平台应高出围墙1.5m以上,并设1.2m高栏杆。岗楼一般应设于围墙转折点处,视界、射界良好,无观察死角,岗楼之间视界、射界应重叠,且岗楼间距不应大于150m。岗

---

❶ 中华人民共和国住房和城乡建设部,中华人民共和国国家发展和改革委员会.监狱建设标准(建标139—2010).北京:中国计划出版社,2010:第三十九条第1款.

楼应设置金属防护门及通讯报警装置。"❶除具体功能设置要求外，武警岗楼在建设时由于受不同地域文化的影响，各地区监狱岗楼的大小和形态各不相同，其中外形以圆形和方形居多，顶面的装饰也多与当地建筑风格相应。

3. 警用武器管理。根据《中华人民共和国人民警察使用警械和武器条例》的规定，警用武器是指人民警察按照规定装备的枪支、弹药等致命性警用武器。根据实际情况，监狱通常配备的武器主要有手枪、冲锋枪、自动步枪、狙击步枪、枪柜、子弹、子弹柜等。武器是监狱用来威慑罪犯，防止暴狱、越狱等极端情况发生的，并不是可以随便使用的，监狱警察使用武器应当以制止违法犯罪行为、尽量减少人员伤亡和财产损失为原则。当监狱警察和武警部队执勤人员遇到下列情况之一，非使用武器不能制止的，按照国家有关规定，可以使用武器：①罪犯聚众骚乱、暴乱的；②罪犯脱逃或者拒捕的；③罪犯持有凶器或者其他危险物品，正在行凶或者破坏，危及他人生命、财产安全的；④劫夺罪犯的；⑤罪犯抢夺武器的。同时，需要强调的是，使用武器的人员应当按照国家有关规定进行报告。而且当遇有下列情况之一时，应当停止使用武器：①犯罪分子停止实施犯罪，服从人民警察命令的；②犯罪分子失去继续实施犯罪能力的。

除致命性武器之外，监狱还需要配备一定的防暴器材，主要包括勤务头盔、盾牌、防火服、防火毯、防割手套、防刺背心、防弹头盔、防弹背心、防护气垫、阻车链、自卫催泪喷射器、手掷催泪弹、特种防暴枪、警用抓捕网等。这些器材与武器一样主要用于预防突发狱情，威慑狱内犯罪和违规行为，使用时要严格按照规定执行，并做好登记、汇报。监狱要分别建立专门的防暴警械和武器保管库房，大部分监狱将库房选建在监狱大门功能房内，方便及时领用和应急处突。平时警械和武器库房应由狱政部门安排专人管理，实行统一编号，登记造册，建立台账，严格领发手续。对损坏或超过使用时限的警械和武器，要按规定报废，及时更新。

（二）内部监管设施管理

内部监管设施主要是指监狱民警在日常执勤和监管过程中，用以维护监狱秩序稳定、防止罪犯脱逃、打击狱内违规等行为的设施和器材等，主要包括执勤装备、禁闭室等。

1. 执勤装备管理。根据不同任务需要，民警的执勤装备可以有不同配备，在日常带班和值班过程中，主要使用的单警装备是俗称的"六件套"，即腰带、手电、警棍、警哨、自卫喷雾器、对讲机，在执行外出押解或制止罪犯违规行为时，经常会用到手铐、脚镣、警绳、警戒带、约束带等不同戒具，对各种警械和戒具的使用情形及要求都有相应的规定，民警需要依法依规遵照执行。如《中华人民共和国监狱法》第四十五条规定："监狱遇有下列情形之一的，可以使用戒具：（一）罪犯有脱逃行为的；（二）罪犯有使用暴力行为的；（三）罪犯正在押解途中的；（四）罪犯有其他危险行为需要采取防范措施的。前款所列情形消失后，应当停止使用戒具。"

在单警装备中，除正常执勤通信需要使用的对讲机、警哨、手电等警械外，民警如

---

❶ 中华人民共和国住房和城乡建设部，中华人民共和国国家发展和改革委员会. 监狱建设标准（建标139—2010）. 北京：中国计划出版社，2010：第三十九条第4款.

需使用警棍、自卫喷雾器等警械,也有明确使用规定。比如,监狱民警在执勤过程中,遇有下列情形之一,经警告无效的,可以使用自卫喷雾器:①罪犯以暴力方式抗拒或阻碍民警依法履行职责的;②罪犯暴力袭警的;③法律法规规定的其他情形。监狱民警使用自卫喷雾器,应当以制止违法犯罪行为为限度;当违法犯罪行为得到制止时,应当立即停止使用,并迅速将其带离现场,使用正确的方法帮助罪犯减轻症状,如症状不能消失或者痛苦状况加重,要迅速将其送往医院医治。

2. 禁闭室管理。监狱禁闭室是监狱对狱内再犯罪和严重违规罪犯进行审查和惩戒的场所。禁闭室的功能主要有四点:一是对罪犯进行惩罚;二是促使罪犯对其行为予以反省;三是防止罪犯之间有串供行为;四是防止有高度危险的罪犯发生自杀、行凶、脱逃等行为。但是,对监狱禁闭室的使用,必须要严格依法进行,需要履行严格、规范的审批手续,而且对罪犯的禁闭行为一旦实施,该罪犯是要承担相应的法律后果的。《中华人民共和国监狱法》第五十八条规定:"罪犯有下列破坏监管秩序情形之一的,监狱可以给予警告、记过或者禁闭:(一)聚众哄闹监狱,扰乱正常秩序的;(二)辱骂或者殴打人民警察的;(三)欺压其他罪犯的;(四)偷窃、赌博、打架斗殴、寻衅滋事的;(五)有劳动能力拒不参加劳动或者消极怠工,经教育不改的;(六)以自伤、自残手段逃避劳动的;(七)在生产劳动中故意违反操作规程,或者有意损坏生产工具的;(八)有违反监规纪律的其他行为的。依照前款规定对罪犯实行禁闭的期限为七天至十五天。"

在禁闭室的建造标准上,国家有明确规定,小型监狱每 250 人设一间禁闭室,共设 4~8 间;中型监狱每增 350 人增设一间,共设 8~11 间;大型监狱每增 500 人增设一间,共设 11~15 间,且要求"禁闭室应集中设置于监狱围墙内,自成一体,离其他建筑物距离宜大于 20m,并设值班室、预审室、监控室及警察巡视专用通道,禁闭室室内净高不应低于 3m,单间使用面积不应小于 6m²"[1]。禁闭室内不能安设电器开关和插座,采用低压照明(宜采用 24V 电压),灯泡悬挂在天花板上,使罪犯不能够抓到。禁闭室的墙壁、地板用水泥灌注。禁闭室应集中布置,自成一体,其他用房之间的联系也不应穿越该区,每间禁闭室内应有蹲便器和小水池各一个。禁闭室内门、窗的大小依据有关规定设置,室内应隔音、通风,罪犯不能从里面看到或听到外面的情形。在日常管理上,被禁闭的罪犯受处罚后,除特定情形外(放风、提讯),不得离开禁闭场所。在隔离期间,罪犯失去各种处遇待遇,不得看电视、收听新闻、邮寄、会见、看书,以及进行其他娱乐活动。在室内安装监控探头,不留死角,对被禁闭的罪犯需进行 24 小时监控,必须保证罪犯安全,不能发生罪犯自杀、脱逃、行凶等行为。

二、安全监控设施管理

安全监控设施主要是指用来监控罪犯狱内活动和行为的设施设备,同时兼具对狱内管理活动的督查、协调、指挥功能。在监狱日常管理工作中,经常接触到的安全监控设

---

[1] 中华人民共和国住房和城乡建设部,中华人民共和国国家发展和改革委员会. 监狱建设标准(建标 139—2010). 北京:中国计划出版社,2010:第二十九条.

施主要包括监狱监控指挥中心、二级监控室、会见电话监听系统等。

（一）监控平台管理

监控平台主要是指视频监控平台，对监狱内的重点区域、人员流动、周围警戒等进行实时监视和观察。根据具体职能和管理定位的不同，监控平台又可分为两个层次：一是监狱监控指挥中心；二是监区二级监控平台。

各地对监狱监控指挥中心的具体称呼略有差异，有的叫总监控室，有的叫应急指挥中心，称呼的不同在一定程度上体现了其功能定位的差别，但是其基本的视频监控功能都是必备的。一般情况下，监控指挥中心主要对监狱重点区域和人员进行监控，主要监控内容包括：离监押解；离监住院；枪弹库；安全生产危险源；接处警；二级监控；基建施工现场；监狱大门；会见室；车辆装卸区；禁闭、高危、入监；医院；周界监控电网报警；伙房；教育日、休息日；开封收封、出工收工；车间现场；生活、学习现场及其他。很多监狱都把监控指挥中心设置在监狱大门功能房内，一是便于各种集成设备的安装运行，二是能最大限度地提升监狱应急协调效率，维护监管安全。

在监狱监控指挥中心（总监控室）之下，很多监狱一般还建有二级监控平台（分监控室），主要是对重点区域和安全隐患部位进行实时监控，如禁闭室、会见楼、医院、伙房等区域。基本职能包括：①监控"三大现场"管理、重点危险罪犯管控、罪犯监督岗值守情况；②监控重点部位管控情况；③监督管理门禁、监控、监听、报警等安防设施运行情况；④收集、研判、上报狱情信息；⑤先期处置突发狱情、设施故障；⑥进行安全检查督查，并跟踪督促整改；⑦其他需要二级监控平台处理的事项。虽然各单位对分监控室的设置部位和管理要求各不相同，但总体的管理意图是相同的，就是希望通过总监控室的全面、外围监视和分监控室的细节、重点监视相互补充协调，进而构成狱内罪犯管理的严密监控网络，确保监狱内全部场所和人员的安全可控。

（二）监听平台管理

监听平台主要是对罪犯狱内通话内容进行实时监听和录音，以便随时了解罪犯的言行和思想动态，把控狱情、消除隐患。目前，监狱主要的监听平台有三种：一是通话录音监听平台；二是会见录音监听平台；三是监房通话监听平台。其中，又以前两种的应用最为频繁。

在电话监听方面，罪犯在狱内服刑改造，虽然人身自由受到监禁，但是其享有基本的通信和通话权利。在日常管理中，监狱会根据每名服刑人员的改造表现设定不同等级的罪犯处遇标准，根据处遇标准，罪犯每月可以和亲人进行不同次数的电话联系。虽然享有一定的通话权利，但是为确保监狱的监管安全，防止罪犯泄露监管秘密或与狱外人员进行串通等，民警要对罪犯通话内容进行实时监听。如发现有违规违纪或散布不利于改造言论的，应立即停止通话，并向监区领导汇报，及时查处、教育。通话结束后，民警用要根据监听内容，在亲情电话管理系统中如实记录和评价，详细记录拨打时间、受话人姓名、与罪犯本人的关系及拨打事由等，以留存备查。

在会见监听方面,《中华人民共和国监狱法》第四十八条规定:"罪犯在监狱服刑期间,按照规定,可以会见亲属、监护人。"所以,每名服刑人员如无违规违纪情况,每月都可定期享有一次会见机会。但是,在会见时,根据规定必须由民警全程监听和录音,如发现异常情况或违反会见规定的,要及时中断会见并进行处置。

三、其他监管设施管理

除警戒、监控等直接为监管安全服务的设施之外,在监狱日常管理中还有一些设施虽然不直接决定安全,但是其管理情况如何,对监狱的监管秩序也会产生一定的影响,比如会见楼、证据保全中心等。

(一)会见楼管理

会见楼是罪犯与亲属会见的地方,是监狱执法形象和人文关怀的直接体现,也是监狱舆情和狱情最容易发生和散播的地方,需要高度重视。根据功能需要,会见楼一般由候见厅、普见厅、宽见厅等主要区域组成。国家规定:"监狱的家属会见室宜设于监狱围墙内、监狱大门附近,并分别设置家属和罪犯专业通道。会见室中应分别设置从严、一般和从宽会见的区域及设施;其窗地比不应小于1/7,室内净高不应低于3.0m。"[1]由于受地域和经济条件等的限制,各地监狱会见楼在具体的建设形式和内部条件上各不相同。江苏省对会见室文明窗口的建设标准是:"会见室建设应当坚持设施达标、管理规范、服务便捷、确保安全的原则。会见室应当按照关押点罪犯人均不低于$0.81m^2$的标准建设,功能设施齐全;安装监控、报警系统,做到监控全覆盖。会见室候见区应配备电视机、饮水机、休息椅、咨询台、空调等便民设施,设置2个以上登记窗口,配备电脑、身份证件读卡器、人像采集等设备,安装会见管理系统,并配备安检门、手持探测仪等安检设备以及物品储存柜。普见厅应配备不低于关押点罪犯总数1‰的会见窗口。罪犯与会见人之间应设置封闭、牢固、透明的安全隔离装置,设立现场监听室,设置3个以上重要案犯会见窗口,做到同步录音录像与实时监听。宽见厅罪犯会见窗口应不低于关押点罪犯总数的3‰,要设置高不低于1m、宽不少于0.8m、底部全封闭的会见台,安装录音、录像设备。罪犯进出口处设置人身物品检查室。候见区入口处设置安全检查岗,每班至少安排2名以上安检人员值班,对进入候见区域的人员及物品逐一进行安检。女性人员进入会见区域由女性工作人员进行安检。"[2]

(二)证据保全中心管理

随着国家法治进程的不断加快和公民法治意识的不断增强,对监狱严格依法管理、科学文明执法的要求和标准也在不断提升。所以,为严格依法依规打击狱内违规和犯罪行为,监狱要特别注重对罪犯违规行为证据的提取和保存。因此,现在很多监狱都特别重视对狱内证据保全中心的建设和维护。证据保全中心应设置"证据保全中

---

[1] 中华人民共和国住房和城乡建设部,中华人民共和国国家发展和改革委员会. 监狱建设标准(建标139—2010). 北京:中国计划出版社,2010:第三十一条.
[2] 江苏省监狱管理局. 江苏省监狱会见室创建文明执法窗口标准(苏狱规〔2012〕9号). 2012年10月.

心"标牌和"重要涉密部位、禁止带入手机、禁止拍照摄像"等标识。重要执法证据原件、原物应保存在监狱证据保全中心，做到完整、齐全、规范、整洁，落实分类保全、分类保管，确保各类证据不灭失或损毁。书证、鉴定意见应通过拍照、复印等方式保全；物证应通过现场勘验、绘图、拍照、封存等形式进行保全，尽量提取原物，并制作笔录；犯罪嫌疑人供述和辩解、被害人陈述、证人证言应通过制作笔录、录音录像进行保全；视听资料、电子数据通过调取监控、视频刻录、录音录像、拷贝复制等保全，确保证据的原始性、连续性。对于各类证据，分别按文书、照片、物证、电子等分类保管，张贴醒目标识。电子证据应用光盘存储并保存于光盘柜。对于涉密的重要执法证据，应做保密处理。

第三节　生活卫生设施管理

一、监舍管理

监舍是罪犯休息和生活的地方，是罪犯在监内活动最频繁和最主要的场所。罪犯监舍管理水平高低，不仅体现了监狱自身监管改造工作标准化水平的高低，也是社会法治进步和文明发展的间接体现。对罪犯监舍的日常管理，主要涉及两方面的内容：生活物资管理和内务卫生管理。

（一）生活物资管理

罪犯生活物资种类比较多，凡是涉及罪犯生活的衣、食、住、用等物品都可以纳入罪犯生活物资的管理范畴。其中，比较集中的有两类物资：一是罪犯囚被服管理；二是罪犯日用品管理。

在罪犯囚被服管理方面，罪犯在监狱服刑期间要穿着和使用统一制式的衣、裤、鞋、袜、帽，以及床上用品，在参加生产劳动时还要穿着统一制式的劳动服装。监狱按实物量标准配发罪犯被服。罪犯初次配发囚被服由入监监区集中领取和发放，初次配发劳保服由所在监区集中领取和发放。囚被服使用到期需要换发的，由所在监区集中领取和发放。罪犯按标准领取囚被服后，根据实际需要，可在监狱日用品供应站购买内衣裤、棉毛衫裤、毛衣裤、鞋子、袜子。监狱建有"罪犯被服登记卡"，随时记载被服发放、购买、废弃、回收等情况。罪犯不得私自交换、转赠、丢弃监狱配发的被服，不得故意损坏被服，不得擅自更改被服样式。

在罪犯日用品管理方面，罪犯日用品主要是一些日常生活用品，比如牙膏、纸巾、洗衣粉、副食品等，这些物质监狱不可能统一配发，需要罪犯根据个人生活需要自行申请购买，监狱统一采购、统一管理。为此，监狱基本都配有罪犯生活物资供应站或者超市，由监狱卫生部门负责管理。对于罪犯生活物资的供应，监狱要进行公开招标，一般每年确定一次供应商。监狱每月集中统计罪犯生活物资申购明细，然后协调供应商定期供货。对于日用品的使用发放，一般由各押犯监区集中领取，统一保管，定时领用，及时登记。

（二）内务卫生管理

罪犯监房有单人居室、双人居室、三人居室和多人居室等多种形式，辅之以盥洗室、储藏室、活动室、阅览室等公共区域，共同构成了罪犯监房。但由于监管条件、人数限制、处遇差异，各地区监狱的监房建造标准不尽相同。《中华人民共和国监狱法》第五十三条规定："罪犯居住的监舍应当坚固、通风、透光、清洁、保暖。"《监狱建设标准》第二十八规定："监狱监舍楼设计应符合下列要求：①每间寝室关押男性罪犯时不应超过20人，关押女性罪犯和未成年犯时不应超过12人，关押老病残罪犯时不应超过8人。高度戒备监狱每间寝室关押罪犯不应超过8人，寝室宜按5%单人间、30%四人间、65%六至八人间设置，其中单人间应设独立放风间。②寝室内床位宽不应小于0.8m；床位为双层时，室内净高不应低于3.4m，床位为单层时，室内净高不应低于2.8m。监舍楼内走廊若双面布置房间，其净宽不应低于2.4m；若单面布置房间，其净宽不应低于2m。寝室窗地比不应小于1/7。③采暖地区监舍建设，应加设机械通风系统，换气次数宜为4～7次/小时；风口应采用扁长型风口，以防罪犯爬入。采暖负荷计算时应考虑通风所损失的热量。④盥洗室排水立管及地漏应在设计确定的基础上加大1号管径。⑤监舍内各房间及走廊的照明均应在干警值班室的控制之下，且应在每个监舍内设一组夜间照明灯具；监舍楼内配电箱应设在每层的干警值班室内。"[1]

在日常管理中，监狱按照军事化管理标准，要求罪犯的内务必须整齐、卫生、统一、规范。对于就寝区域，一般要求实行单人单铺，并根据季节统一摆放床上用品。夏季摆放床垫、凉席、枕头、枕席、毛毯，春、秋、冬季摆放床垫、垫被、床单、盖被、枕头、枕巾。要求监房要保持开窗通风。监舍卫生定期打扫，无死角、死面。各类物品要摆放整齐。对于公共区域，一般要求各类生活设施无破损、无锈蚀；室内无异味、无积尘、无杂物；地面无积水、无垃圾；墙面无污垢、无蛛网、无霉斑、无脱落；玻璃无污迹、无破损；桌椅整洁，无油渍、无污渍；水池内无杂物，池壁保持清洁；窗台无杂物。

二、食堂设施管理

罪犯食堂主要是供应罪犯伙食和吃饭的场所。民以食为天，监狱食堂的管理不仅是后勤保障的问题，甚至对监狱监管安全也有着直接而重要的影响，与外界相比，罪犯对伙食内容更加关注。在对伙房结构进行设计时，加工便利与安全隔离的矛盾更加突出。所以，对罪犯食堂的管理不仅要考虑到仓储物流、食材加工、环境卫生等基础保障需求，还要综合考虑到工具管理、人员监督、食品安全等监管安全特殊要求。

（一）伙房设施管理

伙房主要包括炊场、主副食品加工间、冷库、食品仓库、临时垃圾处理场等功能

---

[1] 中华人民共和国住房和城乡建设部，中华人民共和国国家发展和改革委员会. 监狱建设标准（建标139—2010）. 北京：中国计划出版社，2010：第二十八条.

区。伙房宜集中设置，自成一区，伙房内应根据实际情况设置少数民族灶台。伙房应设置在罪犯生活区的下风向，炊具宜机械化、现代化；应分别设立主副食加工间、病号餐加工间，并配置相应的库房、烧火间、配餐间，寒冷地区应设置储藏用房。在具体建设标准方面，"根据中度戒备监狱和高度戒备监狱类型的不同，罪犯伙房和餐厅面积规定有所不同。中度戒备监狱，大型监狱 $1.03m^2$/罪犯；中型监狱 $1.08m^2$/罪犯；小型监狱 $1.14m^2$/罪犯。高度戒备监狱，小型监狱 $1.14m^2$/罪犯；中型监狱 $1.08m^2$/罪犯"❶。随着经济和社会生活水平的不断提高，现在很多地区监狱罪犯食堂的建设和管理水平较之前已经有了大幅提升。以江苏为例，已经将罪犯食堂纳入属地化管理，主动接受地方餐饮服务食品安全监管部门的业务指导和检查监督，实行了餐饮服务食品安全监督量化分级管理，管理水平和标准均有显著提升。

罪犯食堂日常管理方面涉及的环节比较多，相关内容在本书罪犯管理部分有详细论述，不过在舞台设施方面，要求整体上要坚持布局合理、功能齐全、设施完备、流程规范、卫生达标的原则统筹进行。以其中比较重要的环节为例，储存食品和非食品库房应该分开设置；储存场所、设备应保持清洁，不得存放有毒、有害物品及个人生活用品；同一库房内储存不同类别食品和物品的应区分存放区域，不同区域应有明显标识；烹饪前应认真检查待加工食品；不得将监区回收和餐桌回收后的食品进行加工后再次供应；加工后的成品应与半成品、原料分开存放；每餐次的食品成品应在分装前及时留样；留样食品的留样量应满足检验需要。同时，罪犯伙房还要考虑到病残犯的特殊需求，在日常伙食供应上予以适当照顾。关押有少数民族罪犯、外籍罪犯的监狱，在罪犯日常伙食供应和就餐管理方面，应该尊重其风俗习惯、宗教信仰等，在食品制作、品种、就餐环节上适当与汉族罪犯进行区分。

（二）就餐场所管理

就餐场所就是罪犯日常吃饭的地方。有的监狱实行集中就餐，建有集中的罪犯餐厅，便于卫生清洁。有的监狱因为押犯较多或区域分散，实行分散就餐。出于对罪犯的安全管理的考虑，餐厅还是宜分散设置。对罪犯就餐区域的管理，没有统一的规定和标准，各地区监狱都制定有自己的管理规则，但总的要求是：卫生清洁、环境清新、食品安全、整齐有序等。

卫生清洁是对伙房和餐厅的基本要求。罪犯餐厅应该设置在监狱比较干净、无污染的区域。为了便于保持卫生，对餐厅的地面、天花板、墙壁应定期进行清扫和整理。餐厅应设置通风口和通风设备，保持室内空气清新，防止食物发生腐败。同时，餐具、餐桌等应采用容易清洗的金属材料，定期进行消毒。目前，很多监狱对罪犯的餐具实行了规范化管理，统一采用不锈钢制品餐盘或者塑料餐盘，这样有利于管理和消毒，也保证了食物的卫生。环境清新有助于罪犯在就餐时放松情绪，缓解压力，增进和谐氛围。所以监狱餐厅在色彩选择上应尽量考虑给人以愉悦的心理感受，宜采用能刺激食欲的清新色调，如以绿色、白色为主色调，辅之以黄色图案，适当增配一些

---

❶ 中华人民共和国住房和城乡建设部，中华人民共和国国家发展和改革委员会. 监狱建设标准（建标 139—2010）. 北京：中国计划出版社，2010：第二十五条.

清新可口的菜肴图片，可以给人一种清爽宜人、香甜味美的感觉。整齐有序是指在罪犯就餐时要保持就餐秩序的稳定，遵从统一的指挥和就餐要求，有序进出，按需领餐，集中收发。由于罪犯是一个比较特殊的群体，集体就餐要防止出现浪费粮食、大声喧哗、争吵打架等违规违纪行为的发生，民警要时刻保持警惕，对现场进行管理，确保就餐有序进行。

三、医疗设施管理

身体健康是罪犯较为关心的问题之一，随着社会的不断发展，罪犯对狱内健康诊疗诉求的不断提高和医院现有医疗水平之间的矛盾已经成为影响监狱监管秩序的主要因素之一。因此，监狱医院的医疗水平提升和管理制度改革，将是今后一段时期监狱工作的重点之一。

监狱医院的设置旨在为在押罪犯提供基本的公共卫生和医疗服务，宜按卫生行业管理规定，参照一级综合医院标准管理。在具体建设标准上，"监狱医院宜按一甲标准设置，应设置手术室、X光室、检查室等。小型监狱按建筑面积每100人$65m^2$计算，平均每名罪犯建筑面积为$0.65m^2$，中型监狱和大型监狱按建筑面积每100人$60m^2$计算，平均每名罪犯建筑面积为$0.60m^2$。关押传染病和精神病罪犯的监狱，按照《综合医院建筑设计规范》（JGJ-49）中的有关要求和主管部门的有关规定执行。高度戒备监狱医院或医务所平均每名罪犯建筑面积：小型监狱$1.0m^2$，中型监狱$0.94m^2$"❶。在具体的医疗科室设置上，基本上按照医疗需求类型进行开设，如"临床类科室"：急诊室、内科（传染科）、外科、卫生防疫科、五官科（含眼、耳、鼻、喉、口腔）、妇科（有女犯的监狱设立）等。"医技类科室"：手术室、检验科、B超室、心电图室、放射科、药剂科、换药处置室、急救室、消毒供应室、综合科（医务、护理部）、病案室等。当然，并不是所有的医院都开设如上全部科室，而是根据监狱自身的医疗条件和诊疗资源进行选择配置。在部分地区，基于对罪犯患病情况、治疗需求、监管安全和资源共享等综合因素的考虑，在监狱医院之外还建有专门的监狱中心医院（省局总院）、精神病医院、传染病医院、HIV监狱或监区等，对罪犯进行专门的治疗和管理教育，如江苏、上海、青海等都建有省局中心医院和专科医院，极大地缓解了各基层监狱的监管压力和治疗困难，也节约了大量警力、经济和医疗资源。

对于普通监狱医院的管理，应该借鉴社会综合医院的管理模式进行。首先，要保证清洁卫生，定期、定时对医院的诊疗室、输液室、病房等功能区域进行全面、彻底的打扫和消毒，保证医疗场所的通风透气、阳光充足，对相关人员和医疗器械按规定及时进行消毒，防止病毒传播，保持环境卫生。其次，要做好分类管理，应根据罪犯的病情和治疗需要进行区分管理，对监区轻微病犯和慢性病犯按时进行巡诊登记，对急诊复诊、留院观察、住院病犯等进行专项管理，对少数精神病犯、传染病犯还需要做好区域隔离和特别护理。最后，要充分考虑监管安全，虽然是医院，但前提还是监狱，监狱医院在监管安全方面同样不能松懈，要在所有诊疗场所和病房区域

---

❶ 中华人民共和国住房和城乡建设部，中华人民共和国国家发展和改革委员会. 监狱建设标准（建标139—2010）. 北京：中国计划出版社，2010：第二十五条.

安装防护栏、视频监控、门禁报警器和其他安全器具等设施,充分保障监狱医院的安全稳定。

近些年,有些地区的监狱还积极拓展与社会医院的医疗合作,探索建立了社会医院监狱分院或合作定点医院等模式,邀请大量社会医院专家到监狱会诊、坐诊,畅通监狱内重症、急症罪犯外出就诊绿色渠道,在社会医院建立监狱罪犯住院特别监管病房等,并提出了监狱医院专业诊疗业务的社会化托管等设想和创新想法,受到了极大的关注。这种监狱医院的社会化合作和共建共享,不但有利于改善监狱医院的服务质量、提升医疗水平,而且有利于提升医院医疗效率、节省医院成本,同时对于消除监狱警囚(医患)矛盾、化解监管安全隐患都具有极大的助益,是今后监狱医疗管理体制改革的重要趋势。

第四节 教育矫正设施管理

一、教育与娱乐设施管理

教育与娱乐设施是指对罪犯进行教育学习和组织文体活动的场所及相关设施,主要包括监狱教学楼、监狱礼堂、文体活动中心、多媒体教室、阅览室、图书室、电脑室、室外操场、监狱广场等场所和相关设施。教育改造是监狱改造罪犯的一项重要活动,其目的是增强罪犯的法律和道德意识,提高其文化知识水平和生存能力。通过设置一些运动项目和活动场所,适时开展一些寓教于乐的文体活动,既能促进罪犯的集体意识和良好人际关系的形成,同时可以有效缓解罪犯的心理压力,对于罪犯改正恶习、养成良好的行为习惯和兴趣爱好都有诸多帮助。

(一)教学场所管理

教学场所主要是用于罪犯学习文化、法律和技术知识的场所及相关设施。由于受到监狱整体场地和条件的限制,不同监狱对教学场地的规划和职能设置各不相同。其中大部分监狱都建有罪犯集中教育综合楼,将教室、心理咨询室、监狱礼堂、图书馆、展览馆、文化娱乐、多媒体、新闻广播等各种功能房间置于其中,形成监狱教育资源的集中布置和综合使用。另外,条件较好的监狱,其基层监区一般还各自建有电脑室、文体室、多媒体教室、阅览室等专门学习场所,满足监区罪犯的学习和教育需求。以江苏省某监狱为例,其教学楼中不但建有江苏监狱展览馆、省纪委警示教育基地,还建有新华书店监狱分店、文体活动中心、多媒体教室、监狱小报编辑室、艺术团训练房等多个功能场所。

对于监狱教学场地的建设,根据监狱建设标准和管理要求,"教学用房要参照《中小学校建筑设计规范》(GBJ 99—86)中的有关规定进行,每座使用面积按$1.37m^2$计算。根据《监狱服刑人员行为规范》(司法部第88号令)的规定,结合教育改造工作的实际需要,教室配置按如下比例测算:小型监狱按关押罪犯人数的46%配置教室;中型监狱按关押罪犯人数的41%配置教室;大型监狱按关押罪犯人数的35%配置教室。按照监狱规模的不同,平均每名罪犯建筑面积如下:小型监狱

0.84m²，中型监狱0.74m²，大型监狱0.63m²。高度戒备监狱教学用房每座使用面积乘以1.5系数，平均每名罪犯建筑面积如下：小型监狱1.36m²，中型监狱1.23m²。未成年犯管教所和女子监狱教育学习用房面积乘以1.5系数"[1]。同时，教学综合楼的楼层设计不宜过高，一般为3～4层，在楼梯、楼道的宽度和高度上，也要符合监狱相关建设标准。

对于监狱教学场所的管理，随着监狱发展和罪犯教育改造工作的不断创新，其相应管理要求和标准也在不断提升和完善。

首先，在基础管理方面，无论是监狱集中教育场地"教育综合楼"，还是监区文体活动室等单独场所，都是用来满足罪犯教育学习的主要场所，应该参照学校或图书馆等公共场所的管理要求进行管理。在环境布置上，以淡雅、明亮为主色调，突出场所环境的安静、卫生、明亮、整洁，定期安排人员维护和打扫。在人员管理上，要重点强调进出人员的有序、文明和安静，不能大声喧哗或随意流动，要保持教育场所的秩序良好和学习氛围。另外，在监管安全上，由于教学楼等集中教育场所容易发生各监区罪犯汇集交叉等情况，且由于功能房间较多、场所宽敞等原因，容易发生罪犯脱离监管、单独流动或者争执等情况，所以在硬件设置上，教学楼要尽量采用封闭式结构，对楼层、功能房要采用隔断式管理，门、窗、楼梯等都要采取加固和安全防护措施，并在各罪犯活动区域加装监控和报警设施，确保罪犯教育场所的安全、有序。

其次，在发展标准方面，由于各地区监狱的经济条件和管理要求不同，难以采用统一要求。有的监狱重点加强罪犯"教育综合楼"的建设，将综合楼的条件和设施不断完善，如有的将罪犯心理咨询室放在教学楼，集中开展心理测试、咨询和治疗、宣泄等工作，有的将监狱新闻室和广播室设备不断更新，充分满足监狱文化娱乐的生活需求和硬件要求。这些监狱多是希望通过集中优势资源，扩大共享效应，集中力量打造监狱教育明星品牌。有的监狱则更加倾向于分散发展，监狱教学楼只满足基本"大课教育"和"特色教育"需求，平时的教育则重点放在监区。所以，这些监狱在基层监区教育场地建设方面投入很大，很多监区都有自己的心理咨询室、电脑室、图书室、多媒体教室等，而且设施和教学工具比较齐全，完全满足了罪犯不出监区就能参加学习的需求。还有的监狱对罪犯教育综合楼的功能进行了拆分，建有服刑指导中心、罪犯文体活动中心、回归指导中心、技能教育中心等特色教育场所，每个场所根据各自的功能进行独立探索和创新，极大地激活了监狱教育改造的活力和动力。总之，随着时代的不断发展，各地区的罪犯教育工作模式也在不断调整和创新，但任何物态的建设都不能脱离实际，需要结合监狱条件综合考虑。

（二）运动场所管理

监狱运动场所主要是用来开展罪犯室外文体活动和举办赛事的场所及相关设施。虽然当前监狱已经基本取消了室外劳动，全部实现封闭式关押，但是从人性管理角度出发，让罪犯定期走出室内开展户外活动和运动还是必不可少的。对室外操场的建设和管

---

[1] 中华人民共和国住房和城乡建设部，中华人民共和国国家发展和改革委员会．监狱建设标准（建标139—2010）．北京：中国计划出版社，2010：第二十五条．

理,可以根据监狱整体面积和规划设计统筹考虑。如可以考虑在监狱不同区域分散建立罪犯篮球场、足球场、羽毛球场、田径场等专项活动场地,满足监狱罪犯整体的活动需求。

在具体建设标准方面,根据国家规定"新建监狱绿地率宜为25%,扩建和改建监狱绿地率宜为20%"❶,其中关于运动场所的面积规定,应该按照"警察训练场按每人3.2m² 计算,罪犯体训场按每人2.9m² 计算"❷。但对于具体罪犯户外活动场所应该怎么建、需要配置什么设施等细节,并没有统一的标准,各地区的监狱可以根据自己的实际情况进行建设。

对罪犯室外操场的管理相对比较简单。首先,要安全,由于在户外活动,罪犯的流动性比较大,且室外运动容易发生罪犯肢体冲撞,易引发罪犯间的争执和动手等情况,所以在罪犯户外活动时,监狱民警一定要格外重视,要严格落实现场管理和走动巡查,严防罪犯趁机脱离联号独自行动或者发生冲突,确保户外活动有序、安全。其次,要有序,尤其是监狱集体活动,由于人员比较多,监区间罪犯容易交叉,进行集体活动前需要进行详细的规划和指挥,让罪犯有序进出、流动,民警要现场指挥协调。最后,要清洁,每次户外活动结束之后,一定要及时进行卫生清洁打扫和安全清查,对破坏活动设施、乱丢垃圾纸屑等不文明行为要及时提醒教育,维护好监狱的整体环境卫生。需要指出的是,由于现代科技的不断发展,社会人员利用无人机向监狱内传递违禁物品或手机的情况时有发生,甚至不排除今后有狱外人员利用飞行工具劫狱暴狱等极端情况的发生,所以,今后在对罪犯户外运动场所的建设和管理时,应对类似极端情况进行科学预设和预防,尤其高度戒备监狱罪犯室外活动区域宜设置必要的防空网、防空索等防航空器劫持的设施。

二、教育矫治设施管理

近些年,罪犯心理评估和矫治工作在监狱教育改造工作中的作用日益突出,很多监狱都建立了专门的罪犯心理健康中心,负责对罪犯进行心理测试、评估、咨询和矫正工作。2009年,司法部专门出台了《关于加强监狱心理矫治工作的指导意见》,大力推动罪犯心理矫治工作的开展。在罪犯心理矫治工作中,除专业技术、人员师资和管理流程等基础保障之外,对相关矫治场所、矫治设施的配备、管理和维护也是心理矫治工作必不可少的要素。

(一)心理咨询场所管理

心理咨询场所主要是专门为罪犯提供心理健康教育、心理测验、心理咨询和心理问题治疗的场所及相关设施。心理咨询工作在各地监狱的发展程度不一,所以心理咨询室的建立和设施配套也各不相同。部分发展较好的监狱,多建有监狱专门的心理健康指导中心,由专职人员负责全监狱服刑人员的心理健康及矫治工作,设有心理测试室、咨询

---

❶ 中华人民共和国住房和城乡建设部,中华人民共和国国家发展和改革委员会.监狱建设标准(建标139—2010).北京:中国计划出版社,2010:第二十二条.
❷ 中华人民共和国住房和城乡建设部,中华人民共和国国家发展和改革委员会.监狱建设标准(建标139—2010).北京:中国计划出版社,2010:第四十二条.

室、档案室以及宣泄室等多个功能区,并设有远程视频和网络诊疗系统,能与社会院校及医院专家进行联合会诊、咨询,全流程解决服刑人员的心理问题。部分条件有限的监狱多采用心理咨询与其他科室合署办公的形式开展工作,咨询场所的设置也多与其他功能场所兼并管理。

在建设标准方面,国家规定:"按每分监区(管理150名罪犯)设 $28m^2$ 心理咨询用房,平均每名罪犯建筑面积为 $0.25m^2$。高度戒备监狱按每分监区(管理75名罪犯)设 $30m^2$ 心理咨询用房,平均每名罪犯建筑面积为 $0.57m^2$。"[1]对心理咨询用房的场所管理,可借鉴部分监狱建设的经验,宜按照测试、咨询和存档三个环节科学设置场地。心理测试室要能满足新犯入监或罪犯服刑中期心理测试的要求,配有专门的桌椅、电脑等,面积能同时满足30人以上测试为宜。心理咨询室可分个体咨询和团体咨询两种形式分类设置,个体咨询室面积不宜过大,可适当隔断,环境幽静;团体咨询室需要空间宽敞,环境放松,可配电视、网络等服务设备。心理档案室主要用来存放罪犯心理测试、咨询、治疗档案,可参照档案室专业建设标准设置。

在心理咨询场所的日常管理方面,要注意以下几点:一是要注意细节,心理咨询本来就是对罪犯心理问题的诊断和矫治,人的心理最容易受到环境的影响,所以对测试和咨询场所的环境布置、空间设计等要尤为注意,在咨询室环境布置上要体现宁静温馨的风格和色调,注重隐私,使来咨询的罪犯放松心情,愿意作答和交流。二是要注意安全,由于来咨询使罪犯多数有心理问题,性格、情绪、行为难免存在缺陷,所以在咨询矫治过程中对来咨询罪犯的警惕是十分必要的。对于来咨询罪犯与受咨询人员在室内位置摆放、报警装置和警戒设备、空间幽静性与可视性的统一等问题,监狱管理部门都应高度重视并采取相关举措。三是可以适当引进外力,心理咨询矫治是一项十分专业的工作,需要有接受过专业教育的人员进行。现阶段大多数监狱从事心理咨询工作的民警多是通过培训或社会院校招录而来,专业知识和能力有限。对个别心理问题严重或难以诊断的罪犯,监狱可以通过邀请社会专家进监或电话、网络远程诊疗的方式开展矫治,与社会资源接轨,提升监狱心理咨询工作的效率。江苏省就提出各监所要通过引进人才、加强培训、聘请社会专家参与等多种方法,扩大专业队伍,提高工作水平。

(二)教育谈话场所管理

教育谈话场所主要是民警对罪犯开展日常教育和个别谈话的功能场所及相关设施。个别教育具有灵活、广泛、针对性强等特点,教育效果十分明显,是民警与罪犯进行交流的主要形式,在监狱日常管理中不可或缺。监区民警每月都应对所分管的罪犯进行谈话教育,如遇到罪犯受处理、家庭变故、行为反常等"十必谈"情况时,更要及时开展教育谈话,所以教育谈话室的使用频率很高。

针对教育谈话室的建设和管理,主要应考虑以实用和安全为宜。"实用"是要根据押犯场所的空间和功能条件综合考虑,房间不宜选在警务区,空间要适中,相对安静,

---

[1] 中华人民共和国住房和城乡建设部,中华人民共和国国家发展和改革委员会.监狱建设标准(建标139—2010).北京:中国计划出版社,2010;第二十五条.

适当配置桌椅、电脑等设施，必要时可增设录音录像装置。同时，要方便民警与罪犯面对面交流，环境布置以淡雅、轻松的格调为主，在适当位置张贴相关管理规定和行为规范，便于罪犯明了谈话目的，认真学习体会。"安全"是指对谈话室的设置既要考虑环境安静，但又不能脱离监视，要在谈话室内设置必要的报警和监控装置，如遇突发情况，便于迅速处置。在选择设施时，要综合考虑警囚间隔和室外可视性等要求，在保证监管安全的前提下，努力提升罪犯教育谈话的功效。

三、技能培训设施管理

技能培训设施是指主要用于罪犯参加劳动改造，或者罪犯为重返社会学习劳动技能的场所和相关设施。从目前我国监狱的管理现状来看，劳动车间是罪犯白天主要的活动区域，所耗费的警力和精力最多。对劳动场所的设置和布局，除了满足罪犯日常劳动改造的基本需求外，更应该重视对罪犯的劳动技能的培养和训练。

（一）刑务劳动车间管理

刑务劳动车间主要是指罪犯在监狱内从事日常劳动生产的场所，也就是罪犯劳动改造的地方。如前所述，由于不同监狱选择的生产类型不同，所以其相应的车间建设类型、规模、标准和风格也各不相同。比如，从事机械加工类生产的车间，因为有很多较大的加工机械，同时有大量的转运车辆来回移动，所以对车间进行建设时就要留足空间和高度，而且在车间建设材料的选择上要尽量采用坚固耐用的材料，如钢结构材料等。从事服装生产的车间对空间高度的要求不高，但是由于服装生产大多采用的是流水线，一条流水线短则十余米，长则几十米，所以车间布局要够长，故此类车间多是采用狭长形设计，且适合建设多层厂房，便于多个前后工艺生产车间集中布局，在节约资源的同时，也可以提高转运和劳动效率。

对罪犯劳动场所的建设，根据国家标准，一般按照每名罪犯建筑面积 $7.6m^2$ 的标准进行建设。各监狱在建设时可以根据所选劳动产业的不同以及所在地区的建筑风格进行综合设计和考虑。同时，劳动车间人员比较集中，且容易发生生产安全事故，所以在建设时还要充分考虑车间的消防、防震、应急疏散等安全需求，要按照住房和城乡建设部发布的《建筑设计防火规范》（GB 50016—2014）的有关规定从严执行。

对于罪犯劳动车间的管理，首先，要注重安全、有序，由于罪犯平时在车间活动的时间最长，最容易发生罪犯间争执等情况，且劳动车间不同于监房，存在大量的金属工具，一旦发生争执、打架等情况，极易造成严重后果，所以对车间现场的直接管理是监区民警日常较主要的工作之一。故在建设罪犯劳动场所时，要同步考虑民警警务室、车间监控、警务台、隔离栏等安全警戒和管理设施的布置。同时，生产车间还涉及外来车辆进出、工人师傅进出等情况，极易发生脱逃、传递违规物品等情况，所以对车间劳动工具、人员流动、产品转运等方面都要形成专门的管理制度，进行全流程、全要素的管理管控。其次，要注重整洁、精细，要根据产品类型的不同，合理规划产品原料区、辅料区、生产区、仓储区、装卸区等区域，主动学习社会同类型企业的先进管理经验，按照"7S"（整理、整顿、清扫、清洁、素养、安全、节约）的标准进行精细管理，保持车间现场的整洁卫生，这对于缓解罪犯的紧张情绪，放松心理，减少安全生产隐患等，都具有明显意义，同时还能有效提高罪犯的劳动生产效率和产品质量水平，一举多得。最后，要注重劳逸结合，过去监狱企业由于产品单价低、管理水平粗放等原因，为追求产值，多采用拼时间、拼人力的方式提高产品数量，所以罪犯的劳动时间普遍过长，劳动效率十分低下。现在很多监狱都转变了管理理念，开始向管理要效率，对产品结构进行提档升级，对生产环境进行科学规划，对罪犯劳动进行差别激励，取得了非常明显的效果。如取消夜间作业，压缩劳动时间，在车间现场布置音乐广播，愉悦罪犯劳动时的心情，积极开展工间操和心理健康操等放松活动，缓解生产压力。

（二）技能培训中心管理

技能培训中心主要是根据罪犯在狱内劳动的技能要求和刑满释放后就业的需要，组织罪犯开展岗位技术培训和职业技能教育的地方。《中华人民共和国监狱法》第六十四条规定："监狱应当根据监狱生产和罪犯释放后就业的需要，对罪犯进行职业技术教育，经考核合格的，由劳动部门发给相应的技术等级证书。"年龄不满50周岁、没有一技之长、能够坚持正常学习的罪犯，都应当参加技术教育。有一技之长的，可以按照监狱的安排，选择学习其他技能。国家规定技能培训用房要按照每名罪犯建筑面积$2.3m^2$的标准设置，其中包括培训车间、技术辅导岗位人员用房等。虽然监狱一直在做罪犯技能培训工作，但是将其作为一项具体职能进行系统的探索还是近些年的事情，专门的罪犯职业技能培训中心建设在很多监狱还是新鲜事物，还需要进一步完善。

首先，在具体物态上，技能培训中心没有一定的固定形式，既可以是监狱集中建设的技能培训基地，也可以是分散的各种小范围的职业技能培训班，关键是要符合监狱实际和社会需求，能充分体现监狱"重塑合格公民、降低再犯风险"的工作目标和培训意图。比如，山东省某监狱就建有专门的罪犯职业技能培训中心，集中为即将刑满的罪犯开设汽车维修、电气焊等职业技能培训，在全国都是先行先试的代表。江苏省某监狱则重点采用了小班化分散式教学模式，以监区为单位化整为零，按照监狱主选、监区承办的模式，开展面点师、园艺师、保健刮痧师、茶艺师等一系列培训课程，培养了大批有兴趣、有能力、有成绩的合格学员，同样也得到了社会的广泛认可。

其次，在培训模式上，目前技能培训中心也可以对很多模式进行探索和选择。有条件的监狱可以采用自建、自办、自管的独立培训模式，选取适合本地区用工需求的技能项目进行培养，这种模式适合地处偏远地区、有地区特色项目、师资比较充裕的监狱。比如，有些女犯监狱开设的十字绣、刺绣等技能培训项目，完全由监狱自办自教，也取得了很好的教学效果。还有些监狱充分利用地方文化资源，开设了一些特色培训项目，如剪纸年画、核雕竹雕、紫砂制作等项目，罪犯的学习兴趣浓厚。另有一些监狱采取了社会化合作办学的模式，充分借助社会资源开展技能培训，与社会职业院校签订合作协议，开办监狱办学点或分校，双方长期合作，对于考试合格者，刑满后可推荐就业。还有的通过招标将某些监狱培训项目进行外包，具体培训内容和管理考核由外包单位负责，监狱负责人员的管理和协调，对于培训合格者，企业负责推荐就业，也取得了十分积极的管理效果和产生了一定的社会影响。

本章思考题

1. 简述监狱物态管理需要重点遵循哪些原则。
2. 论述未来监狱物态的设计、运行和管理需要加强哪些方面的规划和思考。

第六章 监狱财务管理

财务管理是监狱正常运行的基本条件,是监狱履行职责和使命的经济保障,也关乎监狱管理的规范化和法治化水平,在监狱管理中具有基础性作用。监狱财务管理的基本原则是贯彻执行国家有关法律、法规和财务规章制度;坚持量入为出、勤俭节约的方针;注重经费使用效果。监狱财务管理是一项系统工程,主要包括资金的筹集、会计的核算、财务预算的编制和执行、财务制度建设等方面,是实现监狱系统各项财务关系协作运行的专业化管理活动。

第一节 监狱财务管理概述

一、监狱财务管理的含义

监狱财务管理是指监狱为保障监狱职能的有效履行,采用财务管理的一系列分析方法、技术和管理工具,对监狱行使其职能过程中所发生的财务收支情况所进行的分配、决策、管理和监督等一系列技术性行为的综合。监狱财务管理主要包括预算管理、收支管理、资产管理等方面。

监狱财务管理是建设现代监狱的基础性工作之一,关乎监狱建设的全局。随着国家治理体制的完善和预算制度的现代化建设,"监狱部门预算已从最初的收支两条线、平衡预算基本要求向监狱执法全领域、业务全流程涉及的全面预算转变;预算编制从固定预算、弹性预算向执法新诉求下的零基预算逐步过渡和硬约束转变;部门预决算质量评价、信息公开从监狱系统纵向比较、内部考核向规范操作、公开透明、社会监督转变"❶。为了更好地适应社会发展及实现监狱自身管理的目的,监狱的财务管理作为单位内部控制的重要组成部分,需要在这方面积极探索新的管理方法,不断提升财务管理水平,推动现代监狱建设。

二、监狱财务管理的特征

监狱虽然采用政府会计制度,但是因为监狱自身的特殊性,决定了监狱财务管理既具有行政单位财务管理的特点,又具有自身的特点。

(一)以政策为依据

监狱的资金来源主要依靠财政拨款,其支出是一种无法通过自我资金循环和周转补偿的消耗性支出。因此,监狱资金的筹集、运用和管理方式都带有很强的政策性。

---

❶ 潘玉明. 现代监狱财务运行规范研究[J]. 安徽警官职业学院学报,2018(2).

（二）以预算管理为中心

预算管理是指监狱为了实现确定的经济目标或者管理目标，利用预算编制、预算执行和预算考核等手段进行的相关财务活动。对于监狱而言，其进行预算管理的目的是合理、适时地履行社会治理职能，进行有组织、有计划的管理活动。

（三）以保障监狱运行为目的

监狱在行使自身职能时会产生一系列财务活动和财务关系，监狱财务管理的主要目的就是在严格执行国家相关法律法规的前提下，努力降低监狱单位的工作开支，提高资金的使用效率，发挥资金的最大效益，从而保障监狱高质量地运行。其中，对于罪犯改造与行刑需求的保障是监狱财务管理的主要目的，有学者深刻地指出："在监狱财务管理的组织形式上存在一定的特殊性，监狱存在的意义主要在于为服刑人员提供一定的劳动改造，所以服刑人员是监狱主要的劳动力，在监狱系统内必须体现出国家的意志，实质上监狱属于一类特殊企业，在经济性质和法律性质之间进行一定的融合。"[1]

三、监狱财务管理的目标

监狱是一个特殊的社会组织，是以实现社会公益而不是以追逐利润最大化为宗旨的非营利性组织。由于监狱的特殊性，监狱所涉及的财务活动不仅包括对监狱资金与资产的管理，还包括对罪犯资金与财产的管理。监狱财务管理的目标具体体现在以下三个层面。

（一）保障监狱公共资源的安全、完整

保障监狱公共资源的安全、完整是财务管理的初级目标，即通过科学编制预算，统筹安排、节约使用各项资金，建立、健全监狱的内部控制制度，加强资产管理，保障预算严格执行，防止资产流失。

（二）提高监狱资源使用效率

提高监狱资源使用效率是财务管理的目标，就是要通过绩效管理、成本控制、资产管理等手段，帮助监狱科学决策，注重资源的投入与产出分析，提高资源的使用效率。

（三）实现效率与公平的统一

监狱单位财务管理既涉及经济管理，又涉及对罪犯的改造，双重的性质决定了财务管理追求的目标。在技术层面，通过科学地组织财务活动，提高工作效率；在社会属性方面，要正确处理好监狱和各方面的经济利益关系，注重社会公平。

第二节 监狱财务管理的内容

一、监狱预算管理

（一）监狱预算管理的含义

监狱预算是监狱根据其职责和工作任务需要编制的年度财务收支计划，监狱的收入

---

[1] 罗军.我国监狱财务管理若干问题的探讨[J].财经界（学术版），2015（27）.

和支出应全部纳入预算管理。"预算管理是监狱资金的使用和财务管理的科学性和合理性的重要方面，各个监狱需要根据自身的资金来源情况和资金预计使用情况，运用合适的方法进行预测和评估，在统筹财务使用的基础上降低财务成本，提升财务管理效率。"[1] 预算实行"核定收支、超支不补、节余报批留用"的管理办法，按照"量入为出、保证重点、专款专用"的原则，科学合理地安排各项收支。

（二）监狱预算编制的准备工作

1. 核实各项基本数据。基本数据是反映监狱机构规模、工作量多少和人员配置等情况的基本统计数据，主要包括监狱机构数、人员编制数、在职实有人数、离退休人数、房屋建筑物面积、机动车辆数、设备台数等基本数据。通过对上述数据的审核，剔除那些不实或非正常性支出因素，可以确定编制本年度预算的基本数据。

2. 分析上年度预算执行情况。监狱上年度预算执行情况是编制本年度预算的重要依据，具体内容包括：统计上年度已发生月份的累计实际执行数，预计全年收支数；分析上年度的组织计划和组织行政任务完成情况、预算执行情况，找出其内在规律性，分析、预测其发展趋势；分析各项资金来源及变化情况；分析物价、收支标准及定员、定额的变化情况，计算其对预算期的影响程度；分析资金使用中存在的问题，研究并提出改进意见；分析上年度出台的有关政策对预算期收支的影响程度。

3. 分析影响预算期收支的有关因素。在分析整理上年度预算执行情况的基础上，还要收集、掌握同编制预算有关的因素，主要包括预算期内组织计划和工作任务的安排情况；预算期内各类人员实有数或定员比例的变动情况；预算期内需要购置和维修的设备、房屋基本情况；预算期内市场物价和收支标准变动情况；预算期内新出台的政策对收支的影响程度。

4. 落实预算编制的要求。为了保证预算编制的统一性和规范性，在预算编制前，要学习编制预算的有关规定，正确领会编制预算的有关要求，熟悉预算收支科目和表格，以便高质量地完成预算编制工作。

（三）监狱预算的编制内容

监狱的预算表包括收支预算总表、收入预算表、支出预算表、项目支出预算明细表、政府采购预算表、经费拨款支出预算表、基本情况表、非税收入征收计划表以及上年结余资金支出预算表等。

（四）监狱预算的编制程序

根据财务规则的规定，监狱单位预算适用"二上二下"的预算编报程序。其中，"一上"是指监狱单位提出本年度全部收入、支出预算建议数，并按照财政部门规定的报表格式和要求，编报单位年度收支预算，经上级主管单位审核后上报财政部门。"一下"是指财政部门对各监狱单位预算建议数进行审核，并结合国家财力下达预算控制数。"二上"是指各监狱单位根据预算控制数编制正式预算，经上级主管单位审核汇总后上报财政部门。"二下"是指财政部门审核后下达正式预算。

---

[1] 高琳娜. 监狱财务管理水平提升探析[J]. 现代经济信息，2016（23）.

（五）监狱单位预算执行与调整

监狱预算经财政部门批准后，严格按照"量入为出、保证重点和专款专用"的原则安排收支，在执行过程中一般情况下不进行预算调整。监狱在执行预算过程中，由于国家政策、人员、机构、工作任务有重大变化，确需调整当年财政拨款数额时，由监狱主管部门报送同级财政部门审批。

（六）监狱单位决算

决算是指根据年度预算执行结果而编制的年度会计报告，它是预算的总结。监狱单位会计决算报告是指监狱单位在每个会计年度终了，根据财政部门决算编审要求，在日常会计核算的基础上编制的、综合反映本单位财务收支状况和各项资金管理状况的总结性文件。

二、监狱收入管理

（一）监狱收入的含义与特点

1. 含义。监狱收入是指监狱在预算年度内依照有关法律、法规取得的非偿还性资金。监狱收入包括财政预算拨款收入和其他收入。

2. 特点。监狱收入有以下特点。

一是国家性。监狱收入是为执行刑罚及开展相关活动和其他活动取得的。监狱属于国家刑罚执行机关，监狱体制改革之后，实行"全额保障、监企分开、收支分开、规范运作"的管理制度，监狱按照国家确定的管理职责执行刑罚及开展相关活动所需要的资金，全部或大部分由国家预算进行拨付。

二是法定刑。监狱收入是依法取得的。监狱单位从事执行刑罚及开展相关活动获得的收入，必须符合国家有关法律、法规和规章制度的规定。从财政部门获得的预算资金，必须按照财政预算规定的科目、内容和程序进行申报、审批和领拨。

三是多源性。监狱收入是通过多种渠道、多种方式取得的。监狱收入来源的形式和渠道呈多元化趋势，既有财政预算拨款收入，也有上级补助收入、利息收入、捐赠收入等。

四是非偿还性。监狱单位取得的各项收入是不需要偿还的，可以按照规定安排用于执行刑罚及开展相关活动。监狱单位取得的需要偿还的资金，包括应付款项和应缴财政专户资金等应缴款项，属于负债的范畴，需要返还债权人和上缴财政，不能作为本单位的收入。

五是支配自主性。在符合国家规定的前提下，监狱单位可以自主决定收入的使用（专项款项除外），可以按照规定将收入用于执行刑罚及开展相关活动及其他活动。

（二）监狱收入的来源

监狱收入包括财政预算拨款收入和其他收入。财政预算拨款收入是财政部门拨给监狱的各项经费，包括预算内拨款收入和财政预算外资金专户核拨收入。其他收入是监狱取得的除财政预算拨款收入以外的各项收入，包括劳动补偿费收入、劳务净收入、固定资产临时出借补偿性收入、固定资产变价收入、废旧物品变卖收入、利息收入、下级上缴收入、监狱主管部门拨入收入、捐赠收入等。劳动补偿费收入是监狱向作为罪犯劳动改造主要场所的生产经营单位收取的劳动补偿费。劳动补偿费标准由监狱主管部门会同财政部门共同制定。

（三）监狱收入管理的要求

财政预算拨款收入是监狱收入的主要经费来源，必须严格按照财政部门的有关规定进行管理。其他收入作为财政拨款收入的必要补充，应全部纳入监狱预算，按照有关规定进行管理。按照规定上缴国库或财政专户的资金，应当按照规定及时足额上缴，不得隐瞒、滞留、截留和坐支。

三、监狱支出管理

（一）监狱支出的含义

监狱支出是监狱执行刑罚工作及其相关工作时发生的支出，包括基本支出和项目支出。基本支出是指为保障监狱正常运转和完成日常工作任务发生的支出。项目支出是指监狱为完成特定的工作任务在基本支出之外发生的支出。

（二）监狱支出的分类

1. 按支出的功能分类，监狱支出可以分为行政运行支出、罪犯劳动改造支出、罪犯生活支出、狱政设施建设支出和其他监狱支出等几部分。

行政运行支出，即反映监狱的基本支出，包括人员工资福利支出、商品和服务支出、对个人和家庭的补助等；罪犯劳动改造支出，即反映监狱用于罪犯劳动改造的各项开支，包括狱政费、教育改造费、劳动改造费、罪犯医院补助费、技术装备消耗费、戒毒及传染病查治费等；罪犯生活支出，即反映监狱用于罪犯生活的各项开支，包括伙食费、被服费、水电费、日用品补助费、医疗卫生防疫费、杂支费、监舍用具购置费等；狱政设施建设支出，即反映监狱用于狱政设施建设及维修、技术装备购置等方面的支出，包括狱政设施维修费、技术装备购置费等；其他监狱支出，即反映监狱发生的除以上内容之外的支出，包括警察服装费、驻监武警等机构补助费、宣传及奖励费、罪犯技术辅导人员补助费、关键要害岗位人员补助费、老残人员经费、突发事件及预案处置费、特殊案犯经费、调犯费等。

2. 按支出的经济分类，监狱支出可以分为工资福利支出、商品和服务支出、对个人和家庭的补助支出、基本建设支出、其他支出等。

（三）监狱支出管理的要求

监狱各项支出应全部纳入监狱预算。而且，监狱支出应严格执行国家规定的开支范围及标准，建立、健全支出管理制度，严格支出审批程序。同时，监狱单位取得的专项经费，应当专款专用，不得任意改变用途或扩大范围。

罪犯零用钱支出管理也是监狱支出管理的重要组成部分，需要着重关注。罪犯零用钱管理，一般也称为罪犯零花钱管理，是指建立罪犯个人零花钱明细账，具体核算罪犯政策性零花钱、汇款、会见款、劳动报酬、其他收入等收入，罪犯购物、订书订报、调动、离监、其他支出等支出，是一项罪犯生活管理工作。罪犯零用钱管理主要有以下要求：一是罪犯零用钱应实行独立核算，按所在监区和个人设立明细，资金由监狱代为保管。二是罪犯零用钱记账程序应齐全，对罪犯的新犯款、汇款、会见款、零用钱以及监狱付给罪犯的劳动报酬应及时记账。三是罪犯零用钱开支需经罪犯签字确认，对罪犯的个人支出应及时记账。

四、监狱资产管理

（一）监狱资产的含义和分类

监狱资产是指监狱所占有、使用的能以货币计量的经济资源。监狱资产包括流动资产、固定资产、在建工程、无形资产等。

（二）监狱资产管理原则

加强监狱资产管理是国家资产管理的重要组成部分，必须夯实基础，规范操作，依法管理，从而保证国有资产的安全、完整，并使之保值增值。

资产管理应着重把握以下三个原则。

1. 管理要求规范化。其主要包括以下内容。

（1）要把国有资产的保值增值指标列入监狱主要领导的任期目标，并作为干部离任审计的一项重要内容，以强化各部门领导的管理意识，使他们切实承担起资产使用者、管理者的责任。

（2）要进一步加强制度建设。监狱主管部门要着力研究和完善操作性强的具体管理制度，如定期清查盘点制度、产权登记制度以及统计报告制度等。各监狱应建立相应的资产保管领用制度，把责任落实到具体部门、具体人，以制度来约束行为，以规章来防治腐败。

2. 资产使用效率化。资产管理不仅要求资产损失的最小化，同时要追求其使用效率的最大化。

（1）能出让的资产尽量出让。

（2）能出租的资产尽量出租。

（3）坚决杜绝除本单位之外的任何无偿性资产使用方式。

3. 资产处置合法化。资产处置一般指监狱对其占有、使用的国有资产进行产权转让或者注销产权的行为。处置方式包括出售、出让、转让、对外捐赠、报废、报损以及货币性资产损失注销等。资产处置是资产管理的重要环节，必须按照公开、公平、公正的原则，严格程序，依法操作。

（三）监狱流动资产管理

监狱流动资产是指可以在一年内变现或者耗用的资产，包括现金、银行存款、应收及预付账款、零余额账户用款额度、存货等。

1. 监狱现金管理。监狱现金是指监狱的库存现金，主要是用于监狱的日常零星开支。现金是流动性最强的一种资产，监狱必须严格遵守国家关于现金管理的有关规定，加强和健全现金管理制度，确保现金安全，具体要求如下。

（1）监狱严格实行收支两条线，不准坐支现金。所谓坐支现金，是指从本监狱的现金收入中直接支取现金。监狱每日收取的现金应于当日送存银行,如遇特殊情况,由开户银行确定送存时间。如遇需要坐支现金的情况,应该在现金账上如实反映,并同时报告开户银行,便于开户银行对坐支金额进行监督和管理。

(2)监狱送存现金或支取现金,必须注明送存来源和支取用途,且不得设置"小金库"。按照《现金管理暂行条例》及其实施细则,现金管理过程中应遵循的"八不准"如下。

一是不准用不符合财务制度的凭证顶替库存现金。

二是不准单位之间互相借用现金。

三是不准谎报用途套取现金。

四是不准利用银行账户代其他单位和个人存入或支取现金。

五是不准将单位收入的现金以个人名义存入。

六是不准保留账外公款。

七是不准发行变相货币或以票券代替人民币。

八是不准以任何票券代替人民币在市场上流通。

(3)建立、健全现金管理制度。主要包括:建立不相容职务分离制度,出纳员与记账员不能为同一人;严格遵守《现金管理暂行条例》及其实施细则的规定;坚持现金日清月结;坚持现金盘点制度。

2.监狱银行存款管理。监狱银行存款是指监狱存放在银行或者非金融机构的货币现金。加强监狱银行存款管理,具体要求如下。

(1)加强银行账户管理。各类货币资金应按照货币性质或业务需要,开设银行账户进行结算。一个监狱单位只能在银行开立一个基本账户,财务部门应设置银行存款分户账,逐日记录收、支、结存的情况,每月与银行对账单核对,编制未达账款调节表,保证账账相符。

(2)及时办理银行存款入账手续。财务部门收到各业务部门的各种银行收入的结算票据,要填写进账单并及时送存银行,在银行确认收妥后,有关经办的业务部门方可办理业务结算手续,在款未收妥之前,不可办理钱物交易的结算手续。

(3)加强银行预留印鉴管理。严禁一人保管支付银行存款所需的全部印鉴。预留银行的单位财务专用章和领导名章应分别保管、分别使用。单位财务专用章应由专人保管,领导名章应由领导个人或其授权人保管。严禁将银行预留印鉴携带外出,防止用印过程失控。

(4)妥善管理银行结算凭证和相关票据。监狱应指定专人负责管理银行结算凭证和相关票据,明确各类票据的购买、领用、注销等环节的职责权限和程序,并设置票据使用登记簿,对票据的使用逐笔登记,空白支付凭证和支付密码应分开存放,防止被盗和遗失,禁止在空白凭证上加盖预留银行印鉴。

(5)充分重视电子支付手段的安全性。随着现代科技的发展,网上银行业务的便利,提高了工作效率,但是其安全性也应引起高度重视,首先要保证支付网络的安全性。安装和及时更新互联网安全软件,及时安装操作系统安全补丁,不下载、使用和打开来历不明的软件、电子邮件等。其次要落实岗位分工制,防止一人办理网上支付的全部业务。网上银行登录和支付密码必须由两人分开保管和分别使用，定期更换，网上支付授权移动证书实行三级管理，严禁由一人全部保管和使用。

（6）加强银行存款核对控制。要做到证证核对，即原始凭证与记账凭证核对；做到账证核对，即银行存款日记账与记账凭证相互核对；做到账账核对，即总分类账会计人员应和出纳人员定期或不定期地核对银行存款发生额和余额，确保日记账和总分类账银行存款余额相符；做到函证核对，即现在开户银行会定期地向存款单位发出函证，核对银行存款余额的一致性；做到账单核对，即银行日记账与银行存款对账单相互核对。

3. 监狱应收及预付账款管理。监狱应收及预付账款是指监狱在执行刑罚及开展相关活动中形成的各项债权，包括财政应返还额度、应收票据、应收账款、其他应收款等应收及预付账款。监狱必须重视和加强应收款项和预付款项的管理，建立一种良好的应收和预付款项的内部控制制度，具体要求如下。

（1）严格职责分工制度，也就是不相容职务分离制度。如出纳员与记账员、开具发票人员不能是同一人；采购员与验收员不能是同一人等。

（2）严格审批制度。监狱必须严格应收及预付款项的审批程序，必须以有效、合法的合同为基础，按规定的程序批准执行。

（3）加强凭证管理工作。财务上的原始凭证必须妥善保管，以备后续审查。

（4）落实货款对账支付。对应收及预付款项应及时进行排序分析，对于不同账龄的账款采取合适的措施，及时、足额地清算和回收。落实责任人制度，加强催收工作。

（5）严格审查和管理制度。对于预付账款的合同和协议要严格审查。

4. 零余额账户用款额度管理。国库集中支付制度改革的实施，大部分的监狱经财政部门批准，均建立了零余额账户。零余额账户克服了传统银行账户的一系列弊端，但因零余额账户的用款额度具有与人民币存款同等的支付结算功能，在资金安全风险管理上应引起高度重视，应从以下两个关键点加以控制。

（1）预算单位集中支付软件的操作控制。因为银行支付凭证和财政授权支付命令由集中支付软件直接产生，其重要性对资金的安全性不言而喻。此软件的操作员至少应设置数据录入、审核、超级用户 3 个岗位，分别由不同的人员负责，明确各自的职责范围，相互制约，不应由一人完成全部操作过程。超级用户的权限最大，因此要限定其只能对"用户和角色"模块进行操作（增加或修改软件的操作员并对其授权），而不能从事其他具体业务。对于超级用户的操作过程，应指定其他岗位人员进行监督，并对其操作时间段、操作过程等做书面记载，签字备查，明确责任。各操作员要妥善保管各自的登录密钥，防止泄露，尽量使密钥复杂化，并定期更换。

（2）零余额账户额度的对账控制。零余额账户具有区别于一般存款账户的特点，其账户余额时刻为零，不能像其他账户一样核对余额，但不能因此忽视对其的资金管理控制。首先，预算单位每月应与财政集中支付管理部门核对"类、款、项"级科目下的收支额度数，包括直接支付数和授权支付数，核对数据是否一致。通过此项核对，可发现是否有额度未到账或到账后被转移的问题。其次，应与代理银行核对零余额账户的授权额度数、支用数、余额和额度收支流水。此项核对工作的原理基本与银行存款的核对相同。需要说明的是,虽然零余额账户的余额为零,但因为某种原因,预算单位和代理银行仍然存在记账时间上的差异,预算单位仍需要编制零余额账户用款额度核对报告,说明可用额度差异产生的原因。年度终了,通过三方对账保持授权额度收入数、清算数、余额数的一致性。

5. 存货管理。库存材料及物品是指监狱在执行刑罚活动中储备的资产,包括燃料、粮食、蔬菜、食用油、调料、被服和医药用品等。对于这些资产,监狱应该加强流程管控,具体包括以下几个方面。

(1) 采购。对于大宗库存材料及物品,采用招标形式采购。物资使用部门提出招标申请,招投标部门负责招标要约的发出及招标流程的制定,招标小组、物资使用部门参加招标会确定中标单位,并将招标结果报监狱领导批准,合同签订后送一份至财务备查。

(2) 验收。库存材料及物品的验收由相关物资管理部门负责验收,确保实物与招标标的相符。

(3) 保管。库存材料及物品的保管和计量由相关物资管理部门负责,库存材料及物品应按实际成本计价,物资管理部门有义务保证库存物资的完好、领用手续齐备、领用单据完好、账务处理及时、账实相符。

(4) 领用。物资管理部门按使用部门的领用单上注明的物资和数量发出,并及时进行登记管理。

(5) 盘点。对于库存材料及物品,物资管理部门每月进行一次盘点,对于盘点中发现的过期及毁损、盘盈、盘亏物资,应及时查明原因,分清责任并做相应的账务处理,财务会同相关部门对各物资管理部门采取年末盘点和不定期盘点相结合的方法,对各物资管理部门进行检查。

(四)监狱固定资产管理

根据现行监狱管理相关规定,固定资产是指使用期限超过一年,单位价值在1000元以上(其中专用设备单位价值在1500元以上),并且在使用过程中能基本保持原有物质形态的资产。

1. 监狱固定资产的分类。其主要包括以下几种。

(1) 房屋及构筑物。房屋及构筑物是指产权属于监狱的所有房屋和建筑物,包括办公室(楼)、食堂、备勤楼、车库、仓库、档案馆、围墙及其附属物,以及水、电、煤气、取暖、卫生等设施。

(2) 通用设备。通用设备是指常用的办公与事务方面的设备,如办公桌、椅、凳、橱、架、沙发、取暖和降温设备、家具用具等。一般设备属于通用的,如被服装具、饮具炊具、装饰品等也列入通用设备类。

(3) 专用设备。专用设备是指属于监狱所有专门用于某项工作的设备,包括文体活动设备、录音录像设备、监控设备、放映摄像设备、电话通信设备,以及办公现代化微电脑设备等。

(4) 图书和档案。图书是指监狱内部的图书资料室、档案馆所有的各种图书。档案是指监狱统一管理的档案。

（5）其他固定资产。其他固定资产是指以上各类未包括的固定资产。

2. 监狱固定资产的构建管理。监狱固定资产增加的来源主要有购入的固定资产、自制自建的固定资产、改扩建的固定资产、盘盈的固定资产、接受捐赠的固定资产以及无偿调入的固定资产。

（1）购入的固定资产的管理。监狱购入的固定资产按买价、调拨价加上包装费、运杂费、安装调试费、保险费、车辆购置附加费等费用计价。

（2）自制自建的固定资产的管理。自制自建的固定资产，按建造过程中实际发生的净支出计价。

（3）改扩建的固定资产的管理。在原有固定资产基础上进行改建、扩建的，按原有固定资产原价，加上改扩建发生的实际支出，减去改扩建过程中发生的固定资产变价收入后的余额计价。

（4）盘盈的固定资产的管理。盘盈的固定资产，按照同类固定资产的重置完全价值计价。

（5）接受捐赠的固定资产的管理。接受捐赠的固定资产，以所附单据确定的金额加上由监狱负担的包装费、运杂费、安装调试费、保险费等计价；无单据的，按照同类固定资产的市场价格计价。

（6）无偿调入的固定资产的管理。无偿调入的固定资产，不能查明原来价格的，按估价入账。

3. 监狱固定资产处置的管理。其主要包括以下几个方面。

（1）监狱固定资产处置的概念及范围。监狱固定资产处置是指监狱固定资产产权的转移及核销，包括各类国有资产的无偿转让、出售、置换、报损、报废等。范围包括：闲置资产；因技术原因并经科学论证，需要报废、淘汰的资产；因监狱发生分立、撤销、合并、改制、隶属关系改变等发生的产权或者使用权转移的资产；盘亏、呆账及非正常损失的资产；已经超过使用年限无法继续使用的固定资产；根据国家政策规定需要处置的资产。

（2）监狱固定资产处置的程序。监狱固定资产处置应当由监狱固定资产管理部门会同财务部门、技术部门、纪检部门审核鉴定，提出意见，按审批权限报送审批。

（3）监狱固定资产处置收入的处理。利用监狱固定资产对外提供有偿服务或租赁等业务所取得的净收入属于国家所有，按照政府非税收入管理规定，全部列入监狱其他收入，按照"收支两条线"管理规定，及时全额上缴财政非税收入专户，严禁坐支和挪作他用。

4. 监狱固定资产的折旧。固定资产折旧指一定时期内，为弥补固定资产损耗，按照规定的固定资产折旧率提取的固定资产折旧。它反映了固定资产在当期生产中的转移价值。监狱固定资产折旧是指实际计提的折旧费。

计提折旧的固定资产包括：房屋构筑物；在用的机器设备、食品仪表、运输车辆、工具器具；季节性停用及修理停用的设备；以经营租赁方式租出的固定资产。

不计提折旧的固定资产包括：已提足折旧仍继续使用的固定资产；以前年度已经估价单独入账的土地；提前报废的固定资产；以经营租赁方式租入的固定资产。

五、监狱负债管理

（一）监狱负债的含义

监狱负债是监狱所承担的能以货币计量、需要以资产或劳务偿还的债务，包括应缴款项、应付款项等。

（二）监狱应缴款项的管理

1. 监狱应缴款项的具体内容。监狱应缴款项主要指国有资产处置和出租出借收入等。

监狱国有资产处置收入和出租出借收入是指监狱国有资产产权的转移或核销所产生的收入，包括国有资产的出售收入、出让收入、置换差价收入、报废报损残值变价收入，以及监狱在保证完成正常工作的前提下，经审批同意，出租、出借国有资产所取得的收入。它属于政府非税收入，是财政收入的重要组成部分，由财政部门负责收缴和监管。

2. 应缴财政预算款项的管理要求。监狱应缴财政预算款项应当按照同级财政部门规定的缴款方式、缴款期限及其他缴款要求，及时、足额上缴国库。对于未达到缴款起点或需要定期清缴的，应及时存入银行存款账户。每月末，无论是否达到缴款要求，均应清理结缴。任何单位不得缓缴、截留、挪用或坐支应缴预算款项。年终必须将当年的应缴预算款项全部清缴入库。

3. 应缴财政专户款项的管理要求。对于应缴款项，首先，应区分应缴款项与收入和其他应付款的界限，严格实行收支两条线管理。其次，应缴款项必须依法取得，应缴款项的收取应当使用合法票据。最后，对于应缴款项，监狱应建立、健全内部管理制度，及时、足额缴库，并且要区分直接缴库和集中缴库。

（三）监狱应付款项的管理

1. 监狱应付款项的含义。应付款项是指监狱在执行刑罚及开展相关活动过程中应付未付的各种款项，是监狱的一种负债。比如在购买商品或劳务时，应当支付但未支付给供货单位或提供劳务单位的费用等，包括应付票据、应付账款、其他应付款等。

应付票据是指监狱在商品购销活动和对工程价款进行结算时因采用商业汇票的结算方式而发生的票据。它由出票人出票，委托付款人在制订日期无条件支付确定的金额给收款人或者票据的持票人。它包括商业承兑汇票和银行承兑汇票。

应付账款是指监狱因购买材料、商品或接受劳务供应等发生的债务。这是买卖双方在购销活动中由于取得物资与支付货款在时间上不一致而产生的负债。

其他应付款是指除了应付账款、应付票据之外，监狱应付给其他单位或个人的款项，包括应付职工薪酬，应付福利费，应付个人缴存的住房公积金、养老金等。

2. 监狱应付款项的管理要求。其主要包括以下几个方面。

（1）严格控制单位的负债规模。负债应有借款协议（借款期限一般在1年以上），有明确的资金用途，有可行的还款计划。

（2）不得将应列入监狱收入管理的款项列入应付款项或其他应付款。

（3）对负债要及时清理，对已到期的负债要在协议期内偿还，并按照规定办理有关结算。

（4）加强日常管理及账务核对，往来账要每月月末进行结账，并将总账与明细账余额进行核对。

（四）监狱借入款项的管理

借入款项是指监狱按法定程序和核定的预算举借的债务，监狱借款必须经财政部门或监狱主管部门批准。监狱向财政部门、金融机构、上级单位或其他组织及个人借入有偿使用的各种款项，到期需还本付利。

六、监狱财务报告

（一）监狱财务报告的含义与意义

监狱财务报告是反映监狱某一时期财务状况和预算执行结果的书面文件。

编制财务报告，可以清晰明了地反映监狱的财务状况和预算执行情况以及财务收支情况。财务报告所提供的信息，是监狱、监狱主管部门、财政部门等财务信息使用者了解监狱的基本财务情况、预算执行情况、预算支出进度影响因素、资金活动趋势以及预算管理中存在的问题等情况的主要来源，是国家经济管理部门制定宏观经济政策、经济决策的重要依据。通过财务报告中反映的各项报表数据，监狱可以分析本单位预算指标执行情况和成果、计划执行进度、业务完成情况，还可以开展财务分析，了解其各项资金的取得和使用是否合理，考核资金使用的效益情况。通过分析，发现问题，总结经验，可以促进监狱重视财务管理，强化财务管理，进一步提高财务管理水平。

（二）监狱财务报告体系

监狱的财务报告，按时间可分为月报、季报、年报；按内容可分为财务报表和报表说明书。

月报是反映监狱截止报告月份资产负债状况和监狱收支情况的报表。

季报是分析、检查监狱季度资产负债状况和监督收支情况的报表，应在月报的基础上较详细地反映监狱财务收支的全貌。

年报（决算）是全面反映年度资产负债状况和监狱收支执行结果的报表。

财务报表是反映监狱单位一定时期资金、利润状况的会计报表。财务报表包括资产负债表、损益表、现金流量表或财务状况变动表、附表和附注。财务报表是财务报告的主要部分。

报表说明书主要说明监狱本期收入、支出、结余、专项经费使用以及各项资产变动的情况、原因，说明对本期或下期财务状况产生重大影响的事项和在加强预算管理过程中采取的措施、成效，以及财务管理中存在的问题、其他需要说明的事项等。

另外，财务报告编制需要遵循一定的要求。为了充分发挥监狱财务报告的作用，保证财务报表的质量，财务报告编制一般须遵循数据真实、内容完整、计算准确、报送及时、手续完备的要求。

七、监狱财务监督

（一）监狱财务监督的含义与特征

监狱财务监督是指监狱根据国家有关法律、法规及财务规章制度，对本单位财务关系、财务活动进行审核、检查的行为。

财务监督是财务管理的基本职能之一，与其他监督形式相比，财务监督具有以下两方面的特点。

1. 财务监督主要是通过价值指标来进行的。财务监督主要依据日常会计核算和财务管理工作中生成的一系列价值指标体系进行。对经济活动的监督作用而言，财务监督是一种更为有效的监督方式。

2. 财务监督是对监狱财务活动全过程的监督。全过程监督的范围广、内容多，涉及监狱财务活动的各个方面、各个环节。

（二）监狱财务监督的主要内容

1. 监督预算的编制和执行。对预算的编制、执行和财务报告的真实性、准确性、完整性进行审核、检查，是财务监督的核心和主体。监督的目的是保证不出现赤字预算，增收节支，并依照量入为出、尽力而为、坚持收支平衡的原则，按照预算法以及财务规章制度办事。

2. 监督收入与支出。它是指对各项收入和支出的范围、标准进行审核、检查。保证应归国家的收入及时、稳妥、均衡地上缴国库，合理分配资金的使用，严格执行预算制度。

3. 监督资产管理与使用。对资产使用的情况进行监督、检查，如现金管理是否符合国家规定、各种存款是否按国家规定开立账户、办理存取款与转账业务、固定资产的来源是否合法等。

4. 对违反财务规章制度和财经纪律的问题进行检查、纠正。

（三）监狱财务监督的作用

监狱财务监督的作用是指在对监狱的财务活动进行监督的过程中所产生的社会效果。财务监督具有制约性和促进性两大作用。

1. 制约性作用。其主要包括以下几个方面。

（1）揭示差错和弊端。通过财务监督揭示差错和弊端，不仅可以纠正核算差错，提高财务工作质量，还可以保护财产安全和完整，防止国有资产流失和非正常损失，有效防止资金使用中的铺张浪费，堵塞漏洞，促进勤俭节约，充分发挥资金的效益，维护国家利益。

（2）维护财务制度及财经法纪的严肃性。通过财务监督了解监狱执行国家方针、政策、财务制度及财经纪律的情况，及时揭示财务管理中存在的问题和各种违法乱纪行为，将过失人或犯罪者提交司法、纪检监察部门进行审查，促进各监狱依法理财、照章办事，有助于防止和纠正贪污浪费、行贿受贿等违法乱纪行为，维护财经法规。

2. 促进性作用。其主要包括以下几个方面。

（1）保证国有资产的安全和完整。监狱资产是国家资产，是监狱开展业务工作、完成任务的物质基础。保证国有资产的安全和完整，是财务监督的首要任务。财务监督可以促进监狱加强国有资产管理，保证监狱合理配置并有效使用国家资产，防止资产流失和非正常损失，维护国家利益。

（2）改善监狱财务管理工作。财务监督可以揭示监狱在财务活动、财务管理工作中存在的问题、不足，以及财务管理制度方面存在的薄弱环节，并有针对性地提出改进建议和补救措施，从而改善财务管理工作，提高财务工作质量。

（3）促进各监狱加强预算管理，保证监狱收支预算的实现。监狱预算是国家预算的基础，是各监狱开展财务活动的重要依据。财务监督可以促使各监狱加强预算的管理，制订出符合本地区、本单位实际情况的切实可行的预算方案，促使监狱各项收支按预算的进度执行，保证业务工作的资金供应，并对预算执行过程中出现的问题及时采取措施加以解决，保证预算收支平衡，促进监狱行政事业计划及工作任务的完成。

（4）促进增收节支，提高资金使用效益。对其财务活动进行全面分析，能够及时掌握各监狱对人力、财力、物力等各种资源的使用情况，督促各监狱加强和改进对人、财、物的管理，深入挖掘内部潜力，增收节支，用有限的资金创造更多的效益。

（5）促进监狱严格执行财务制度及遵守财经纪律，增强法制观念。监狱的财务活动必须严格遵守财务制度及财经纪律。通过财务监督，可以了解监狱的各项财务活动是否符合有关法律、法规及制度的规定，有无违法乱纪现象，以促使各监狱自觉依法理财，保证监狱财务活动的合法化及合理化，保证财政资金得到安全、合理、有效的使用。同时，通过财务监督，找出监狱财务管理中的薄弱环节，通过对违法违纪行为及私设"小金库""小钱柜"等现象的查处，教育财务人员遵纪守法，增强财务人员及监狱领导的法律意识，使财务工作置于法规的监督之下。

（四）监狱财务监督的形式

按照不同的分类标准，财务监督可分为不同的类型。以下从财务监督的主体、内容、范围以及监督实施的时间和时限四个方面探析财务监督的种类。监督主体主要是指执行监督的一方。

1. 按照监督主体，可分为内部监督和外部监督。

（1）内部监督。内部监督是指监狱自行组织的由内部机构或人员对本单位的财务收支、经营管理活动进行监督，检查其真实性、正确性、合法性、合规性和有效性，提出意见和建议的一种监督活动。其主要目的是健全监狱内部控制制度，完善监狱财务管理的自我监督机制，严肃财经纪律，促进监狱自觉总结经验、发现问题、查错纠弊，及时采取措施堵塞漏洞，提高财务管理水平。在监狱的财务管理活动中，财务监督的大量工作是由监狱自行组织完成的。

（2）外部监督。外部监督是指由监狱外部有关机构和人员对监狱的财务收支、资金使用情况进行监督，包括：由上级单位的财政、财务、审计等部门对监狱的财务活动进行的监督；由上级单位或财政部门组织有关单位进行的联审互查；有关社会中介组织，如会计师事务所按照国家规定对监狱财务活动所进行的监督。其目的在于监督检查监狱财务活动的合法性、合规性和有效性,防止腐败行为滋生蔓延,确保监狱财务活动在正常的轨道上运行。

2. 按照监督的内容、范围,可分为全面监督和专题监督。

(1) 全面监督。全面监督是指对监狱一定时期内所有财务活动所进行的监督,比如,对监狱一个预算年度财务管理情况进行的全面监督。全面监督由于涉及面广、内容多、工作量大、要求高,一般应组织专业人员进行。

(2) 专题监督。专题监督是指对监狱的某一项财务活动进行的监督,比如,对监狱某年的"三公经费"等,都属于专题监督。专题监督的内容视财务管理的需要或针对管理中的薄弱环节及存在的问题而定,具有针对性强的特点,使用起来有较大的灵活性,可视工作需要随时进行。

3. 按照监督实施的时间,可分为事前监督、事中监督和事后监督。

(1) 事前监督。事前监督是指在监狱财务活动实施以前所进行的监督,比如,对预算或计划执行前进行的监督,对某项业务开展之前的资金准备情况的监督等,都属于事前监督。

(2) 事中监督。事中监督是指在监狱财务活动进行过程中所进行的监督,比如,对预算执行情况进行的监督,对专项资金使用情况进行的监督,都属于事中监督。

(3) 事后监督。事后监督是指在监狱财务活动发生以后对其结果进行的监督,比如,对监狱决算编报进行的监督,对各项资金最终使用结果进行的监督,都属于事后监督。

4. 按照监督实施的时限,可分为经常性监督、定期性监督和不定期监督。

(1) 经常性监督。经常性监督是指对监狱财务活动实施的日常监督。经常性监督是财务监督的主要形式,比如,每天对库存现金进行的清查、盘点,平时对各种物质、设备的保管、领发及使用情况的检查,都属于经常性监督。

(2) 定期性监督。定期性监督是在一定的周期,对监狱全部或部分财务活动进行的常规性监督,比如,按会计制度规定,各监狱应按月、按季度或按年编报月度、季度和年度会计报表(决算),并接受财政部门或主管部门的监督。

(3) 不定期监督。不定期监督又可分为临时性监督和规定性监督两种。临时性监督是为了了解被监督对象的工作情况而进行的突击性检查。比如,有人反映或有迹象表明公共组织现金管理中存在问题时,可对库存现金进行突击检查。规定性监督是有关法规明确规定的不定期监督。例如,某个项目完成,应向有关部门报送专题报告,并接受有关部门的监督。

第三节 监狱财务管理的方法

财务管理方法是财务管理人员针对监狱经营目标,借助经济数学和电子计算机的手段,运用运筹论、系统论和信息论的方法,结合财务管理活动的具体情况,对监狱资金的筹集、会计的核算、预算收支的管理、制度的建设等监狱财务管理活动进行财务预测、财务决策、财务控制、财务计量、财务分析、财务报告和财务监督的技术,它是财务人员完成既定财务管理任务的主要手段。

财务管理方法一般分为定性预测法和定量预测法两大类。

定性预测法主要是通过对各种情况和定性资料的分析判断来确定未来经济活动的发展，并得出定量的估计值的方法，通常用于缺乏定量分析资料，无法采用定量分析技术的情况。常用的方法有个人判断法、集合意见法、德尔菲法（专家调查法）、市场调查法等。

定量预测法是运用数学方法，通过预测模型进行计算来得到预测结果的方法。常用的方法有三类：平均法、时间序列法、因果分析法。

定量方法和定性方法一起构成了财务管理方法体系，在这个体系中，定量方法占据了重要地位。

一、财务预测

财务预测是指根据财务活动的历史资料，考虑现实的条件和今后的要求，对监狱未来时期的财务收支活动进行全面的分析，并做出各种不同的预计和推断的过程，它是财务管理的基础。财务预测的主要内容有筹资预测、收入预测、支出预测等。财务预测所采用的具体方法主要有属于定性预测的判断分析法和属于定量预测的时间序列法、因果分析法和税率分析法等。

二、财务预算

财务预算是指以财务预测的结果为依据，对监狱财务活动的各个方面进行规划的过程。它是组织和控制监狱财务活动的依据。财务预算的主要内容有收入预算、支出预算等。财务预算所采用的具体方法主要有平衡法、定率法、定额法、比例法、弹性计划法和前期实绩推算法等。

三、财务决策

财务决策是指在财务预测的基础上，对不同方案的财务数据进行分析比较，全面权衡利弊，从中选择最优方案的过程，它是财务管理的核心。财务决策的主要内容有筹资决策、投资决策、成本费用决策、收入决策和利润决策等。财务决策所采用的具体方法主要有概率决策法、平均报酬率法、净现值法、现值指数法、内含报酬率法等。

四、财务控制

财务控制是指以财务预算和财务制度为依据，对财务活动脱离规定目标的偏差实施干预和校正的过程。财务控制可以确保财务预算的完成。财务控制的内容主要有收入控制、支出控制等。财务控制所采用的具体方法主要有计划控制法、制度控制法、定额控制法等。

五、财务分析

财务分析是指以会计信息和财务预算为依据，采用系统、科学的分析方法，对一定期间的财务状况、运行成本进行评价的过程。财务分析是财务管理的重要步骤和方法，通过财务分析，可以掌握财务活动的规律，为以后进行财务预测和制定财务预算提供资料。财务分析的内容主要环境分析、财务状况分析、预算执行能力分析等。财务分析所采用的具体方法有比较分析法、比率分析法、趋势分析法、回归分析法、因素分析法等。

本章思考题

1. 简述监狱财务管理的含义和作用。
2. 简述监狱财务管理包括的基本内容。
3. 简述监狱财务管理的方法。

第七章　监狱信息化管理

监狱信息化工作是监狱管理工作的重要保障。随着监狱管理创新理论的研究不断深入，现代信息技术在监狱管理中广泛应用，为监狱管理水平的提升提供了理论和技术双重保障。监狱信息化管理涉及监狱信息化建设管理、监狱信息化平台的管理和监狱信息安全管理等多个方面的内容。

第一节　监狱信息化建设管理

一、监狱信息化建设的概念

（一）监狱信息化

监狱信息化是在司法部监狱布局调整和体制改革的战略背景下，将信息技术运用到监狱管理和监狱业务领域中而提出的概念。"监狱管理与行刑信息化是现代监狱治理与发展的基本技术手段。监狱信息化建设的目的是以现代新科技、新知识促进监狱治理进一步科学、合理，达到管理更加安全有序、行刑更加便捷高效的水平，从而促进监狱治理的现代化进程和监狱行刑的现代化发展。"[1] 所谓监狱信息化就是在监狱的政务管理、刑罚执行、狱政管理、教育改造、心理矫治等工作过程中，把监狱内的各种记录、文字、图像、多媒体等信息通过信息处理、网络通信、生物识别等先进技术进行传输和处理，将传统的监狱执法、管理、教育手段和现代科学技术相结合，达到监狱系统内的信息采集数字化、信息传输网络化、信息管理智能化和信息分析集约化。

对于监狱信息化管理，按照现代信息管理的要求，首先，要在监狱系统内以及监狱与相关单位之间组建网络系统，构建标准规范统一、应用功能完备的信息化体系，搭建信息化平台；其次，需要全面地运用现代信息技术，开发信息资源，推动服刑方式、教育方式、劳动方式产生根本性转变；最后，在信息技术的保障下，确保监狱管理工作的科学高效性与安全规范性，实现监狱稳定、和谐发展，成功将罪犯改造为守法公民，使其回归社会。2007年，司法部在南京召开的全国监狱信息化建设工作会议正式发布了《全国监狱信息化建设规划》，进一步明确了监狱信息化的内容，即通过建立网络互联互通、信息资源共享、标准规范统一、应用功能完备的信息化体系，提高监狱信息资源综合开发和利用水平，形成全员应用、资源共享的信息化工作格局，显著提高监狱执法、安全防范、犯罪改造的信息技术应用能力。

---

[1] 陶新胜. 监狱信息化建设与运营规则研究［J］. 犯罪与改造研究，2019（3）.

（二）监狱信息化建设

监狱信息化建设是新时代监狱工作发展的必经之路，它主要是指将大数据、云计算、物联网、人工智能等先进的信息技术运用于办公业务、教育业务、矫正业务、监管业务等监狱工作相关事务的建设与发展中，为监狱工作建立起以信息系统为基础的信息化管理体系，实现监狱管理的数字化、集成化、智能化、智慧化。监狱信息化建设的内容包括硬件建设和软件建设两个方面。

硬件建设主要是基础网络设施、各类系统平台的硬件设备等，软件建设则包括先进的数字化安防监控系统、高效的办公自动化系统、监狱管教信息系统、监狱生产管理系统、智能的物联网管控系统和应急指挥系统以及其他应用子系统等。最终将各种硬件设施和软件资源优化组合成一个能满足监狱日常工作需要的完整体系，实现监狱工作中各种信息资源的高度集成。

司法部颁布的《全国监狱信息化建设规划》在一定时期内确立了监狱信息化建设的总体目标和主要任务，为监狱信息化建设指明了方向。监狱信息化建设的总体目标是：以现代信息技术为支撑，以监狱信息化促进监狱管理的现代化，促进监狱工作的改革和发展，进一步建立和完善覆盖全系统的通信网络基础，完善发展内外门户平台和数据交换平台，健全并完善信息化建设运行管理体系、标准化体系和网络信息安全保障体系。建立健全监狱管理信息数据库，加快推进监狱业务应用系统的全方位建设，努力构建结构完整、功能齐全、信息共享、多级联运、安全稳定的监狱信息化系统，实现监狱安全保障有力、执法公正规范、信息通信快捷、指挥管理高效的目标，推进监狱信息化的全面发展。

监狱信息化建设的主要任务包括建设一个平台、一个标准体系、三个信息资源库、十个应用系统。"一个平台"，即网络和硬件平台；"一个标准体系"，即监狱信息化标准体系；"三个信息资源库"，即监狱管理信息库、罪犯信息库、警察信息库；"十个应用系统"，即监狱安全防范和应急指挥系统、监管及执法管理系统、教育改造系统、生活保障及医疗卫生系统、警察管理系统、生产管理与劳动改造系统、监狱建设与保障系统、狱务公开系统、办公自动化系统和决策支持系统。

新时期，在全面依法治国的背景下，监狱信息化建设要围绕"数字法治·智慧司法"信息化体系建设战略部署，立足监狱工作的实际，提出运用大数据、物联网、人工智能等现代科技手段，将现代信息技术与监狱各项业务融合，最大限度地汇聚整合、感测分析监管改造信息资源和社会信息资源，从而对监狱工作的各项需求做出智慧判断。按照《智慧监狱技术规范》（SF/T 0028—2018），最终建成标准规范科学统一、数据信息全面准确、业务应用灵活普及、研判预警智慧高效的"智慧监狱"。

二、监狱信息化建设的规划

监狱信息化建设是一项复杂的系统工程。随着科学技术的高速发展，信息化系统建设项目越来越多，所用设备产品不断更新换代，对相应的资金、人才和技术等的要求也逐步提高，信息化整体投入成本较大。因此，从科学化、节约化、集成化等要求出发，必须在认真调查和研究的基础上，制订出合理可行的监狱信息化建设规划。

（一）监狱信息化建设规划的内涵和意义

监狱信息化建设规划是指在监狱发展战略目标的指导下，结合监狱工作需求、狱政管理及刑罚执行流程和监狱信息化建设的基础，对监狱信息化建设目标和内容进行整体规划，全面系统地指导监狱信息化建设。

监狱信息化建设规划是监狱信息化建设的行动方案，它的编制对于推动监狱信息化建设有着十分重要的意义。

第一，编制监狱信息化建设规划，有利于推动监狱信息化建设在全国各地的全面实施。以规划编制为引领，由司法部牵头规划编制，明确监狱信息化建设的方向、目标、基本原则和建设内容。各省（自治区、直辖市）监狱管理局、各监狱依据司法部监狱信息化建设规划做好各自的信息化规划工作，保证监狱信息化建设统一、科学、协调发展。根据规划，统一建设标准与规范，明确各阶段建设的重点，并按规划组织实施，保证信息化建设的有序、持续发展。

第二，编制监狱信息化建设规划，有利于促进监狱信息化建设活动的有序开展，确保监狱信息化建设的成效。在监狱信息化建设过程中，通过编制全国、地方规划，可以分清各个项目的轻重缓急，稳步推进项目的建设，条件允许的先建设，条件不具备的则暂缓进行。在条件成熟的基础上，完成监狱信息化的系统集成，提高信息化的运行效率。

第三，编制监狱信息化建设规划，有利于提高监狱信息化资源的利用率。全国监狱系统上下各个层级的监狱信息化建设通过规划编制，不仅可以互相衔接、相互促进，而且可以通过编制规划，促进各层级监狱信息化资源的整合。监狱信息化建设资源的有限性，决定了监狱在推进信息化建设时，必须合理配置资源，避免建设过程中盲目建设，防止重复与浪费，有计划、有侧重地向监狱信息化重要的建设领域投放资源，推动监狱信息化建设的发展，提高监狱信息化资源利用率。

（二）监狱信息化建设的需求分析

监狱信息化建设需要结合监狱信息化建设的需求分析来进行合理的规划和设计。所谓监狱信息化建设的需求分析，是在开展监狱信息化建设中，通过了解和掌握全国或者本地区监狱系统信息化建设的现状与需求，并经过充分调研和广泛论证后，确定监狱信息化建设的任务、内容和要求。

监狱信息化建设的需求分析体现在监狱信息化建设发展规划编制和监狱信息化建设的具体项目中。在监狱信息化建设中，必须要开展需求调查，明确建设目标、主要功能、性能指标、软硬件配置，确定信息系统解决的监狱业务问题，切实编制好监狱信息化工程需求分析报告。在需求分析报告中，需要提出信息系统的功能要求、性能要求和效益要求等，以及在现有资金预算、技术水平、建设周期等客观条件下，系统建设是否可行。

从需求分析报告的内容来看，一般包括现状分析、用户需求、业务流程、业务逻辑、数据调查与分析以及附件六个方面。

一是现状分析部分。其包括监狱信息化建设的背景、实际情况、主要目标、目前的组织机构设置、业务现状和业务模式等。

二是用户需求部分。其包括监狱系统各项工作对信息化建设的业务需求、性能需求、其他需求和用户平台要求。

三是业务流程部分。其包括监狱信息化建设中各个应用系统相互间的关系，各个业务系统的操作流程。

四是业务逻辑部分。其包括业务分解和业务描述。业务分解主要是监狱信息化建设应用系统的业务划分情况。业务描述是对应用系统业务处理的每一个环节（阶段或步骤）进行详细的文字描述。

五是数据调查与分析部分。其包括原始单据和数据分析。原始单据主要包括业务单据、查询结果、统计报表、向外发布的信息等。数据分析包括数据分类和数据项描述。

六是附件部分。这部分不是必选项，可以根据监狱信息化建设规划的实际需要，将一些不便于放在其他部分的内容，以附件的形式体现出来。

三、监狱信息化建设的要求

（一）标准化要求

监狱信息化建设要注重遵循相关技术标准，设立专门的部门进行统筹管理，用科学的方法分类组织信息，注重信息资源的整合和服务的集成。监狱信息化建设中的标准化工作是一项具有知识密集、资料密集、工作量大等特点的基础性系统工程，主要包含以下几个方面的内容。

1. 信息指标体系标准化。建立科学的、实用的、完善的信息指标体系结构是信息标准化工作的首要任务。信息指标体系是指一定范围内所有信息的标准，按其内在联系所组成的科学的有机整体。目前，在管理层次和管理部门众多的情况下，通过统一和规范指标体系，实现各系统、各行业和各个层次开发和实施的信息系统能够达到数据和信息的兼容与共享。2017年，司法部陆续研究制订了《全国司法行政信息化总体技术规范》等19项信息化标准，规范了司法行政信息化的整体构架、主要功能、技术要求、数据分类及编码、信息交换、安全体系等内容。标准内容涉及司法行政信息网络、指挥中心、公共法律服务、资源交换等技术平台；涵盖监狱、戒毒、社区矫正、律师、公证、安置帮教、人民调解、司法所建设、司法鉴定、人民监督员等业务领域。2018年12月，司法部发布《智慧监狱技术规范》，规定了智慧监狱的总体要求和总体架构，以及基础资源层、应用支撑层、统一管理平台、数据分析研判和安全运维与辅助设施的基本要求和技术要求，指导推进全国智慧监狱的总体设计、建设、管理和应用。信息化标准的建立有利于规范推进全国司法行政系统信息化建设，指导全国司法行政信息化工程设计、建设、管理、应用，实现全国司法行政系统网络互联互通、信息资源共享，保障司法行政信息化健康有序发展。

2. 信息分类编码标准化。信息分类编码是对一些常用的、重要的数据元素进行分类和代码化，信息的分类与取值的科学和合理可以提升信息处理、检索和传输的自动化水平与效率，信息代码的规范和标准影响着信息的交流与共享。因此，信息分类必须遵循科学性、系统性、可扩展性、兼容性和综合性等基本原则，从系统工程的角度出发，把局部问题放在系统中整体考虑，达到优化全局的效果。

根据监狱管理和执法工作流程，对各业务数据项进行编码，制定相应的标准。核心标准主要有：监狱管理编码标准，包括全国监狱机构、安全防范与应急处置、监狱建设规划和经费保障等信息编码标准；罪犯信息编码标准，包括罪犯管理、刑罚执行、心理矫治、改造质量评估、劳动职能评估、医疗卫生等信息编码标准；警察信息编码标准，包括全国监狱警察基本信息和警察执法质量评估等信息编码标准。除此之外，还要制定其他业务流程的信息编码。

3. 信息系统开发标准化。信息系统开发标准化主要指在系统开发中遵守统一的系统设计规范、程序开发规范和项目管理规范。系统设计需要规定字段、数据库、程序和文档的命名规则和编制方法，以及应用程序界面的标准和风格等。程序开发规范对应用程序进行模块划分、标准程序流程的编写、对象或变量命名、数据校验及出错处理等过程和方法做出了规定。项目管理规范规定了项目组中各类开发人员的职责和权力，开发过程中各类问题、程序问题的处理规范和修改规则，以及文档的编写维护。在信息系统开发过程中，必须遵守软件工程的设计规范，实现信息系统开发的标准化。

4. 信息交换接口标准化。信息交换接口标准化对信息系统内部和信息系统之间各种软件和硬件的接口与联系方式以及信息系统输入和输出的格式制定了规范和标准，包括网络的互联标准和通信协议、异种数据库的数据交换格式、不同信息系统之间数据的转换方式等。信息系统的质量与接口的标准化密切相关，接口标准化是信息标准化的关键因素。

总之，研究监狱信息系统建设标准化中的问题和对策，首先要研究在标准的提出、制定、执行和修订中有关机构运行需要改进的问题，使标准化管理机构能够正常运行并不断丰富工作内容；其次要对监狱信息系统标准体系进行研究，研究标准之间的协调关系，规划标准的制定次序，避免标准之间出现不协调、不配套、组成不合理的问题；最后对于监狱信息化建设要开展咨询服务，广泛动员监狱系统各个部门和监狱警察的力量积极参与标准化工作。

（二）实战化要求

监狱信息化建设要从保障和促进监狱充分履职的需要出发，适应监狱关押、管理、改造罪犯的实际要求，结合监狱关押布局调整，分清轻重缓急，统筹安排，突出重点，分步实施。坚持以需求为引领，以实战为导向，以应用为核心，确保信息化建设服务于实战，将云计算、物联网、大数据、人工智能等信息技术的最新成果转化为监狱工作的实际战斗力，为监狱工作提供多元、有效的技术支撑。

1. 推进应急指挥中心实战化建设。应急指挥中心要紧紧围绕推进部级、省级监所指挥中心体系实体化、指挥立体化、管理扁平化、信息集成化的管理中枢建设，明确指挥中心指挥调度、狱情研判、检查督查、防范控制和应急管理五大职能，打造全天候、全过程、立体化的监狱安全防控格局。同时，要规范指挥中心指挥长、信息员、监控人员配备，建设信息研判、监控管理、警务协调、技术保障、应急管理等专业化队伍，统一警务运行模式，建立健全管理制度，构建科学、高效的指挥中心实战化运行机制。

2. 提高监狱应急处突能力。修订并完善适应省域监狱系统的处置监管安全突发事件应急预案，切实加强应急处突、反恐一体化体系建设，加强与公安厅、武警总队、卫生厅、消防总队等协同单位的沟通协调，积极构建快速报警、协同处警机制。依托指挥中心实战化运行体系，按照"快速报警、快速接警、快速处警"的工作要求，建立狱内一般突发事件"3分钟"快速处置机制，常态化开展无预告演练。同时，认真组织基层监所开展罪犯外出就医脱逃、罪犯自杀、防暴反恐袭击等应急演练。

3. 发挥监控、督查、预警效能。依托指挥中心实战化平台，坚持以信息为支撑，以应用为核心，提高监控、报警、门禁、周界电网等系统的集成度和关联度，加强对民警履职、现场管理、制度执行和技防运行的实时远程督查。创新远程督查方式，将文字通报和视频通报相结合，采取录像回放、智能统计等方式，依托指挥中心实战化运行，每日对重要部位、重要时段、重点环节开展远程督查。同时，制定出台适应本省域监狱系统监狱安全分析预警的规范性文件，明确罪犯离监管控设备审批、领用、保管和维护的责任主体，细化押解、就医、住院等环节的实时监控，有效确保罪犯离监期间在管受控。

（三）智能化要求

智能化是监狱安防技术发展的必然要求，一个好的安全防范系统，如果没有预警作用，这个系统就有缺陷。智能化是在监狱原有的人防、物防、技防和联防"四防一体化"的基础上，采用物联网、云计算、大数据、人工智能等一系列高新技术，融合监狱内的各个信息系统，对罪犯实施教育矫治，对活动轨迹实施区域管控，对行为实行智能化分析识别，对周界实行全天候立体防范，构建统一的、集约化的智能化安全管控平台，实现监狱罪犯信息的大数据汇集，从而实现监狱安防体系从被动向主动转变，从事后取证向事前预警转变。

1. 技术防范智能化。监狱管理需要推进监控数字化、高清化、智能化建设，根据《智慧监狱技术规范》的要求，加强各类安全防范系统数字信息集成，实现对技防设备的全面感知、科学配置、动态调配、协同联动，对监狱内部设施、罪犯活动、人员车辆流动等实现一体化、智能化管控。

2. 警务管理智能化。监狱在警务管理上需要优化OA办公系统业务流程，完善狱务公开平台服务功能，拓展智能移动警务终端应用，强化内外网数据融合共享，实现数据自动采集、业务流程智能处理，推动各项工作协同推进，提升执法管理和办公应用的智能化水平，提升工作质量和效率。

3. 业务应用智能化。优化、完善数据交换平台，完成监狱各类业务系统升级改造，强化系统与平台的交互性能，推进系统整合与资源共享，全面增强监狱内部以及不同部门之间的协同能力，提供统一规范、分级呈现的一体化操作界面，推动业务操作更加简便、快捷，业务流转更加高效、流畅，业务办理更加智能、精准。

4. 数据服务智能化。积极构建监狱大数据体系，加强大数据建模和智能化工具应用，强化数据资源分析挖掘能力，有效整合运用监狱数据及社会数据，健全大数据工作机制和分析技术，将运用大数据作为提高监狱治理能力的重要手段，增强大数据分析的针对性、有效性，提升大数据服务在监管安全、教育改造、综合管理等方面的能力。

5. 运维保障智能化。要求基础网络、服务器、存储等各类设备能有效满足信息系统高效运行的各项要求，各项配套设施能够实现与数据大平台的智能匹配、有效协同。对数据中心各类软件系统和硬件设备进行自动监控、智能报警，实现事前预警、事中恢复、事后存档的智能化运维，提升运维工作效率，提高信息系统运行的稳定性。

（四）系统性要求

监狱信息系统是一个复杂的系统，也是集多项功能为一体的综合性系统。监狱信息化建设的系统性就是指在监狱信息化建设的过程中，应当整体规划、分段实施，应当以需求和承受能力为依据，强调各信息系统之间的有机协调和统一，逐步建立、完善设计、实施、验收的规划和标准化，确保监狱的安全稳定，促进监狱的和谐发展。

监狱信息化建设作为系统工程，涉及思想观念、传统管理方式和工作模式的改变，涉及人、财、物的投入，涉及部门之间的组织协调与管理。

1. 实现资源的互联互通、融会贯通。监狱信息化建设应该服务于监狱工作的全局，需要将所有的基础信息建设有机地结合起来，形成互联互通的系统网络，确保每一个合理需求通过便捷的方法得以呈现，并促成其最终解决。监狱信息系统应该是一个整体，牵一发而动全身。对于监狱各个应用系统而言，既要发挥系统本身的作用，又要考虑到系统之间的联系，做好系统资源的融会贯通，任何一个数据节点都必须相互联系，不然就有可能会造成信息孤岛。

2. 完成实体和抽象系统的有机结合。实体系统是指电脑、服务器、门禁设备、监控设施等以物理状态的存在作为组成要素的系统，这些实体具有一定的空间。与实体系统相对应的是抽象系统，它是由概念、方法、计划、制度、程序、信息等非物质实体构成的系统，如管理、教育系统等。实体系统是抽象系统的基础，而抽象系统又往往为实体系统提供指导和服务，两者在实际中有机结合，才能更好地发挥信息系统的功能，更好地为监狱工作服务。监狱信息系统不应该只注重实体系统的建设，还应该建立并完善现代化的信息管理方法与管理制度，建立健全相应的法律法规。

四、监狱信息化建设的意义

监狱信息化建设是监狱在信息化的新形势下主动对监狱管理和罪犯教育改造手段的升级。如果不能够紧紧抓住信息化发展带来的新机遇，积极主动地应对全球信息化提出的新挑战，继续沿用落后的管理与改造手段，监狱工作就会落后于时代，就难以适应新形势、新任务的要求。因此，大力推进监狱信息化建设具有非常重要的意义。

（一）加快监狱信息化建设，是履行监狱职能，服务全面建成小康社会的客观要求

监狱是国家的刑罚执行机关，在全面建成小康社会中肩负着重要职责。确保监狱安全稳定，把罪犯改造成为守法公民，使他们能够顺利回归社会，最大限度地消除不和谐因素，对社会主义和谐社会的建设具有重要的意义。通过监狱信息化建设，充分运用现代化信息技术，加大技术防范力度，构筑全方位、多层次的监狱安全保障体系，可以有效地提高监狱安全防范能力和处置突发事件的能力，确保监狱持续安全稳定。同时，现代化教育手段的运用，可以丰富教育改造内容，完善教育改造手段，提高教育改造效果，促进罪犯改造质量的提高。

（二）加快监狱信息化建设，是践行底线安全观，促进执法规范化建设的内在要求

随着监狱体制改革的不断深化、监狱布局调整的不断推进和创建现代化智慧监狱的

不断深入，迫切需要相关部门树立先进的管理理念，掌握先进的管理方法和管理手段，加快推进监狱执法规范化建设，要加大科学技术创新应用力度，充分发挥先进科技对监狱工作的支撑和引领作用。现代化信息技术的普及和应用，有利于推动管理方式的规范与创新，提高管理工作的效率和质量，有利于实现监狱各项工作的标准化、数字化、网络化和智能化，提升监狱的整体管理水平，促进监狱执法进一步规范、公正、文明。

（三）加快监狱信息化建设，是实施"科技强警"战略，提高监狱人民警察队伍整体素质的重要举措

在监狱工作的改革和发展中，队伍建设是根本，人员素质是关键。作为"科技强警"战略的有效手段，大力推进监狱信息化建设，可以促进现代科学技术的推广和应用，向科技要警力、战斗力，可以促进广大监狱民警转变思想观念和工作方式，增强民警的信息化应用能力，形成上班先开机、工作先用网、执法网上办的思维习惯和工作模式，有效促进监狱整体运行效能的提升。同时，加快监狱信息化建设，可以进一步促进监狱人民警察队伍建设和管理工作的科学化、规范化。

（四）加快监狱信息化建设，是促进司法行政系统信息化建设，提高司法行政工作整体水平的重要途径

监狱是司法行政系统的重要组成部分。做好监狱信息化建设，对于推进整个司法行政系统信息化建设具有重要作用。目前，全国司法行政系统信息化发展的总体水平在不断提高，信息资源的有效整合和合理利用能力也在逐步增强。因此，相关部门要认真贯彻党中央、国务院关于加快监狱信息化建设的重要指示精神，加快推进监狱信息化建设，有效提升监狱工作的信息化水平，从而为整个司法行政系统信息化建设提供经验和示范，为司法行政工作搭建一个共享、共用的平台，推进司法行政系统信息化建设，提高信息技术在司法行政系统中的应用水平。

第二节　监狱信息化平台的管理

一、监狱基础网络的管理

（一）监狱基础网络系统

计算机网络和硬件设备是监狱信息化的基础设施，是监狱信息系统的工作平台，负责对监狱数据的采集、传输、处理和存储等。其中，基础通信网络系统是监狱信息化系统中所有应用系统的基础平台，是各种信息快速传递的"高速公路"。它不仅要满足所有应用系统数据信息的高效传递，同时要能满足同其他各种功能系统的集成与使用，并能实现同上级管理部门、其他相关业务机关（如当地政府、公、检、法等机关）的数据传输与共享。从网络功能上分，监狱计算机网络分为外网、内网和专网三大类。

1. 监狱外网。监狱外网是与互联网连接的网络系统，负责处理非涉密的信息，主要作用是狱务公开、对外宣传、资料检索、非涉密信息传输等，由外网局域网接入互联网来构建，可以在互联网上浏览相关的信息资源。全国各省（自治区、直辖市）监狱管理部门对外都建有信息发布的门户网站，网站主要以"某某监狱网"或"某某监狱管理局"来命名，网站的建设需要申请域名，一般以"gov.cn"结尾。门户网站的业务栏目设置包括"狱务公开""减刑假释公示""监狱基层动态""网上咨询""局长信箱"("纪检信箱")等。监狱单位需要在外网建立监狱网站和企业网站的，必须报省监狱管理局审批。所有在监狱网站发布的信息、报道、资料等，要严格执行相关要求，经管理部门审查后方可发布。

2. 监狱内网。监狱内网是监狱内部组建的网络系统，负责处理监狱涉密信息的传输，主要运行监狱系统内部的各类业务管理系统，通过大数据平台对数据信息进行整理、收集和分析。监狱内网采用扩展星型拓扑结构组网，由部、局连接各单位的广域网和各监狱单位的局域网组成。监狱内网接入端口的分布应满足监狱单位机关科室、监区及重点信息化工作的需要。监狱单位内网用户的 IP 地址等网络配置必须按照上级部门分配的地址段，由单位信息技术专业人员进行统一设置、统一管理，严禁个人用户擅自设置、更改。内网服务器必须安装由省级监狱管理局统一部署的网络版防毒软件。各单位信息技术部门要指定一名专业人员担任本单位的计算机网络管理员，具体负责本单位的网络管理，加强对网络运行状态的监管。

3. 监狱专网。监狱专网，亦称罪犯教育专网，是专门为罪犯教育而建立的专用网络。罪犯教育专网不得与监狱内网、外网互通，必须单独布线组网，实现所有监区罪犯教育终端联网。在教育专网上，可以运行罪犯多媒体教育、电子阅览、改造质量评估、心理测量与咨询、企业 ERP 等，可以查询罪犯的教育改造情况。罪犯使用的电脑主要是教育专网的终端以及依托教育专网建设的 ERP 管理系统终端，监狱单位要严格控制罪犯心理评估室、罪犯电子阅览室、车间及总仓电脑的数量，技术部门需要对教育专网中使用的电脑进行登记并建立台账，台账应详细登记电脑是否联网、具体用途、联机设备、MAC 地址、硬盘序列号、使用罪犯及责任民警等信息。有电脑增加或减少以及人员调整的，要及时更新台账。

（二）基础网络数据的管理

1. 数据中心的建设与管理。监狱工作要时刻与数据打交道，要强化数据资源意识，树立大数据思维，切实做到用数据说话、用数据决策、用数据管理、用数据创新，提高监狱治理的预见性、精准性、高效性。同时，要按照集中部署的方式构建全国监狱数据中心、省级数据中心和监狱数据中心三级数据中心体系建设，形成"全国汇聚、三级中心、覆盖全局"的建设模式，完成数据库、中间件、电子签章等软件方面以及服务器、存储等硬件方面的支撑系统建设，将全省监狱罪犯改造数据、民警数据、监狱管理数据集中到省局统一存储管理，将各省的数据集中到司法部监狱局集中管理，实现数据的及时调取和资源的综合分析，以便进行数据挖掘和警情研判。

在数据的汇聚上，利用数据大平台，实现用户账号、权限的集中分配、统一管理，全面采集监狱"人、地、物、事"等基本信息和"吃、住、学、劳"等日常动态轨迹数据，不断充实和完善监狱数据库资源池，实现"一人采集、全员共享，一证登录、全网漫游、一站集成、全警运用"。同时，要健全以数据采集、数据清洗整理、数据质量管控为一体的完整闭环机制，畅通数据信息流转渠道。在数据积累的基础上，建立数据信息资源目录，推进数据分级分库存储，形成省局、监狱两级数据存储模式，构建罪犯信息数据库、监狱执法信息数据库、教育矫正案例库、罪犯医疗信息数据库、空间地理信息数据库、技防设施信息数据库等，建立数据信息资源与服务形式、数据库之间的关系，实现对监狱数据的全方面展示。

2. 交换共享平台的建设与管理。监狱发展要着眼于社会治理智能化的要求，打破数据信息壁垒，推进跨网络、跨平台、跨部门数据交换平台的建设，消除"信息孤岛"现象。依托大数据信息交互共享平台，完善与公安、检察院、法院、司法等政法部门数据信息协同交换长效机制，实现罪犯减刑假释、暂予监外执行法律文书网上流转、入监罪犯档案卡、文书信息自动导入、出入监人员车辆信息自动比对甄别，既链接外部数据资源，又为社会综合治理提供了必要的数据支撑。

数据资源的建立和使用要体现在实际效果上，所以对于数据信息要把数据分析、建模应用、工具研发摆在重要的位置，开展基础信息库（ODS）建模、整合信息库（DW）建模和分析型数据库（DM）建模的设计，建立数据生命期管理、元数据管理、数据质量管理和数据安全管理等高效的数据管理体系。同时，结合监狱工作的特点，利用智能分析工具，科学建立各类业务分析模型，提升数据大平台数据挖掘、分析能力，实现罪犯个体及群体监管安全风险预测、监狱综合管理辅助决策、信息分析预警等功能。

二、电子政务系统的建设与管理

（一）电子政务系统

所谓电子政务，就是应用现代信息和通信技术，将管理和服务通过网络技术进行集成，在互联网上实现组织结构和工作流程的优化、重组，超越时间和空间及部门之间的分隔限制，向社会提供优质和全方位的、规范而透明的、符合国际水准的管理和服务。监狱电子政务系统一般集合了各个部门业务的电子政务系统，具有行政审批、狱政管理、信息办公等功能，体现了电子政务系统的流程化。当全国的电子政务网发展完善后，监狱专网、全国司法专网、全国政法专网将直接接入全国电子政务专网，打破内外网数据交换的技术瓶颈，实现信息高速流转。通过对监狱的办公流程和业务种类进行分析，监狱的电子政务主要应用在以下三个方面。

1. 监狱办公自动化。监狱办公自动化是监狱信息化的核心内容之一。通过结合计算机技术、通信技术和软件技术，融合各种现代管理理论、方法以及集各种管理人员为一体，通过办公自动化系统来提高监狱行政效能，增强监狱系统内部办公的高效性，加快公文流转的速度，实现公文网上草签、流转、审核、传阅、办理，方便信息发布和查询，达到数字化办公的目的，最终为监狱管理部门人员提供一个进行管理与决策服务的人机结合的系统。

2. 狱务公开与社会服务。在狱务公开上，按照要求将监狱管理和执法管理方面可以公开的信息进行公开，及时发布相关法律法规和政策规定，面向社会为公众提供法律援助，可就关心的法律问题进行咨询，并提供对减刑、假释的答疑服务。在社会服务上，创新运用信息查询终端、手机短信、政务微博、微信公众号平台、服务热线等新媒体、新手段，拓宽公开渠道，使罪犯近亲属和社会公众能够更加方便、快捷、及时地获得公开信息。

3. 公众网上办事。电子政务系统可以让公众能够在网上办理网上汇款、网上办理预约会见等相应事宜,实现网上办事,使民众得到了很大的方便,提升了监狱的服务质量,同时简化了不必要的办公程序,提高了工作效率和办公运行速度。"互联网+政务服务"模式的建立,依托互联网和智能手机、微信等新技术,全方位地打造"咨询随时问、问题随时提、政策随时学、信息随时查、业务随时约、申请随时办"的移动APP、微信掌上服务平台,实现"一机在手,办事无忧"。

(二)业务子系统的建设与管理

根据其业务对象的不同,可以分为监狱的门户网站、监狱对外办公系统和监狱内部办公系统。

1. 监狱的门户网站。它是指在互联网上的平台窗口对外发布监狱的各种新闻动态、法律法规、政策动态,并为公众网上办理有关监狱事务提供服务的门户网站。门户网站的总体设计构架围绕"一个中心、一条主线、一站式服务"的"三个一"特点来建设。一个中心,就是以用户为中心,始终关切罪犯家属和社会公众的需求;一条主线,就是以监狱狱务流程为主线,按照监狱日常管理的规范和环节进行设计,衔接有序,方便管理;一站式服务,就是完善网站模块,将网站建设成为既能了解法规政策和工作动态,又能为家属及公众提供诸如预约会见、亲情互动、家属答疑等服务的网站。

2. 监狱对外办公系统。监狱行政工作的持续化、长期化、规范化有效管理可以通过狱务中心办公平台实施落实,实现面向全体用户的规范化、标准化操作。常见的对外办公系统主要有登记受理、承办审批系统,业务质量测评系统,语音、短信查询系统,触摸屏查询系统,后台管理系统,手机APP办理业务系统等。

3. 监狱内部办公系统。监狱内部办公系统对外部来讲是独立的,它只针对监狱内部工作人员,在本系统的工作人员需要进行登录后,才可以对内部办公平台的各个板块内容进行操作。其主要包括个人办公系统、领导决策系统、公文交换系统、行政办公系统、移动警务系统、生产目标管理系统、电子公告系统、监察监督系统、监狱云办公系统等。

三、教育改造系统的建设与管理

(一)教育改造系统

教育改造系统是利用计算机和数据库等技术,对罪犯在监狱改造过程中所发生的各种信息,如罪犯基本信息、教育改造信息、生活卫生管理信息、家属的探视信息、心理生理健康信息以及对罪犯的考核奖惩信息等进行采集、处理和管理,实现对服刑人员改造状况管理的智能化,进一步提高管理效率和改造质量。该系统围绕司法解释、积分考核办法、分级处遇等新变化以及罪犯危险性评估等方面的新要求,升级执法管理业务模块,修改并完善相关业务流程及规则,完善劳动管理模块,做好劳动能力评估、劳动岗位管理、劳动报酬考核及物质奖励兑现等,完善数据报表生成功能。罪犯整个服刑期间的业务活动和主要数据均可根据业务需要自动从数据中心获取。

(二)子系统建设与管理

以罪犯整个服刑生命周期的业务流程为主线,按照部局信息化建设业务标准,教育以及相应的系统软件等。其中识读部分起到了信息采集的作用，主要通过卡片识别、密码识别、生物特征识别等方式获取出入人员或者物品的身份信息，对目标进行识别，将信息传递给管理与控制部分处理，也可以接收管理与控制部分的指令；管理与控制部分接收出入口识读部分传来的目标身份的信息，存储并经采集器向上一级计算机发送。计算机的管理软件完成对系统中所有接收信息的分析和处理，对符合授权出入的目标，向执行部分发出予以放行的指令，否则不予放行，对强行出入的行为予以报警，发出报警信号；执行部分接收出入控制命令，在出入口做出相应的动作和指示，实现出入口控制系统的拒绝与放行操作或指示。执行部分采用电控锁、电动门、电磁吸铁、电动栅栏、电动挡杆等闭锁或阻拦部件。

监狱作为一个对安全要求较高的特殊区域，门的控制和管理显得尤其重要。一般使用的门禁控制系统主要有监狱大门门禁系统、监舍门禁系统、单机控制门禁系统和门禁安检系统等。

（1）监狱大门门禁系统。该系统使用刷卡加密码或人脸识别的方式，增强管理的安全性，同时兼顾人员的考勤管理。对所有进出监狱的车辆和外来人员进行授权，门禁系统限定能在该区域进出的人员必须按照"进门—出门—进门—出门"的循环方式进出，否则持卡人会被锁定在该区域内或区域外。门禁系统管理人员可以实时查看进出人员的信息和照片，通过辨认确保安全。

（2）监舍门禁系统。该系统使用刷卡或人脸识别功能，监狱在每个监区的入口安装门禁控制系统，通过信号线和内网连到监狱门禁系统服务器上，民警持卡刷卡或进行人脸识别之后，比对服务器上的民警信息，比对成功，方可通过。

（3）单机控制门禁系统。该系统用于监狱的医院、教学楼、禁闭室、会见室等位置。该门禁系统的控制器为单机运行，一台控制器控制一扇门，通过刷卡单一识别，卡片信息经过授权存储在控制器里，民警刷卡开门。

（4）门禁安检系统。其通常被用于安检门（通过式金属探测器）和手持金属探测仪。监狱一般在会见室、医院、监舍出入口以及监狱大门处设置安检门，罪犯会见、收工、就诊时必须通过安检门，通过对罪犯人身的探测，检查其是否携带了金属物品，替代了原先人工搜身，有效减少了罪犯私藏违禁品现象的发生。

3. 视频监控系统。视频监控系统一般采用三个等级管理：一级监控中心——省厅监狱管理局集中监控管理中心；二级监控中心——监狱指挥中心；三级监控中心——前端视频采集点本地监控中心，即三级监控模式。各监控点通过视频线缆将视频图像传送到监区监控室，网络硬盘录像机通过专网将数据流上传至监狱指挥中心，监狱指挥中心通过专网将数据流上传至省厅监狱管理局指挥中心，整个系统以光纤传输的方式建立专网。

监狱的视频监控系统一般安装在监狱的监舍、周界围墙、禁闭室、活动室等重要部位，以及会罪犯集中劳动的场所安装监控、监听设备，通过计算机网络实时向监控中心提供现场信息。该系统可以进行录像、录音、报警信号采集、系统联动控制等，并采用先进的数字压缩式监控系统，实现音视频信号在计算机网络中的传递和硬盘录像，保证系统的稳定性和可靠性，同时实现报警信号采集和系统联动控制，在总控制室和网络平台上可以通过电子地图快速显示报警方位，从而提高快速处突能力和监狱技防水平。

4. 电子巡更系统。电子巡更系统，又称电子巡查系统，是指对值班巡查人员的巡查路线、方式以及过程进行管理和控制的电子系统。该系统可以有效地监督值班巡查人员是否能够按照预先设定的巡查时间、顺序到达各指定巡查点进行巡视，是否能对巡查过程中发生的意外进行报警，从而保护巡查人员的安全，实现对系统的巡查工作进行管理。

首先，在预先设定的巡查路线上设置巡查点，并在巡查点上安装巡查开关或读卡机。其次，巡查人员按巡查程序所规定的路线和时间到达指定的巡查点，使用专门的钥匙开启巡查开关，向监控中心发出"巡查到位"的信号，监控中心在收到信号的同时记录下巡查到位的时间、巡查点编号等信息。最后，如果在规定时间内监控中心未收到指定巡查人员"巡查到位"的信号，或指定巡查点未按预先规定的顺序发出信号，系统将认为异常并及时发出报警信号，并可以联动监控摄像机监视巡查点区域的现场状态。

5. 监听对讲系统。监听对讲系统主要在罪犯会见、拨打亲情电话时使用。如在会见时，首先在录音前把安排探监人员与罪犯在会见室中的座位、会见的时间等信息输入录音系统中，由录音系统进行统一管理。录音时，系统自动启动录音功能，并对双方的通话进行监听。在监听时，通过有源音响或耳机对任意一路当前通话的通道进行实时监听，不会影响通话人，也不会影响录音质量。如发现双方谈话有碍监管安全，监听民警可以强行插入，如果双方不服从命令，民警可以强行切断通话线路。

根据不同的使用位置，监听对讲系统可以分为广播监听系统、会见监听系统、罪犯亲情电话管理系统。

（1）广播监听系统。其采用单片机（微处理）构成的编译码器组成音频矩阵，可编程，使产品组成网络，形成"总控中心—监区分控中心—值班室—监舍"四个层次的三级管理模式，实现统一指挥，分片分点地管理。值班室（对讲主机）有对讲、监听、广播、监控、报警功能。

（2）会见监听系统。它是罪犯会见家属时使用的监听系统，按照罪犯的处遇级别分为普见监听系统和宽见监听系统。中心控制台允许在某一线路或多路同时会见对讲的情况下，各路分别实行一对一或一对二的对讲，对讲声音清晰，各路间无串音干扰。监听过程中，可以实现时间控制、语音提示、数码录音、查询播放、远程检索等功能。

（3）罪犯亲情电话管理系统。该系统是对罪犯亲情电话管理和拨打进行监听、录音的系统，不仅包含了一般电话录音所需的全部功能，还融合了狱政管理的功能。整个系统采用集中式方式，在中心机房部署一套亲情电话录音服务器，各个监区的监控系统利用监狱内部的局域网联结成一个整体，形成一个能监控监狱亲情电话的全网，这样既可以在每个监区监听，也可以在监狱内网的任何地方对亲情电话进行全程监听。省级监狱管理局也可以通过内网广域网调用任何一名罪犯的电话监听记录。

6. 物联网智能管控系统。监狱物联网智能管控系统是运用现代信息、传感器、RFID、通信等技术，与监狱信息化应用深度融合，实现高效率、高质量、低成本的一种新型的信息系统。根据《监狱信息化 目标跟踪与地理信息管理业务规范》的要求，监狱物联网建设应用必须统筹考虑监狱信息化基础与监狱工作的实际要求，监狱要立足现有设备，针对突出问题，具有一定的智能管理控制功能。

（1）智能定位管理。对人、物品的定位管理，包括罪犯定位、民警定位和车辆定位。根据罪犯的危险性等级，采取区域定位与精确定位相结合的方式，有针对性地管控重点罪犯活动区域，在规定时间、地点核查罪犯的位置信息并进行点名，防止重点罪犯脱管、漏管；监测使用危险物品的人员、环境等情况，加强对危险物品的使用管理；实时跟踪管理外来车辆和人员活动情况，合理控制外来车辆和人员活动区域。民警定位可以实现智能考勤管理和保障安全。

（2）智能监控管理。在传统监控的使用中，值班民警需要自己进行盯看、分析、报警，导致值班民警的任务量较大，不能较好地完成任务。智能监控消除解决传统监控存在的依靠人力盯看的弊端，依靠现代技术手段，真正实现向科技要警力。其能优化固定监控点布局，解决视频监控盲区、死角等问题，真正做到视频监控全覆盖，加强监控图像智能分析，实现对罪犯脱逃、自杀、斗殴等各类突发事件的智能报警，提高基层民警的警务效能。

（3）智能指挥管理。它是指整合视频监控、报警联动、通信调度等各类安防系统真正做到"可看、可控、可调度、可联动"，使指挥中心从孤立应用向综合集成转变；加强指挥中心对监狱犯情、狱情、警情的分析和研判，使指挥中心从监控中心向情报中心、决策中心转变。

（4）智能矫正管理。它通过云计算、大数据等先进技术，在整合罪犯数据库、狱政管理软件等应用系统的基础上，设计、开发适应罪犯矫治需要的矫正数据库和检索平台，综合分析罪犯成长的背景、犯罪、服刑改造等情况，科学、准确地进行罪犯危险性评估，为开展循证矫正提供证据检索和查询服务。

7. 智能分析与识别系统。目前，智能分析与识别系统在高度戒备的监狱内使用，采取以事先预警为主要手段，配以事中指挥调度、事后调阅图像及取证为辅助手段的技术，加强对整个高度戒备的监狱的安全防范。智能视频分析需要自动识别监控对象，及时感知目标对象所发生的变化，当出现异常情况时，能够实现自动报警。它是一种执行智能视频分析和全自动视频监控的高级解决方案，能从模拟或数字视频流中自动跟踪并识别对象，分析运动并提取视频信息。

智能监控信息系统包括视频采集子系统、视频传输子系统、网络存储子系统、智能视频分析子系统、智能浓缩巡检子系统、系统管理系统和无人机侦测处置及巡防系统。

（1）视频采集子系统。它利用各类摄像机，对前端场景进行视频信号采集，再通过光电信号转换将前端采集的视频信号传输至监控中心，还原为现场图像画面。根据不同的功能要求，选用不同类型的摄像机设备，对于需要全天候采集现场信息的，采用红外夜视摄像机；对于防止人员人为暴力破坏监控摄像机的，需要加装防暴摄像机；对于走廊等通道区域，采用内置大功率红外灯一体化摄像机。

（2）视频传输子系统。它使用光缆、六类（超五类）非屏蔽双绞线缆对视频信号进行传输。前端采用模拟摄像机，如果传输距离小于300米，可采用规格为SYV75-5的视频同轴电缆传输；如果传输距离大于300米小于500米，可采用规格为STV75-7的视频同轴电缆传输；如果传输距离大于500米，可采用室内多模（或单模）光缆传输。前端采用网络IP摄像机，信号传输采用六（超五类）类非屏蔽双绞线缆进行传输，要求前端摄像机至前端接入网络交换机的传输线缆距离不大于90米。

（3）网络存储子系统。为了解决传统视频监控系统在存储容量上不能满足庞大的摄像机路数接入的问题，网络存储子系统采用双码流技术在网络中传输，通过监控中心配置的核心网络交换机进行数据交换，再通过智能监控系统对前端视频图像存储进行统一管理与配置。

（4）智能视频分析子系统。它针对接入各种摄像机以及DVR、DVS及流媒体服务器等各种视频设备，通过智能化图像识别处理技术，对各种事件主动预警，通过实时分析将报警信息传到综合监控系统及客户端。使用智能视频分析技术，用户可以根据实际应用，在不同摄像机的场景中预设不同的报警规则，一旦目标在场景中出现了违反预定义规则（越界、非法闯入等）的行为，系统会自动发出报警。

（5）智能浓缩巡检子系统。在一定时间内，每个视频设备产生的所有索引指向的视频片段，按顺序合成在一起的视频录像，即称为视频摘要。视频摘要内的每个目标上都标有时间标签，标明了该目标在视频中出现和消失的时间，通过视频摘要，可以指向原始视频录像的特定录像段。视频浓缩录像保留了原始视频录像中目标活动的画面，而将无变化的背景图像省略，节省了存储空间，提高了存储效率。利用智能视频定时快查设备的视频摘要技术，对没有进行实时识别的监区，定时生成视频浓缩录像，值班民警通过观察这些视频浓缩录像，可以快速对监狱内各监区的情况进行了解，及时发现其中的异常情况。同时，可以通过特征选取类型（如衣服颜色、身高、体型等特征类型）调取视频源中关于该特征人物的所有视频，形成人物的运动轨迹。

（6）系统管理系统。它是采用二层软件层次划分的体系结构模型，包含数据处理层和应用层。数据处理层主要对视频图像进行分析，是实现智能视频监控的关键组成部分。视频分析由目标检测、目标跟踪、目标分类、活动分析、报警信息输出等多个部分组成。应用层为系统整体管理、配置、检索所有设备提供统一标准，系统提供的工具可以提供定义、自创建、自组合很多与特定业务相关的业务功能和流程。

（7）无人机侦测处置及巡防系统。部署无人机侦测处置系统，可以实时获取低空飞行器目标位置和图像信息，通过信号干扰、GPS伪装等技术手段，协助无人机拦截和处置。通过无人机巡防系统，可以实时无线传输现场图像，实现对监狱周界布防区域的全天候、自动化空中巡查。

五、应急指挥系统的建设与管理

监狱应急指挥系统是指监狱利用现代网络、计算机、多媒体技术，以资源数据库、方法库、知识库为基础，以监狱指挥中心为核心，以地理信息系统、数据分析系统、信息显示系统为手段，借助全方位的前端安防设备，依托大数据智能分析平台，实现对监狱安全管理数据的收集分析，对应急处置指挥的决策辅助，对各类应急资源的组织、调度、管理、控制等功能，增强监狱处置突发事件的科学性、有效性、实战性。

（一）应急指挥系统

根据《监狱信息化 应急指挥联动系统业务与技术规范》（SF 03006—2012）的要求，

应急指挥联动系统整体架构由基础平台层、应用软件层、系统管理平台层、监狱信息化平台接口层构成。系统在架构上遵循司法部的统一要求和相关规范，使用面向服务的 SOA 架构和与平台无关的 J2EE 技术路线，统一使用司法部的相关标准和规范作为系统建设的技术依据，具有标准的 Web SERVICE 接口，实现与监狱其他系统的应用集成。

（二）子系统的建设与管理

监狱应急指挥综合管理平台的搭建是基于物联网来进行总体架构的设计，主要包括 8 个子系统，分别是指挥调度子系统、视频监控子系统、门禁控制子系统、电视墙控制子系统、接口管理子系统、设备运维子系统、联动处置子系统、中心管理子系统，实现监狱各业务系统与数据库的动态聚合，各业务系统间的资源共享，提供一种主动式的智能决策服务，从而营造了科学、规范、高效的监狱管控体系和文明的管控环境。

1. 指挥调度子系统。指挥调度子系统是平台应用的核心，系统汇总管理监狱办公区、监管区、监狱生产区、罪犯生活区以及武警防暴队等相关单位的资料，配合电子地图库，为指挥者提供全局、实时、详尽和直观的决策辅助信息。其可以根据实际需要，随时调用信息数据、现场视频图像、电台等，利用相关系统提供的应用模块，进行应急事件的指挥调度，实现指挥调度指令及时并准确地发布到各指挥调度机构，方便相关人员查阅，实现对整个突发事件的统筹指挥和调动。其主要管理功能如下。

（1）电子地图。指挥中心值班人员可以通过全监狱日常管控动态总平面电子地图直观地了解各栋楼的分布情况，每栋楼各层的走廊区域和房间的总体情况，可以通过点击区域快速打开房间关联的监控画面以及获取关押人员的信息，可以通过功能推送对房间进行监听、对讲操作。

（2）联动指挥。在监狱发生突发事件后，系统自动提示与突发事件相关联的预案信息，提醒民警进行处理。启动预案后，系统会根据预案预设的处置步骤自动或手动调度预案配置的资源，随时调用信息数据、现场视频图像、电台进行查看，显示和处理报警联动信息。其中，数字化应急预案是建立在传统应急预案的基础上，集现代化、信息化、智能化于一体的高度智能化的数字化应急预案。

（3）信息上报。通过信息上报管理模块可实现下级监区信息的上报及上级指挥中心数据信息的统计分析与记录查看。监区值班民警通过信息上报管理模块可上报每天监区的统计数据与当天的值班情况，以及可以每小时上报监区实时统计数据；指挥中心值班民警通过信息上报模块可以直观统计并查看每个监区上报的数据，如有未按时上报的情况，系统会通过语音形式提醒指挥中心值班民警；同时系统会通过统计报表的形式记录每天的上报信息，方便以后查看。

（4）待办事宜。值班人员通过平台，根据待办事宜的提醒，对日常事务提醒与报警信息进行处置，日常事务提醒包括每天每小时各监区值班人员上报信息数据的提醒，以及到规定时间点值班人员未上报统计信息的警告提醒，同时可以通过信息化平台中的待办事宜功能处理未处置的报警事务。

（5）统计分析。统计分析管理模块主要提供系统各项信息报表的统计内容，展现了各项信息的统计情况，主要包括在线巡更统计报表、报警统计报表、报警日志报表、门禁管控日志报表、日清监日志报表等。

2. 视频监控子系统。视频监控子系统由监狱应急指挥中心、监区分控中心、视频传输网络、视频采集节点构成。其中，监狱应急指挥中心是监狱内视频监控系统的中心节点，可以实现监狱范围内监控图像实时浏览、录像存储、录像检索回放、智能报警联动、监控点设备远程控制与管理、用户权限管理以及网络、日志管理等一系列功能。监狱应急指挥中心具备对设备告警处理的最高权限。视频监控子系统包括监控中心、录像管理、系统联动等管理模块。

（1）监控中心。监控中心是展现给用户最前面的操作界面，是应急指挥综合管理平台软件运行于前端的一个重要组成部分，主要进行监控浏览、分屏显示、本地录像、本地回放、本地截图、云台控制、本地轮巡组的管理。监控中心的每个功能项都通过权限来控制，同时控制每个用户所拥有的相应权限。

（2）录像管理。其提供对多种存储设备进行查询的功能，系统提供监控区域、摄像枪名称、录像时间等多条件组合查询，查询结果列表可对查询结果进行回放、下载。只有拥有下载权限的用户方可下载录像信息，在回放过程中提供快进、慢放、暂停和播放等多种控制方式。

（3）系统联动。指挥中心具有最高级别的设备报警处理权限，监控中心可显示所有报警源设备的报警信号，当监控中心接收到报警信号源时，系统自动联动出该报警源的实时监控画面，以语音形式告知值班民警，以动画形式展现报警点信息，同时联动实时监控画面显示于电视墙中，联动电子地图突出显示报警点的具体位置，以及通过三维模型将其自动定位至报警位置。

3. 门禁控制子系统。门禁控制子系统是指对监控范围内分布的各个独立的门状态进行监视和控制，实时监视系统和设备的状态，记录和处理相关数据，及时侦测故障，并进行必要的控制操作，适时通知人员处理、报警等。

（1）门禁管理。各受控门安装智能卡读卡器，民警或临时外来人员可持对应的有效智能卡在读卡器上刷卡，数据上传至控制器或门禁服务器系统，自动验证是否合法；非法验证数据信息平台以报警信号告知值班干警。另外，还可以使用指纹识别或者人脸识别技术，让进出人员通过指纹验证或者人脸识别比对，系统对指纹或人脸信息数据进行分析处理，合法则发送命令开启受控门，否则拒绝开门并发出报警信号。平台所有通道门及报警、指示灯均由控制器进行统一控制。

（2）报警处置。它包括对超时未关门与强行闯入报警、未授权密码输入错误报警、消防报警、胁迫报警、拆卸报警。当使用未授权的卡或输入错误密码试图打开门时，系统接收到报警信号信息，随之产生联动效应，同时发送命令至前端门禁，控制器发出蜂鸣报警或外接声光报警器信息。当使用者被人胁迫要求打开门时，可输入胁迫密码、按胁迫指纹，门被打开，使用者不会受到伤害，同时指挥中心的应急指挥平台中显示胁迫开门的报警信息并联动报警效果。

4. 电视墙控制子系统。电视墙控制子系统模拟硬件矩阵，以软解码的方式实现对电视墙的管理和显示，系统通过后台，可以自动配置管理不同厂家的电视显示器，系统通过接收信号采集平台服务器，解码服务器的信号，将指定的视频以不同的分屏模式显示在指定的电视大屏上。当系统有报警产生时，若联动服务器中设置了联动大屏显示，则联动服务器在接收到报警信息时，系统会自动向信令网关系统发送控制报警联动大屏管理模式，控制报警视频显示在指定模式的屏幕上，同时屏幕闪烁表示是报警视频画面，提醒监控人员注意查看，实现了系统的智能化、自动化。

5. 接口管理子系统。接口管理子系统是综合管理平台与外部安防设备和业务管理系统对接的桥梁。应急指挥管理平台的所有外部安防设备信号都由信号采集平台提供，它包括接收硬件各种状态、事件以及为控制硬件提供统一的对接平台，提升软件的智能化水平，包括信号接收和信号转发两部分。其中，通过 TCP、UDP 与信号采集平台交互，不直接与终端硬件对接，信号采集平台接收应急管理平台的消息，并将消息内容解释为操控动作，由信令子系统与硬件对接，根据消息内容执行相应的动作，同时接收硬件消息，并将消息转发到应急管理平台。系统支持级联功能，下级的数据信息可发送到上级单位，可以实现多级单位之间的信息共享和联动响应，构建多级化的应急管理平台。

6. 设备运维子系统。设备运维子系统实现了对网络、服务器、存储设备、负载均衡、数据库、中间件、基础地理信息等软硬件运行状况的全面监测，每种接入服务器和平台的逻辑服务器中均置有运行状态监测软件服务模块，负责监测设备和功能软件的各种指标状态，如 CPU 使用率、网卡使用率、CPU 温度、内存使用率、网络状态、机频通道状态、硬盘状态等。信号采集平台实时接收各类服务器状态信息，通过应急综合管理平台可以查看设备巡检服务器的历史状态、统计报表、报警阈值的设置，当指标超过报警阈值时自动触发报警，设备巡检服务器记录报警信息，通过三维建模方式实现异常信息动态报警。同时，建立网络安全防范系统，充分利用 CA 认证系统、防火墙、入侵检测等安全手段构建监狱信息安全防线，确保网络安全。另外，建立云设备中心，实现数据云上备份，防止灾害、意外等原因造成数据中心数据丢失，确保数据运行安全。

7. 联动处置子系统。联动处置子系统是集无线、有线、监狱安防报警、接警、处警于一体的接处警综合联动报警平台。当各类报警发生时，系统能以最快的速度自动显示报警者所处的地理位置、详细资料、警力分布等情况，便于快速调用警力前往处置。监狱安防监控系统的各类报警与音视频联动，能实时显示报警现场的视频画面，在电子地图上显示报警点所在位置，便于及时处置狱内突发事件。

8. 中心管理子系统。中心管理子系统作为平台的核心管理部分，能完成平台用户管理、角色管理、设备管理以及功能权限管理等操作。系统中的每个用户隶属于一个角色，每个角色配置设备的操作权限、功能操作权限、报警接收权限，用户数量和角色数量可根据具体需要无限制预设。系统实时管理在线用户及设备，实时监测流媒体服务器的负载，自动调整和分配流媒体的访问负载。系统服务器端和客户端的所有配置逻辑存储在服务器端数据库。中心管理子系统提供服务器管理、用户管理、单位管理、权限管理、设备权限管理。

第三节　监狱信息安全管理

一、监狱信息安全概述

监狱作为国家的刑罚执行机关，很多信息会涉及相关的国家机密，一旦泄露会给监狱工作造成被动，甚至对国家产生不利的影响。因此，监狱信息安全保密工作显得异常重要。监狱在建设信息化的过程中，必须重视信息安全工作，明确指导方针，建立系统的信息安全工作机构，完善信息安全工作体系，保护信息资源的安全性，确保监狱信息系统的安全、稳定。

监狱信息安全是指监狱管理部门应确保在监狱计算机网络化系统中的经自动通信、处理和使用过程所产生的信息内容，在各个物理位置、逻辑区域、存储和传输介质中的机密性、完整性和可审查性的一种管理状态。监狱信息安全包括与人、网络、环境有关的技术安全、结构安全和管理安全的总和，是监狱信息静态安全与动态安全的统一。

监狱信息安全体系一般由技术体系、组织机构体系和管理体系三部分组成。技术体系包括物理安全技术和系统安全技术，组织机构体系由机构、岗位和人事三个模块构成，而信息安全管理体系由法律管理、制度管理和培训管理三部分组成，是信息系统安全的灵魂。

（一）建立信息安全工作机构

机构建立是执行政策、实施规划的前提条件。为了确保监狱信息安全工作的顺利开展，监狱需要根据实际情况，按照"集中统一、分级管理、条块结合、协同制约"的策略，在充分论证的基础上，建立起系统的信息安全工作机构，包含专门负责信息安全战略研究分析的工作队伍和专门负责信息安全保障的工作队伍。前者通过对信息安全最新动态的研究和分析，为整个监狱系统的安全工作指明方向、明确部署、确定管理模式；后者在前者研究分析的基础上，明确工作任务、改变管理模式、提升工作成效，并且在开展工作的同时，建立起相应的培养和培训机制，注重对相关信息安全工作人员的专业培训，为后续的信息安全工作打下基础。

（二）做好技术防范保护措施

做好信息安全（特别是保密信息）的技术防护工作，是建立信息安全工作体系的重要基础。保证整个监狱信息网络的安全，需要从物理层面、网络层面、系统层面、应用层面等多方面进行立体的防护。不管哪个层面上的安全措施不到位，都会存在重大的安全隐患，都有可能造成业务网络的中断，影响工作的正常进行。监狱信息化安全防护重点体现在内网和外网两个方面，内网的威胁主要来自蠕虫病毒和恶意软件，一般是通过移动存储设备的使用感染的，需要加强内网的使用管理，现在已经可以通过软件来控制外部移动设备的非法接入。外网的威胁主要是恶意入侵，如利用计算机漏洞、网络安全漏洞对网络进行攻击。所以，无论是内网还是外网，都需要采取完备的安全防范措施，设置防火墙、设置网络入侵检测系统、安装网络防病毒系统、定期备份重要数据等。

（三）提高信息安全管理能力

监狱信息化的建设与应用三分靠技术，七分靠管理，由此可见，"管理"在信息安全工作中起着重要的作用。首先，要依法加强对涉密通信、办公自动化和计算机信息系统的保密管理和监督，要对涉密计算机信息系统的方案审批和验收工作严格把关，进一步建立健全信息审核、发布以及上网信息的日常检查制度。同时，对门禁、数字电网、围墙周界、监控报警等系统终端计算机加强管理，实行专管专用。其次，制定完备的安全制度，明确责任。对网络内部各个环节的安全需求进行全面考虑，明确各部分的安全管理目标、内容和方法，建立一套实用的安全管理制度。最后，定期进行相关的信息安全知识培训，全面提高网络使用人员的安全意识，组织其学习《计算机信息网络国际联网安全保护管理办法》《网络安全管理制度》等规章制度，提高网络管理人员维护网络安全的警惕性，并及时更新网络安全问题的应对手段，开展网络与信息安全保密教育，普及信息安全知识，提高监狱民警的信息安全意识，防止失密、泄密现象的发生。

二、监狱信息安全的技术要求

监狱信息安全的技术要求包括物理安全、网络安全和应用安全三方面的内容，涵盖了对信息系统安全支撑与运行维护相关的实施安全防范措施的各类要求。

（一）物理安全要求

物理安全保护的目的，主要是使存放计算机、网络设备的机房、信息系统和存储数据的介质等免受物理环境、自然灾害以及人为操作失误和恶意操作等威胁所产生的攻击，具体涉及温湿度控制、预防静电、电磁泄漏防护等。

1. 温湿度控制。为了确保计算机机房内各种设备的正常运行，必须将温度、湿度控制在一定范围内，过高或过低都会对设备产生不利的影响。理想的空气湿度范围为40%~70%，过高的湿度可能会在墙面上或者设备表面形成水珠，容易产生电连接腐蚀问题；过低的湿度则会增加静电产生危害的可能性。温度一般控制在20℃左右，温度偏高会导致电子元件的性能降低，使用寿命缩短，绝缘性能降低；温度偏低会使电容、电感、电阻器的参数改变，直接影响电子设备的稳定工作。

2. 预防静电。在物理环境中要尽量避免产生静电，以防止静电对设备、人员造成伤害。当相对湿度过低时，容易产生较高的静电电压，损坏电脑主板。在机房中，如相对湿度为30%，静电电压可达5000V；相对湿度为20%，静电电压可达10000V；相对湿度为5%，静电电压可达20000V，而高达上万伏的静电电压对计算机设备的影响是显而易见的。静电初期会导致电子元器件的性能下降，严重时会导致设备的损坏。防静电的措施主要有接地、使用防静电地板、使用防静电设备等方面。

3. 电磁泄漏防护。普通计算机显示终端辐射的带信息电磁波可以在几百米甚至一千米外被接收和复现；普通打印机、传真机、电话机等信息处理和传输设备的泄漏信息也可以在一定距离内通过特定手段截获和还原。设备的电磁泄漏通过辐射和传导两种途径向外传播。辐射泄漏是杂散电磁能量以电磁波的形式通过设备外壳、外壳上的各种孔缝、连接电缆等辐射出去；传导泄漏是杂散的电磁能量通过各种线路（包括电源线、信号线等）传导出去。常用的电磁防护措施有屏蔽、滤波、隔离、合理的接地与良好的搭接、选用低泄漏设备、合理的布局和使用干扰器等。

（二）网络安全要求

网络安全为信息系统在网络环境的安全运行提供了支持，一方面确保网络设备的安全运行，提供有效的网络服务，另一方面确保网络上信息的保密性、完整性和可用性。

1. 安全准入控制。为了防止非法用户访问网络资源，同时确保合法用户的正常访问，必须采取安全的准入控制措施。其中，准入控制系统是内网安全管理的前提和保障,是内网安全管理是否成功的决定性因素。只有将非法用户隔离在网络之外,让其无法进入网络和接触到网络中的信息资源,才能为网络信息资源提供较好的安全保障。主要措施可以从地址绑定、未用端口关闭、接入认证、基线核查等方面来制定。

2. 网络访问控制。它是指在鉴别用户的合法身份后,通过某种途径准许或限制用户对数据信息的访问范围,阻止未经授权的资源访问,包括阻止其以未经授权的方式使用资源。当用户提出资源访问请求时,系统必须要先确认其是合法的用户,而不是假冒的欺骗者,也就是对用户进行鉴别(也称认证)。用户通过鉴别以后,就会获得一个用户标识用来区别其身份,此时系统才能根据预设的访问控制策略来判定用户是否拥有权限对网络资源执行访问。

3. 入侵检测控制。对于通过网络连接的系统来说,一个重要的安全问题是由用户或软件引起的恶意或者至少是不期望发生的非法入侵。用户非法入侵可能采用的方式是在未经授权的情况下登录计算机,也可能是已授权用户非法获取更高级别的权限或进行其权限以外的操作。软件非法入侵可能采取的方式有病毒、蠕虫或特洛伊木马程序等。基于网络的入侵检测是防火墙的第二道防线,监视所在网段的各种可疑行为与数据包,如果与内置的入侵行为规则吻合,入侵检测系统会记录攻击源的 IP 地址与端口、攻击类型、攻击目标的 IP 地址与端口、攻击使用的协议、攻击事件、威胁程度等信息并发出报警信息。

(三)应用安全要求

电子政务等业务应用是建立在网络基本应用基础上的,对应用系统的安全保护就是保护系统的各种业务应用程序安全运行。

1. 用户访问控制。为了保证应用系统受控并合法使用,在应用系统中必须实施用户访问控制。对于用户的权限实施集中、统一的管理,用户只能根据自己的权限大小来访问应用系统,不得越权访问。特别是内网用户在使用业务系统时,必须严格按照各自的权限进行操作,严禁将自己的用户名及密码告诉他人,不得借用或冒用他人的用户名、密码进入业务应用系统进行操作。

2. 系统攻击防护。各种类型的应用系统要对人机接口输入、网络通信输入、文件输入的数据进行格式和长度的检查,防止攻击事件的发生。有效检测并防御 SQL 注入攻击、网页篡改攻击、跨站脚本攻击、拒绝服务攻击等应用层的攻击行为。内网用户使用计算机时,应该按照应用软件操作的具体要求使用业务应用系统,严禁非本单位工作人员使用本单位的业务应用系统,严禁非系统操作员使用业务应用系统的维护模块,严禁未经批准改动业务应用系统的个人使用权限。内网用户未经技术或管理部门同意,不得擅自复制业务应用系统中存储的和提供给用户使用的各种软件,不得私自下载、复制系统中的涉密信息数据。

3. 数据备份与恢复。为了确保业务服务系统的安全、稳定,可以采取同步备份、异构备份的措施,当业务服务出现问题的时候,能够启动备份进行恢复,减少安全事件带来的损失。单位必须建立数据备份系统,认真做好各业务应用系统的数据备份工作。有条件的单位应实行异地双备份,并对重要业务应用系统数据实现双机热备。执行数据备份的操作人员应认真记录每项备份任务的时间和责任人、备份数据的内容和数量以及存储备份文件的位置；定期检查备份系统和存储介质设备的安全性和备份数据的可读性，发现异常要及时采取补救措施，对存储涉密数据的备份介质要进行登记编号，严格按照有关保密规定进行管理控制。

三、涉密信息安全的管理要求

国家秘密分为绝密、机密、秘密三级。监狱的许多信息都属于国家秘密，信息泄露会使国家的安全和利益遭受严重的损害，所以对于这些涉密信息的处理显得尤为重要。

（一）涉密文件的管理

1. 登记和传递。机要部门收到密件后，首先，要在专门的密件登记簿上进行登记，除了常规的登记项目外，还应注明密级、编号、份数、制作日期。其次，要根据国家保密局、司法部等上级部门的规定，对涉密文件准确定密，具体由单位拟文部门提出意见，办公室进行审核，再由分管领导审定。最后，传真递送涉密文件应由单位机要部门办理，传真涉密文件必须使用密码加密传真，不得使用普通传真，严禁通过外网传递涉密文件，在内网未采取数字加密技术措施之前，不得使用内网邮箱和公文交换系统传递涉密文件。

2. 起草和复印。起草涉密文件必须使用相应密级的涉密计算机，不得使用普通计算机，更不得在连接互联网及其他公告信息网络的计算机上存储、处理涉密信息。印发涉密文件要控制发送范围，并在文件上打印编号，登记每份文件的发送单位。涉密文件一般不得复印，严禁各部门复印密码电报和绝密文件，确因工作需要复印机密级以下文件的，须做好相关审批工作，用于复印涉密文件的复印机要选择无硬盘装置的机型，按照涉密载体进行管理。

（二）涉密计算机的管理

1. 配备和使用。凡是接入上级和单位内网的计算机均应为机密级涉密计算机。涉密计算机专门用于处理文件、图像、数据等涉密信息，连接涉密网络和涉密移动存储介质。涉密计算机应该由单位信息技术部门统一管理，根据工作需要控制配备范围，对于处理不同密级信息或连接涉密网络的计算机，要按照最高密级来确定密级并落实分类管理的措施。单位要建立涉密计算机台账，登记使用部门和使用人员，在计算机上加贴标签，标明密级、编号和使用人。设置计算机开机口令，一般秘密级计算机口令长度不得少于8个字符，绝密级计算机口令长度不少于10个字符，而且登录口令必须由数字、大小写字母、特殊字符混合组成，并定期进行更换，防止口令被盗。

2. 维护和管理。单位信息技术部门负责涉密计算机的维修、更换和销毁。凡是需要社会技术人员到现场进行维修的，应派专人负责到现场监督。如需将涉密计算机带出单位维修的，必须先拆除计算机中的存储部件。因为工作需要，要将涉密计算机改为普通计算机的，必须拆除原涉密硬盘并安装新的硬盘，原硬盘按照保密规定处理。严禁将涉密计算机带到与工作无关的场所。在涉密计算机上不得使用含有无线网卡、无线鼠标、无线键盘等具有无线互联功能的设备处理涉密信息，不得安装、运行、使用与工作无关的软件。

（三）涉密移动存储介质的管理

1. 配备和使用。涉密移动存储介质主要包括移动硬盘、U盘、光盘及其他可移动的存储介质，仅限于在涉密计算机上进行使用，专门用来存储涉密信息，实行统一登记和管理。涉密移动存储介质均应为机密级，并按其所存储信息的最高密级来确定密级。不得把较高密级的移动存储介质在较低密级的计算机上使用，更不得在非涉密网络进行使用。如果因工作需要，要在外网计算机上使用涉密移动存储介质的，必须经过批准同意，并在信息技术部门检测和登记，防止木马病毒攻击造成信息泄露。

2. 管理和维护。涉密移动存储介质必须由单位信息技术部门统一管理，严格控制使用范围，消除移动存储介质涉密与非涉密混用、公私混用、内外网混用的现象。对于绝密级移动存储介质，必须存放在单位机要部门。信息技术部门要建立相关管理台账，登记涉密移动存储介质的使用部门和使用人，在存储介质上粘贴标签，标明密级、编号和使用人，对涉密存储介质的维修、更换及销毁，都要完善管理手续，严禁将涉密存储设备带到与工作无关的场所。

四、网络与信息安全事件应急处置

建立和健全监狱系统网络与信息安全突发事件应急处置工作机制，有利于提高网络与信息安全事件应急处置的能力，可以预防和减少突发事件的发生。

（一）事件分类

网络与信息安全事件分为有害程序事件、网络攻击事件、信息破坏事件、工业控制系统攻击事件、设备设施故障和灾害性事件等。

1. 有害程序事件。有害程序事件分为计算机病毒事件、蠕虫事件、特洛伊木马事件、僵尸网络事件、混合程序攻击事件、网页内嵌恶意代码事件和其他有害程序事件。

2. 网络攻击事件。网络攻击事件分为拒绝服务攻击事件、后门攻击事件、漏洞攻击事件、网络扫描窃听事件、网络钓鱼事件、干扰事件和其他网络攻击事件。

3. 信息破坏事件。信息破坏事件分为信息篡改事件、信息假冒事件、信息泄露事件、信息窃取事件、信息丢失事件和其他信息破坏事件。

4. 工业控制系统攻击事件。工业控制系统攻击事件是指对控制生产设备运行的网络、系统、数据进行攻击导致的工业控制系统运行故障。

5. 设备设施故障。设备设施故障分为软硬件自身故障、外围保障设施故障、人为破坏事故和其他设备设施故障。

6. 灾害性事件。灾害性事件是指由自然灾害等其他突发事件导致的网络和信息系统故障。

（二）事件等级

根据网络与信息安全突发事件的可控性、严重程度和影响范围，可以将事件等级分为三级：重特大网络与信息安全事件（Ⅰ级）、较大网络与信息安全事件（Ⅱ级）、一般网络与信息安全事件（Ⅲ级）。

网络与信息安全事件发生后,要遵循事件分级分类标准,对事件进行预判处理,对于预判为Ⅰ、Ⅱ级事件的,立即报告所在单位应急指挥部,并向上级应急管理办公室报告,对于预判为Ⅲ级事件的,需要及时报告单位应急指挥部。报告的内容包括事件发生的时间、地点、发生事故的网络信息系统名称、原因、信息来源、事件类型及性质、危害和损失程度,对于单位及业务的影响程度,事件发展的趋势和已采取的处置措施等。

（三）安全事件应急处置

1. 网站遭篡改或出现非法信息事件。一旦发现门户网站遭篡改或出现非法信息,单位办公室应立即向上级主管部门应急管理部报告,如认为事态严重的,经上级同意后,还要向网信部门和公安部门报告。

技术人员首先要将被篡改或出现非法信息的页面抓屏并保存,把相关网站文件、系统日志、安全设备日志等日志信息备份到服务器外的移动存储设备上；其次对相关数据和日志进行检查和分析,消除系统存在的主要问题,修复网页内容、删除网站上的非法信息、恢复与重建被攻击或破坏的系统,采取措施对系统进行加固；最后修复网页并对网站全部内容进行查看,确保没有问题,再解除对服务器的隔离,将网站重新投入使用,同时追查非法篡改、非法信息的来源,尽可能地定位攻击来源,排查系统安全隐患,总结事件处理情况,提出防范再度发生的解决方案。

2. 网站服务器遭非法入侵。如果发现单位网站服务器被远程控制、植入后门程序或发现有黑客正在进行攻击,应立即向上级主管部门应急管理部报告,如认为事态严重的,经上级同意后,还要向网信部门和公安部门报告。

如果服务器已经被入侵,技术人员首先要及时将被攻击的设备从网络中隔离出来,追查攻击源,及时修改防火墙等设备的安全配置,阻断黑客的继续入侵；其次做好必要的记录并保存,分析后台数据库操作日志,判断数据是否失窃,检查、校验数据的完整性和有效性；最后在提取相关数据样本后,恢复与重建被攻击或破坏的系统,并总结事件处理情况,提出防范解决的方案。

3. 办公终端发生大面积病毒感染。如果发现单位计算机大面积被感染病毒后,应立即向上级主管部门应急管理部报告。技术人员要将所有中毒的计算机断开网络连接,备份中毒设备的硬盘数据,使用杀毒软件或专杀工具对染毒计算机进行杀毒处理,同时对其他计算机进行病毒扫描和清除工作,确保病毒被有效隔离。如果发现现行的反病毒软件无法清除该病毒,应该及时汇报并与防病毒厂商取得联系,会商制定解决方法。对于整个事件的时间、现象、处理过程,要进行详细的记录。

4. 信息泄露事件。一旦发现信息泄露事件,工作人员要立即调查信息泄露的内容,包括影响范围、事件起因、事件性质、事件发生的时间和责任人等。技术人员要果断采取措施,追查泄露信息的流失渠道,收缴流失的信息资料,防止泄密范围进一步扩大,利用舆情监测系统将泄露的信息内容纳入监测范围,进行 24 小时全网监测。如果发现有泄露信息的相关内容,要第一时间与网信办、公安部门取得联系,积极会商采取措施,尽可能地控制信息传播的范围,追查消息来源,锁定嫌疑人。最后要对整个事件的起因、性质、影响和责任等进行调查,提出处理意见和改进措施。

本章思考题

1. 监狱信息化建设的要求体现在哪几个方面?
2. 监狱信息化的平台建设有哪些?试举例说明对其中某一个平台的建设和管理。
3. 对于处理涉密信息的计算机和移动存储介质,如何进行管理?
4. 一旦发生网络信息安全事件,该如何处理?

第八章 监狱危机管理

当代中国,政治、经济、文化变革日益加剧,社会面临着重大调整和转型,各种矛盾交织导致危机涌现,随时考验着政府的执政能力和治理成效。监狱作为国家的刑罚执行机关,承担着惩罚与改造罪犯的重任。监狱形象关乎政府形象,监狱安全关乎社会安全。长期以来,在"安全为天"的"底线思维"的引导下,监狱安全防控体系进一步健全,危机数量整体呈下降趋势,但随着监狱押犯结构调整、狱情犯情变化,危机不可避免,且呈现出恶性事件增多、暴力袭警案件增多、罪犯及家属过度维权事件增多的特征。居安思危,监狱因其特殊性,是各种矛盾的聚集地、交织点,潜藏着大量的危机事件诱因,被喻为"火山口""炸药库"。我们能预知危机发生的地点,却不能准确判断危机发生的时间和具体形态。加强监狱危机管理是防控和处置监狱危机事件及确保安全的根本措施。

第一节 监狱危机管理概述

一、监狱危机

危机(crisis)是指因主观或客观原因导致的具有直接危害或潜在威胁的极端事件和状况。个人、团队、组织、国家乃至世界都会面临各种危机,2019年,巴西监狱因"人满为患"、黑帮争斗问题严重,发生多起监狱暴动,并造成100多人死亡,在押罪犯趁乱越狱,成为在国际上产生较大影响的监狱危机事件。

(一)监狱危机的概念

监狱危机是指发生在监狱内部,对监狱管理目标构成威胁的非常规性事件和状态。监狱危机是公共危机的具体化,具有公共危机的一般性质。同时,监狱作为特定的行为主体,又具有不同于其他公共管理机关的职能和特点,故而监狱危机具有特殊性。

首先,监狱危机发生在监狱系统这个特定的空间内部,并且在非特定的时间流的任意节点或可持续的时间段上突然爆发并持续发酵,或长期酝酿突然爆发。其次,监狱危机有可能是因监狱管理主体与管理对象的心理与相互关系、外部社会关系、监狱内部的客观环境(自然环境、工作环境、生活环境、卫生医疗环境、安防基础设施等)、新闻传播与舆论环境、管理制度法规、监狱文化与监狱生存哲学等因素单独作用或共同作用产生的。最后,监狱危机的发生对会监狱内外造成重大的物理性和心理性伤害。危机事件的发生、影响与范围等具有风险的可预测性与不确定性特征。

（二）监狱危机的特征

科学地把握事物的特征是判定、识别事物的基础。监狱危机作为危机的一种，自然具有危机的所有特点，如突发性、威胁性和危害性、不确定性及紧迫性。但因监狱管理的特殊性，监狱危机具有以下五个特征。

1. 发生的可预见性。虽然监狱危机种类繁多，但有一些危机凭经验可以预见。如罪犯群体打架斗殴前会有矛盾争执发生，罪犯自杀、脱逃要准备工具等，只要监狱警察能够觉察到蛛丝马迹或从其他渠道获取情报信息，便有可能将危机扼杀在萌芽中。

2. 影响的可控性。监狱危机大部分发生在监狱这个特定的环境中，具有一定的封闭性，同时，监狱危机的主体也是特定的人群。因此，监狱危机爆发时，如果采取合理的应对措施，相对于其他危机，是有可能将监狱危机的影响控制在一定范围内的。

3. 诱因的人为性。监狱危机的发生有很多诱因，但其中占主导地位的是人为因素。

4. 瞬间的聚众性。监狱内罪犯的哄监、暴狱、绝食等危机事件大多是由于少数罪犯在背后鼓动操作的，通过利益群体把一些不明真相的罪犯卷入事件中，通过扩大事件的影响，达到自身的目的。自然灾害类和公共卫生类监狱危机由于同时会危及群体性罪犯的生命安全和身体健康，导致事件本身就具有聚众性。

5. 反应的连锁性。由于监狱本身就是一个相对压抑的空间，一旦发生危机事件，往往会起到类似于催化剂的作用，相互作用，导致连锁反应，迅速蔓延。如内蒙古呼和浩特第二监狱发生的暴力袭警越狱脱逃案件，事件过程中同时出现的还有绑架杀害监狱警察，制作抢夺凶器，逃窜到社会上危害群众等一系列新的违法犯罪行为。即便是事后脱逃罪犯被抓捕、控制，但此案件引起的社会恐慌及对监狱形象、监管秩序的负面影响将会持续很长时间。特别是某些心存不轨、别有动机、蠢蠢欲动的罪犯还有可能会继续效仿此类做法。

二、监狱危机等级管理

危机管理（crisis management）由美国学者史蒂文·芬克提出的，最早是从企业管理角度来对其进行阐述的。广义上指的是为预防危机，最大限度地降低危机所带来的负面影响，让个体或组织从危机中迅速地恢复起来；或出于各种原因让危机在可控的状态下发生，并在危机发生的事前、事中或事后有针对性地采取的管理行为和补救措施❶。美国著名危机管理专家罗伯特·希斯在《危机管理》一书中对企业在面临管理、财务等危机时提出了一种危机管理模式即4R危机管理理论。4R即缩减（reduction）、预备（readiness）、反应（response）、恢复（recovery），是危机管理的四个阶段。4R危机管理模式非常值得在监狱危机管理中加以借鉴发展和应用。

（一）监狱危机管理的概念和特征

监狱危机管理是监狱管理过程中应对危机状态的一种具体管理形式。长期以来，监狱认真履行法律赋予的神圣职责，形成了一系列行之有效的管理机制，监管秩序持续稳定，监狱运行态势良好。但由于社会形势的发展变化，各种新的矛盾和问题不断出现，

---

❶ 王昊. 危机管理理论在应对网络舆情热点中的应用研究［D］. 合肥工业大学，2011.

监狱同样会出现一些前所未有的矛盾和隐患。监狱除了做好日常管理工作外，还须进一步强化枕戈待旦意识，强化危机管理理念，提高危机管理水平，及时有效应对各类危机事件，最大限度地确保监狱的长治久安和社会的和谐稳定。

综合危机管理的若干理论观点，可以将监狱危机管理定义为：监狱通过建立危机应对机制，采取一系列法律手段和预防措施来化解威胁监狱安全的非常规事件和状态，以恢复正常的监管秩序，确保监狱安全稳定的计划、组织、领导和控制等活动的总称。

与社会其他组织一样，为了有效消除危机事件的负面影响，减少危害损失，监狱危机管理应具备及时性、有效性、复杂性、网络性、有限性、动态博弈性等特征。同时，由于监狱在社会体系中的特殊地位及监狱危机事件的特殊性，决定了监狱危机管理具有以下特征。

1. 监狱危机管理的政治性。监狱是国家刑罚执行机关，惩罚与改造罪犯是监狱的职能，也是监狱开展危机管理工作的核心任务，这是监狱危机管理与其他危机管理的本质区别。

2. 监狱危机管理的强制性。监狱是国家的暴力机构，关押的对象是因违反国家刑法而承担刑事责任的罪犯，其所犯罪行对人民生命和财产安全、社会秩序甚至国家政权造成了严重破坏，具有较强的现实危险性。区别于通常的社会管理，监狱在日常管理过程中也存在较多的强制性，这也决定了监狱危机管理势必充满强制性措施。特别是在处置罪犯狱内行凶闹事、劫持人质、自杀、袭警、哄闹监所、群体斗殴、暴狱这类采取暴力行为故意破坏监管秩序类事件时，强制性手段必不可少。

3. 监狱危机管理的整体性。监狱危机管理的各个要素和环节的作用是一个围绕安全这个中心展开的相互联系、相互协调的整体过程。

（二）监狱危机管理的意义和作用

监狱危机管理是监狱管理的重要内容，正常状态下的监狱管理遵循已有的制度规则和运行习惯，具有明确的管理目标、有效的管理措施、宽松的管理环境和预期的管理效果。一旦发生恶性、突发事件等危机现象，监狱的正常管控机能就会被严重破坏，党和人民赋予监狱的神圣使命将受到极大挑战。因此，监狱的危机管理是监狱管理的"重头戏"，是实现监狱政治和法治建设目标的基础和重要保证，也是国际人权斗争的需要。

1. 监狱危机管理与政治建设。监狱是国家的刑罚执行机关，是人民民主专政的工具之一。监狱职能发挥得如何，直接影响着党和国家的形象，关系到法律的尊严，也体现了社会主义制度的优越性。首先，监狱机关代表国家依法对罪犯实施惩罚与改造，使其成为守法公民，监狱肩负的是神圣而光荣的政治使命。确保监狱绝对安全是一项严肃的政治任务，而完成这一任务的最大障碍和挑战就是对突发事件和危机的管理。监狱通过强化危机意识，加强对各类突发和危机事件的预防和控制，就能有效规避和减少风险，保持监管场所的持续安全、稳定，做到不辱使命。其次，监狱警察是国家公务员，"讲政治"是对监狱警察的第一要求，如果监狱警察的忧患意识不强，或对危机事件处置不当，甚至因失职渎职造成重大恶性事故，就会破坏监狱安全的稳定结构，损害国家和人民利益，监狱警察作为管理主体还会依法、依纪被追究责任。这既损害了政府的公共形象，也会影响个人的政治生命，造成难以弥补的遗憾。

2. 监狱危机管理与法治建设。首先，随着法治中国建设进程的不断加快，公民的法律意识、维权意识逐步增强，对执法工作及政府处理公共危机事件的希望和要求也越来越高。监狱是法律的最后一道屏障，监狱管理的对象是触犯刑法而受到制裁的形形色色的罪犯，罪犯的构成复杂。暴力犯、重刑犯、"难管抗改"犯越来越多，危机事件发生的概率和频度越来越高，在影响和冲击监管秩序的同时，也对社会的和谐安定构成了潜在的威胁。监狱通过强化监狱警察的法治观念，依法规范监狱管理行为，做到依法治监、公正执法、文明管理，是避免突发危机事件、确保监狱安全平稳运行、维护法律公平和正义的根本保证。其次，监狱危机事件具有突发性、不确定性、破坏性及决策非程序化等特点，决定了监狱危机管理是监狱正常管理工作中的非常态。科学、合理、有效地应对监狱危机事件，可以丰富相关立法的实践活动，为立法的创新打下坚实的基础，增强我国法律体系的活力。

3. 监狱危机管理与人权保障。首先，罪犯作为社会的特殊群体，从某种意义上讲，有时处于弱势和被动情形，其合法权益的保护问题受到了国际社会组织的高度重视。中国政府一贯重视罪犯人权的保障问题。1994年颁布的《中华人民共和国监狱法》第七条规定：罪犯的人格不受侮辱，其人身安全、合法财产和辩护、申诉、控告、检举以及其他未被依法剥夺或者限制的权利不受侵犯。当前，国际社会和国内民众对监狱的关注度和期望值正在不断提高，特别是罪犯人权保障工作的重要性、敏感性也越发凸显。监狱处于国际人权保障的前沿阵地，如果危机事件处置不力造成负面影响，就会授人以柄，成为别国对中国实施人权攻击的借口。由此，以人为本，建立健全监狱危机管理体系，有效应对危机事件，保障包括罪犯在内的危机事件利益相关者的合法权益，确保监狱安全，维护社会的和谐稳定，能够充分展示中国监狱法治、文明、人道的良好形象，有力驳斥一些西方国家、敌对势力对中国人权状况的歪曲和攻击。同时，也能树立国家的良好国际形象，提升国际地位，为经济和社会发展创造良好的外部环境。其次，从当前监狱管理的情况看，在处理惩罚改造罪犯与保障罪犯人权的关系中，还存在少数监狱警察的公正执法意识不强、部分罪犯个人欲望过度膨胀等不容忽视的问题。这就要求监狱警察一方面要通过严格依法管理，及时打击狱内违规违纪现象和违法犯罪行为，同时要正确处理惩罚罪犯与保障罪犯人权的关系，做到法德并举、宽严相济，杜绝打骂、体罚、虐待罪犯的行为，最大限度地维护罪犯的合法权益，防止出现引起社会关注、有损国家形象的监狱危机事件。

（三）监狱危机管理的目标和要求

当代危机冲突理论认为，没有一个社会系统的整合十分完美，包括监狱危机事件在内的社会系统中的冲突是普遍存在的，监狱危机事件随时存在、随时发生。监狱危机事件一般具有突发性强、不确定性高、影响面广等特点，不及时或不妥善地加以处理，都会带来严重危害。危机管理的目标任务可以归纳为：事前预防，预警预报；处理事故，遏制事态；挽回败局，控制局面；协调关系，沟通信息；总结经验，重塑形象。

1. 监狱危机管理的目标。监狱危机管理的目标包括以下几个方面。

（1）执法目标。执法目标也可以看作政治目标。《中华人民共和国监狱法》规定，监狱是国家的刑罚执行机关。监狱人民警察代表国家依法管理罪犯，这是监狱机关的首要任务和重要职责，因此刑罚执行是监狱的首要管理目标，监狱的一切管理工作均要为刑罚执行服务，监狱危机管理也不例外。监狱遭遇突发事件或处于危机状态，就会对监狱管理造成直接影响，就可能扰乱正常的刑罚执行工作。因此，有效实施监狱危机管理的目的就是更好地确保刑罚执行目标的实现。

（2）安全目标。加强监狱危机管理，能够及时消除监狱的安全隐患，保证监狱按照正常的管理规范运行。从这个意义上讲，及时化解危机是确保监狱安全的基础和保证。

（3）经济目标。监狱是执法机关，同时又是行政机关，提高行政效率，降低行政运行成本，是包括监狱机关在内的所有政府部门的目标追求和义不容辞的责任。监狱危机的出现，打破了监狱的平静，干扰了监狱正常管理，监狱势必会投入更大的警力、物力、财力进行化解和消除，增加行政开支和经济负担是必然结果。因此，强化监狱危机防范和危机管理，可以有效地规避风险，避免或减少经费开支，降低行政运行成本，使国家的财产免受或少受损失，实现管理效益的最大化。

2. 监狱危机管理的基本要求。监狱危机管理的基本要求包括以下几个方面。

（1）监狱危机管理的"三道防线"。监狱危机具有突发性、紧迫性和危险性等特点，因而危机管理就具有不确定性、应急性和预见性的客观要求，在职能上则表现为预防、处置和评估三项职能。"预防"是监狱危机管理的第一道防线，指危机发生前所进行的一切有效预警工作，目的是防患于未然。"处置"是危机管理的第二道防线，指突发性事件爆发、持续阶段所进行的救治工作，目的是降低危机风险、减小危机造成的损失。"评估"是危机管理的最后环节，指危机管理结束后对危机管理过程进行认真总结，为今后应对类似危机提供经验。这三个环节是相互依存、相互衔接的。其中，"预防"作为第一道防线是危机管理的基础；"处置"是危机管理的关键环节，决定着危机管理的成效；"评估"是前两个环节的反馈，它们共同构成了一个完整的监狱危机管理过程。

（2）监狱危机管理的"四个环节"。第一个环节是预警和预防环节。监狱危机发生前，或多或少都有一些征兆，有些可以预报和先知，如水涝灾害、气候变化等。预测预警主要是发现危机的潜在隐患，为防范提供依据、做好准备，一般可采用仪表仪器、查阅资料、收集信息等方式进行。对于主观原因引起的监狱危机事件，监狱主要是通过现象分析和调查、排查，来预测危机发生的时间、规模、性质等，从而得出相应的结论。如监狱发生的罪犯脱逃、自杀案件，一般案发前，罪犯都或多或少地会暴露出一定的思想和行动倾向，及时观察和定期分析罪犯的言行，准确掌握犯情动态，就能够达到犯动我知、犯思我知的状态，就能采取措施加以防范，有效避免类似案件的发生。

第二个环节是应对和处置环节。应对和处置是监狱危机管理的关键。当危机发生后，必须迅速启动危机管理预案，采取措施，尽可能地维护监狱安全。危机应对的关键有三点：一是反应要"快"，要及时迅速、争分夺秒，切不可拖延时间、贻误战机；二是情况要"明"，要迅速摸清危机发生的实际情况，掌握第一手资料，切忌道听途说、人云亦云；三是措施要"准"，要在查明原因的基础上，一方面尽最大努力控制局势，另一方面采取补救措施防止事态扩大。同时，危机发生后，保持镇定是至关重要的，尤其是决策者和组织者要冷静分析、认真对待，迅速启动和实施预案，并根据不断变化的新情况及时调整处置方案，防止因惊慌失措导致决策失误和处置不当。

第三个环节是隔离与控制环节。危机发生后，要迅速采取措施防止事态蔓延，尽可能地减少危机冲击波。一是及时评估危机风险，分析其发展趋势；二是采取措施进行隔离和阻断，科学部署警力，防止连锁反应或危机蔓延；三是启动应急管理预案，一方面合理调配资源，另一方面及时启动备用方案，采取更有力、有效的措施予以控制；四是确保后勤保障有力，在武器、装备、资金、车辆等方面满足实际需要并留有余地；五是统一协调、统一指挥，确保步调一致。

第四个环节是评估与恢复环节。监狱危机平息后，要及时安排恢复重建工作，并对危机的后续发展密切关注，防止死灰复燃。对于任何组织而言，危机既能使组织走向衰亡，也可能使坏事变成好事，化危机为机遇，成为走向新生的契机。能否及时总结、认真吸取经验和教训至关重要，只有这样监狱警察的危机意识和危机管理水平才能有新的提升，监狱的抗风险能力才能越来越强。

第二节　监狱危机识别与响应管理

一、监狱危机识别管理

根据《中华人民共和国突发事件应对法》的规定，我国将突发事件分为自然灾害、事故灾难、公共卫生事件和社会安全事件四大类。监狱危机的种类繁多、表现形式多种多样，精准地识别危机是积极响应的基础。在日常工作中，我们谈到监狱危机，首先想到的往往是罪犯越狱（脱逃）、罪犯狱内行凶闹事、劫持人质、自杀、袭警、哄监闹事、群体斗殴、暴狱等监管安全事故。除此以外，还涉及灾变危机、安全危机、监狱警察队伍形象危机等方面。

（一）监狱危机的表现

第一类：灾变危机。它是以自然环境的变化为诱因，非人为因素可以控制的监狱突发事件，主要指地震、水旱、坍塌等不可抗拒的灾害，俗称"天灾"，致使监狱正常的生产、生活秩序在瞬间被打乱。如2008年的"5·12汶川大地震"中的阿坝监狱，地震的发生对生命和财产都构成了严重威胁和影响。

第二类：安全危机。主要有三个方面：①突发监管安全类。它是指罪犯在监狱内故意制造和实施的破坏监管秩序，危及监狱监管安全，有极大的危害性和较大影响力的事件。罪犯聚众闹监、暴狱、聚众持械劫狱，罪犯纵火、行凶杀人、群体性自杀，罪犯劫持杀害警察、职工等重大案件；集体性的脱逃、劫持人质、对抗管教（如绝食、哄监闹事等）等破坏监管改造秩序的重大案件；调遣罪犯时发生的脱逃等安全事故或交通事故；针对监狱的恐怖袭击事件等突发事件。②突发公共卫生事件类。它是指突然发生在监狱里的，造成或者可能造成群体性人员健康严重受损的重大传染病疫情、群体性食物中毒和职业病危害以及其他可能严重影响监狱监管秩序稳定的事件，例如，"SARS"疫情、新冠肺炎疫情。③重大安全生产事故类。它是指监狱在组织罪犯进行生产劳动的过程中，由于主观责任过失造成相关机械设备损坏或安全措施不到位，导致人员伤亡或重大经济损失的事故，主要表现为矿难、火灾、触电事故、交通事故、断电、通信受损等。

第三类：监狱警察队伍形象危机。它是指监狱警察或监狱聘用人员因个人原因或在履行职责时因触犯法律法规制度或明显违反社会道德等事件，在媒体曝光后导致社会舆论热评，造成行业社会美誉度、信任度大幅下降，损害监狱的整体执法形象。

（二）监狱危机的识别方法

1. 借助狱情分析。狱情分析是监狱围绕监管安全对犯情所做的分析，是对最不放心的人、最不放心的事、最不放心的时间段和最不放心的区域展开分析。全面、准确、及时、有效地识别异常狱情犯情等，建立灵敏、高效的情报信息网络系统，就能做到早发现、早报告、早控制、早处置。狱情收集的常规方法有观察法、内查外调法、资料收集法、问卷法、访谈法、情况汇报法、心理评估法、技术监控法、个案分析法等。

2. 借助罪犯危险评估。构建科学的危险评估体系，实现罪犯分类分管和个别化矫治，能有效预防和减少监狱危机事件的发生。借助罪犯危险评估是指运用狱内危险和风险需求等各类评估工具，坚持定性与定量相结合的评估方法，对罪犯入监、中期、出监各阶段开展精准评估，进而识别安全风险因素和当前可能采取的安全措施，按照标准选择最优的安全方案和措施，最终达到控制和减少风险的目的。

3. 借助安全风险评估。安全风险评估的对象是风险事件，即监狱的内部诱因、内部隐患、系统缺陷。风险评估机制改变了传统的应对危机时"刺激-反应"的被动管理模式，有利于优化资源配置和任务管理。一般而言，安全风险评估有两个维度，一是危机事件发生的可能性，二是影响程度。如果可能性较小，且对监狱稳定和安全的影响不大，则无须花费太多的精力、时间进行控制。如果发生的可能性大，则必须谨慎应对。监狱通过定期对监管安全、队伍安全和生产安全进行风险评估，对存有发生可能性的突发事件进行综合性评价和应对，减少监狱危机事件的发生。

4. 借助警务督察。它是指充分发挥监狱督察组、监狱指挥中心、监区领导的三级监督机制的作用，对监狱警察在岗履职情况、警容风纪情况、监管安全制度落实情况等开展联动督察。针对重要节假日及系列重大活动的维稳形势，增加督察频次、拓宽督察范围，通过全天候、全覆盖和全方位的督促检查，严格确保警察队伍整体依法、公正、规范、文明执法，使安全隐患"见光死"。一旦发现问题，要在第一时间进行调查、解决。同时，要充分发挥警务督察的作用，做到全面督察和专项督察相结合、定期督察和突击督察相结合、内部督察和外部督察相结合，以及进行常态化的日常自我检查与纠错，排查隐患，整改落实。另外，要坚决管住监狱警察工作八小时，并强调对八小时以外的日常言行从严教育、从严管理、从严监督，确保警察队伍严守铁的纪律，在任何时候都不打折扣、不留死角，及时发现问题并加以整改，从源头上杜绝因为监狱警察执法问题而引发的危机。

5. 借助应用信息系统。监狱在完善人防、物防的同时，应推进物联网、大数据、云计算、人工智能等现代信息技术的嵌入应用，优化大平台功能、加强技防设施建设、推进移动警务平台及终端开发，建设"智慧监狱"，夯实安防屏障，提高危机化解、响应效能。监狱指挥中心集成应急指挥、视频监控、预案管理、广播对讲、紧急报警、罪犯外诊安防、电子巡更、智能分析、周界安防、多目标追踪、安防设备检测、智能导调等子系统，形成监狱中心枢纽，实施"平战"结合；合理解决一线警察警用装备和防爆器械不足的情况，如增加警棍、对讲机的数量，为警察配备可随身携带的报警装置；对与监狱应急息息相关的信息进行全面搜集、规整，建立数据库，开发监狱应急管理软件，并在监狱目前局域网的基础上，建立内部应急信息网络。这些网络的建设，有利于常态情况下的咨询、宣传、教育以及紧急情况下的应急指挥，以提高应急的有效性，做出快速反应。

二、监狱危机等级管理

通常我们根据危机事件本身的属性为其划分等级，而事件本身的属性包括事件的性质及可控性、严重程度和影响范围等因素。事件的性质会直接影响事件的可控性，是启动应急响应工作的重要依据。事件的严重程度通常用伤亡人数及直接经济损失来衡量。

（一）监狱危机等级划分

根据监狱危机事件的可控性以及事件可能造成的危害程度、影响大小、波及范围、人员和财产损失等情况，依照国家有关分类标准，将监狱危机事件由高到低分为三个层级，即一级（Ⅰ级）危机、二级（Ⅱ级）危机、三级（Ⅲ级）危机。预警级别也相应地设定为三级：一级（Ⅰ级）响应、二级（Ⅱ级）响应、三级（Ⅲ级）响应，依次用红色、橙色、黄色表示。监狱危机的分类与分级与如何设计相应的危机管理救援方案、编订各具特色的监狱危机事件应急预案、执行与实施针对性的监狱危机事件处置措施与应急管理机制等密不可分。

（二）一级（Ⅰ级）危机标准

这是指重特大危机事件，突然发生，事态复杂，需要省市级上级主管部门协同参与，主要包括：①罪犯脱逃、组织越狱、暴动越狱、聚众持械劫狱、劫夺被押解罪犯等事件；②罪犯结伙械斗、哄监闹狱、暴狱、群体性绝食、劫持人质、凶杀等事件；③重特大安全事故；④恐怖袭击监狱；⑤重特大传染病疫情、重特大食物中毒事件；⑥监狱所在地发生严重影响监狱安全的重特大自然灾害、重特大传染病疫情、重特大社会安全事件；⑦其他需要启动安全防控一级响应的重特大危机事件。

（三）二级（Ⅱ级）危机标准

这是指较大危机事件，突然发生，事态较为复杂，会对公共安全、政治稳定和经济社会秩序造成一定危害和威胁，需要省监狱管理局和地方政府调度各方资源和力量处置的突发事件，主要包括：①较大安全事故；②较大传染病疫情、较大食物中毒事件；③产生较大影响的狱外人员聚众围堵、集访事件；④引发媒体高度关注的重大涉狱舆情；⑤监狱所在地发生直接影响监狱安全的较大自然灾害、较大传染病疫情、较大社会安全事件，对人身安全不构成严重威胁，但会对监狱稳定产生较大影响并造成财产损失；⑥其他需要启动安全防控二级响应的突发事件。

（四）三级（Ⅲ级）危机标准

这是指一般危机事件，包括：①监狱围墙、电网、岗楼、大门、会见通道等重要安防设施突发故障；②监狱所在地发生直接影响监狱安全的高温、暴雨、暴雪、雷暴、台风、冰雹等恶劣天气；③监狱所在地发生的直接影响监管警戒设施运行或罪犯生活的区域性供电或供水事故；④监狱发生安全事故、公共卫生事件，监狱所在地发生自然灾害、传染病疫情、社会安全事件,情况不十分严重或虽造成损失,但损失和影响较小的事件,中短期内可以消除影响、恢复秩序;⑤其他需要启动安全防控三级响应的一般突发事件。

三、监狱危机响应管理

在各级各类应急预案中,应急响应的等级划分都是不可或缺的关键组成部分。清晰、明确的响应等级划分规定,是危机事件发生时,应急响应体系能够及时、有效地做出合理应对的前提和基础,直接决定着决策机构确定响应等级的速度和准确性,会影响行动方案的取舍、资源的配置、动员的规模等一系列相关工作,关系着应急响应的整体成效。

分析、比较各个国家专项应急预案中的规定,一般而言,划分响应等级时主要考虑事件的危害程度、影响范围、发展趋势等要素,有的还考虑了事件的可控范围、各级指挥机构责任领导的主观认定等其他因素。在监狱危机事件发生时,要想使应急响应系统能够高效地运转,就必须要构建统一指挥、上下联动的应急处突格局。成立指挥中心,将监狱的狱情监控、警务协调、警戒信息管理、应急处置、检查监督职能统一纳入指挥中心,这样监狱就可以将各种应急资源集中在一处,有利于处置应对工作的专业化和科学化。

分级响应的差别体现在指挥级别层次、直接参与人员和队伍范围、处理原则和技术手段等方面。一般来说,应急响应的等级越高,响应主体的级别也就越高,协调能力就越强,能够调动的资源也就越广泛。因此,对不同种类的监狱危机事件进行简单、统一的应急响应分级,有利于快速确定应急响应主体,尽快采取应急处置措施,对于尽可能减少各类监狱危机对监狱运行的影响,维护监狱安全稳定具有重要意义。

依据监狱危机事件可能造成的危害程度、事故的性质、人员伤亡及财产的直接损失等情况进行响应机制分级,即从高到低把响应机制级别设为一级响应(Ⅰ级响应)、二级响应(Ⅱ级响应)、三级响应(Ⅲ级响应)三个级别。一级响应由事故单位报请司法部监狱管理局主要领导批准后启动应急预案;二级响应由事故单位报请省监狱管理局主要领导批准后启动应急预案;三级响应由事故单位负责启动应急预案。

(一)一级(Ⅰ级)响应标准

该级别危机事件发生时,在省级应急处置体系、省厅的统一领导下开展应急处置。要求司法部监狱管理局指挥中心进入预备状态,立即指派出现场观察协调员和专家组前往现场指导和参与事故的救援工作,与事故现场的联系应保持畅通,并密切关注事故现场事态的发展趋势,根据事故的具体情况,必要时立即派出该事故区域的应急救援队伍和装备进行救援,并通知事故相邻的省监狱管理局指挥中心的救援力量随时听命待发,同时要及时向国务院进行汇报。一级响应的主要措施有:上级机关派员整顿;制订整改方案;调离部分高危罪犯;撤换部分管理人员;加固警戒设施;积极加强内部管理;变更内部管理模式;重新制订安全风险防范计划;加强巡查督察;控制、检测、要求有关单位、管理人员按风险管理计划执行到位,并密切留意观察。

(二)二级(Ⅱ级)响应标准

该级别危机事件发生时,监狱指挥中心报请省监狱管理局指挥中心批准后启动应急预案。由省局监狱管理决定启动相应的应急预案,统一指挥处置,并协调公安、武警、应急管理部门联动处置,并按规定逐级报告。省监狱管理局指挥中心立即派出现场观察协调员和专家组前往现场指导危机处置,迅速通知人员全部立即就位,随时整装待发,指派有关人员加强值班并与危机现场保持联络,密切关注现场的情况,根据危机事件的具体情况,必要时立即派出省内其他监狱应急队伍和装备进行救援。对于较大以上安全事故、公共卫生事件、自然灾害等具有社会公共性的突发事件,事发单位应按照国家、省有关突发事件应急预案的规定,积极协同公安、安监、消防、卫生等有关部门,采取有效处置措施。二级响应的主要措施有:省监狱管理局领导带队值班指挥,省监狱管理局指挥中心对涉及的监狱进行重点监控,省监狱管理局机关部门负责人带队督查;监狱主要领导带队值班、现场指挥,值班长前往指挥中心值守,其他领导带队巡查、督查,机关科室深入挂钩监区,指挥中心对重点部位、重点区域进行 24 小时实时监控;抽调特警队员集中驻监备勤,携带处突装备,对监狱大门、会见通道、围墙周界内外警戒区域和监狱内重点部位加强巡防;对人员和车辆进出监狱大门、服刑人员亲属进出会见通道进行提级安检;监区主、分管领导带队值班,亲自组织罪犯活动;控制罪犯零星流动;暂停罪犯离监探亲和特许离监探亲;罪犯确需离监就医的,按程序报省级监狱管理局审批,由监狱领导带队押解;严格外来人员、车辆进入审查审批。确需进监的,由监狱督查组重点督查,监狱指挥中心实时监控;严格危化品、枪支弹药管理;协调武警部队加强周界巡防、岗楼哨警戒,武警执勤分队应急小组前往监狱大门值勤,对监门、围墙内外周界实施严密管控;加强舆情监测,做好舆论正面引导;监狱分别于每日向局指挥中心报告情况,对于重大情况要即时报告。

(三)三级(Ⅲ级)响应标准

该级别危机事件发生时,由监狱指挥中心按相应的应急预案进行及时、果断的处置,省级监狱管理局指挥中心给予指导。通过本监狱的力量就能够处置危机,不需要上级部门支援的,但应及时向省级监狱管理局指挥中心汇报。例如,突降大暴雪应对的防范措施:拆除危房,设立警戒标志;主要道路除雪除冰;清除树冠积雪;水电气管网防冻。三级响应的主要措施有:监狱管理局指挥中心对涉及的监狱进行重点监控,监狱管理局机关职能处室进行专项督查;监狱分管领导现场指挥,值班长前往指挥中心值守,监狱其他值班领导带队巡查、督查,指挥中心对重点部位、重点区域进行实时监控;机关科室深入挂钩监区;抽调特警队员集中驻监备勤,携带处突装备,加强重点部位、重点区域巡防;暂停罪犯离监探亲和特许离监探亲;罪犯确需离监就医的,按程序报省级监狱管理局审批,由科监区领导带队押解;严格危化品、枪支弹药管理;协调武警部队加强周界巡防和监门哨、岗楼哨警戒;监狱每日向省局指挥中心报告情况,对于重大情况,要即时报告。

(四)响应要求

省级监狱管理局指挥中心应迅速了解整个危机事件的基本情况和前期处理情况,并结合应急预案和事故现场的实际情况发布命令，组织开展应急处置，保证各方面工作到位顺利开展。监狱、驻狱武警等相关部门和人员应服从统一指挥，密切配合，做好现场事故处置工作。

在现场处置方面，对于不同事件应采取不同的处置方法。例如，针对暴狱事件，应在武装震慑的前提下，结合政治攻势和教育攻心等手段进行说服工作，必要时可依法实施武力打击；针对逃脱越狱事件，事发监区干警及监狱应立刻上报，并通报驻狱武警和当地公安机关，必要时可由省监狱管理局协调公安部门实施网上通缉；针对重大疾病暴发、食物中毒事件，应在先行处置的同时，立即报告上级机关和当地卫生防疫部门，协助其尽快查明病因、检测毒源，采取救治、隔离、消毒等手段防止疫情蔓延和病毒的扩散；针对重大安全生产事故，监狱在上报的同时，应协同当地安全生产监督部门实施紧急疏散和救援行动，划定警戒区域，及时调配应急资源并实施现场的动态监测，防止险情扩大；针对重大自然灾害，应及时协助当地政府等相关部门开展人员救护、疏散安置、工程抢险和卫生防疫等工作。

在后期处置方面，重视对事件的后续工作进行妥善处理。监狱后续应开展安全事件的损害核定工作，及时清理现场和收集处理污染物，做好核实统计工作。在对事故发生的原因、人员、物资补偿、重建能力等因素做出有效评估后，制订事后的恢复计划和补偿标准，并立即实施。当局面得到控制，造成的危害解除，引起事故的条件已消除，事故现场的应急措施和手段已无继续实施的必要时，监狱可向上级管理机关报告，上级机关根据实际情况和各方意见做出终止行动的指令。

第三节 监狱危机的预防管理

一、监狱危机应对预案管理

"凡事预则立，不预则废。"危机虽然多是突发性的，但危机并非不可预测与预防。监狱必须在危机没有发生时，科学预测、正确判断、未雨绸缪，做好各种排查和防范工作，将危机的发生概率降到最低，周密地策划好各种问题的处置预案，将危机的损害降到最低。预防主要是指加强源头管理和过程管理。从事物发展变化的内在规律来看，任何一起监狱危机事件都是在内因和外因的共同影响、作用下发生的，更是一个"量变"到"质变"的发展过程，因此及时发现征兆、苗头并及时预警，有效防范和化解风险，是危机管理工作的重点。

（一）监狱危机应对预案

按照危机管理的过程理论，危机管理一般包括三个阶段，即危机状态发生前的预防与准备、危机状态持续过程中的应对、危机消除后的恢复与重建。危机前的预警是危机管理第一阶段的主要任务，也是危机管理的第一道防线。监狱要为危机事件应对提前做好准备，包括必需品储备、危机应对预案的制订，以及与上级部门、地方政府、武警部队、社会组织和社区群众各种关系的建立等，以确保危机发生时应急预案能够快速启动，并得到各方面的有力支援。

监狱危机应对预案是指面对监狱突发事件如自然灾害、事故灾难、公共卫生灾害及社会事件的应急管理、指挥、救援计划等，是监狱通过对其各种危险因素的综合分析、研究和评价，结合已积累的经验，根据各岗位的具体职责和任务而事先制订出适合自身突发事件特点而进行应急处置的一套工作预案。它是监狱突发危机状况下协调行动的指南，为监狱警察提供了应对危机的"公式"。

（二）制订预案的意义

1. 危机应对预案是监狱危机事件应对体系的总纲。危机应对预案是监狱危机管理的灵魂，是监狱危机管理体系建设的龙头。当前，监狱安全秩序总体平稳，但影响监狱安全稳定的各类风险和隐患仍然存在，发生各类危机事件的可能性也始终存在。编制预案目的就是提高监狱机关预防和处置各类危机事件的能力，一旦发生监狱突发事件，保证能够快速、高效、稳妥、有序处置。预案的实施，对监狱机关进一步完善应急指挥体系，落实应急响应措施，完善应急保障机制，依法、规范、高效处置突发事件，具有重要作用。

2. 危机应对预案是监狱危机预防阶段的重要组成部分。由于危机是突发的，具有不确定性，人们只能在力所能及的范围内认识危机和防范危机，这就要求我们不但平时要积极预防，还要在危机没有发生的时候，预先制订危机应对预案，才能在应对危机事件的过程中有备无患，未雨绸缪。因此，制订危机应对预案在危机管理中具有十分重要的意义。

3. 危机应对预案促使各级管理者和广大监狱警察做好应急准备。预案是汲取以往的经验和教训并根据当前形势总结出来的一套模拟危机处置的工作流程。其实战意义在于各类针对性的、带有演习性质的执行方案一定程度上减缓了危机事发后的无序、混乱，降低了造成次生危害的可能性。通过对各类预案的学习和反复演练，各级管理者和广大监狱警察可以从思想、组织、措施上做好应急准备，确保一旦发生危机事件能够做到临危不乱、从容处置，避免或最大限度地减少事件造成的危害，确保监狱安全稳定。

（三）制订预案的原则

总体而言，预案必须体现出系统性、预测性、可操作性、实用性、全面性和超前性。

1. 预案是整个处置流程的指导方案，预案的制订必须在客观的基础之上。否则，不仅预案难以付诸实施，而且会造成处置行动的失误和混乱，同时，必须认识到监狱监管对象的特殊性、监狱危机事件本身具有不规则性等特点。监狱危机事件的处置难度很大，不是某个部门能单独完成的，监狱应急预案的制订必须邀请参加处置工作的各个部门来监狱现场共同完成，包括监狱内部各个部门、武警部门、公安机关、检察机关、消防部门、交通指挥部门、医疗急救部门等。

2. 监狱危机应对预案的编制需要经过科学的、有序的步骤。首先，应成立编制小组，小组成员按照实际情况对监狱潜在的风险和威胁进行评估，充分考察监狱所在地的地理、人文环境，根据监狱以往的危机事件分级、分类地确定预案，要确保预案能够用于实践实战。其次，要建立预警系统，这也是制订预案的关键。预警系统能够对危机事件的前兆进行识别，引起监狱管理者的重视，从而及时关注，采取行动，从危机事件的初始阶段就使风险降低。

3. 预案要具备预见性和可操作性。监狱应对危机的预案具有一定的预见性,如危机可能的发展方向、不同类型的危机事件可能动用的资源、可采取的措施等。预案对于危机合理预见的特质,有助于增强危机管理团队处理危机的筹划能力和及时处理危机的有效性,并有效地处置突发事件。预案的制订是为了付诸实践后达到预期的目标,所以任何一个不可操作的预案,价值都非常小。监狱应对危机事件的预案要对危机事件的事前如何预防、事中如何处置、事后如何总结和评估进行具体的安排,结合监狱的实际制定措施,而且要用通俗、简练的语言表述出来或用图表表示出来,使人一目了然。

(四)预案的内容

监狱危机应对预案的基本内容包括:危机管理的基本原则、危机管理组织机构与职责、预测预警与应急响应、危机的处置、保障措施、培训演练、信息发布及附则等。从危机管理的功能看,以上内容涵盖危机管理的两方面主要机制:一是基本原则和应急管理机制;二是应急预案的运行机制,包括预警、报告、决策、协调、执行、沟通、奖惩等。

国家监狱主管机关司法部监狱管理局根据《国家突发公共事件总体应急预案》、司法部应急总体预案、一些相关国家级专项预案和自身所肩负的职责并结合自身实际制订全国监狱应急预案。各省监狱管理局根据本省的总体应急预案、司法部监狱管理局监狱应急预案、本省司法厅应急预案、一些相关省级专项预案,并结合自己的实际、自身肩负的职责,制订本省的监狱应急预案。各监狱根据所在省的监狱管理局制订的监狱应急预案、一些相关的专项预案、相关部门预案、自身肩负的职责并结合实际情况,制订本监狱的总体应急预案。目前,我国已形成了从国家到各基层监狱的较为系统、完善的监狱应急预案体系,包括总体预案、专项预案、职能部门预案及监狱内各监区预案,此外还有监狱应急处置协同单位的应急预案。

1. 监狱总体预案。监狱根据所在省的监狱管理局应急预案、一些相关的专项预案、相关部门预案、自身肩负的职责并结合实际情况制订了本监狱的总体应急预案,从总体上阐述监狱危机管理的指导思想、应急预案的编制目的和依据、预案的使用范围、工作原则,分类分级、组织指挥体系及职责、预防预警机制、预案启动响应、后期处置、应急保障、宣传教育等。这是监狱应急预案体系的总纲领,是制订其他各项预案的依据,由监狱应急委员会制订并公布实施。

2. 监狱专项预案。根据监狱总体预案的要求,按照监狱危机事件的种类和各种特定情况,监狱专项预案分为自然灾害类预案、事故灾害类预案、公共卫生类预案与社会安全类预案等。在监狱总体预案的基础上,监狱专项预案针对某些特定情况,根据这些特定危险的特点,对监狱应急的形势、组织机构、应急活动等有了更为具体的阐述。监狱专项预案是由监狱有关部门牵头制订,报监狱批准后,由主管部门牵头并会同有关部门实施的。

3. 监狱职能部门预案。它是监狱的各职能部门根据监狱总体预案、监狱专项预案和各部门职责为应对监狱突发事件而制订的。该预案是由监狱职能部门制订的,报监狱备案,由制订部门负责实施。

4. 监狱内各监区预案。它是指各监区根据监狱总体预案,并结合本单位的实际情况制订的应急预案，此系列的应急预案也包括本单位的总体预案、专项预案和部门预案。各监区预案需报监狱备案，由制订单位实施。

5. 监狱应急处置协同单位的应急预案。它是指监狱应急处置协同单位根据本系统中其上级主管部门的应急预案、监狱总体预案、在监狱突发事件中应担负的职责并结合其自身实际，为有效处置监狱突发事件而制订的预案。该预案是由监狱应急处置协同单位会同监狱研究制订的，由监狱应急处置协同单位实施。

为有效预防、及时控制和消除监狱危机事件的危害，各监所均应制订危机应对预案，明确危机事件处置的原则、程序和方式方法。监狱为了提高警察在应急状态下的分工协作和快速反应等处置能力，应定期进行各类危机事件处置的演练。经常性的演练能够评估验证预案的科学合理性和可操作性，提高对危机事件的应急救援、组织指挥、协调配合、快速反应和高效处置能力。同时，要重视科技力量在突发事件处理中的作用，"科技支撑是实现监狱突发事件应急管理现代化的重要动力。随着科学技术的发展和应用，'科技兴警''科技强警'已逐渐成为共识。有必要把握大数据和'互联网＋'所带来的机遇，加快监狱突发事件应急管理平台建设"❶。

二、预案演练

预案演练是提高整体作战和监狱干警处置监狱危机事件能力的重要环节。《孙子兵法》强调："用兵之法，无恃其不来，恃吾有以待也；无恃其不攻，恃吾有所不可攻也。"诸葛亮在用兵时强调："夫军无习练，百不当一；习而用之，一可当百。"军队只有时刻做好作战准备，才能立于不败之地。

（一）业务培训

监狱危机管理不能停留在制度层面，制订预案是为了更有效地应对危机。制订的预案需要经过全面的宣传和针对性的培训，才能发挥应有的作用。没有全体人员对预案的深刻理解和自觉的积极支持，任何好的预案都可能成为毫无价值的一纸空文。

1. 培训内容包括理论和操作两个层面，即应急业务培训课程和辅助性的日常演习活动。一方面，通过系统培训，贯彻危机管理理念和知识，宣传预案管理方案细节，使相关责任人充分了解自身在预案制订方面的责任，在应对危机时做到及时、高效、精细、规范。另一方面，加强日常训练和演练，强化技能培训和模拟训练，打造一支专业化、高素质的应急队伍，提高监狱处置危机突发事件的能力。

2. 监狱在开展应急知识宣传时，应增加针对危机应对预案的主题宣传，增加日常宣传频率，通过网站信息宣传、海报展、宣传栏等多种方式宣传预案管理知识，例如，减灾、互救、自救、预防等，从而保证信息覆盖全部监狱工作人员，包括应急指挥人员、应急管理人员、应急操作人员，甚至罪犯。这样在宣传信息的同时，也可以达到"警钟长鸣"的作用。

3. 分层次开展培训。监狱危机应对主要依赖于事发监狱的领导和一线警察的努力。首先，实施监狱领导的应急管理理论培训课程。监狱领导是应对危机事件的主要决策人

---

❶ 王伟阳. 监狱突发事件应急管理体系建设与完善［J］. 广西警察学院学报，2020（3）.

员、现场指挥人员和主要协调人员。危机状态下要求监狱领导必须在混乱的环境下保持清醒的头脑、缜密的分析能力、果断的决策能力和从容的协调能力。因此，这就需要监狱领导在应急指挥业务、应急谈判技巧、应急组织与管理、应急新闻舆情引导、应急资源调配等方面进行专业性的课程设置和培训。其次，充实与完善监狱一线警察的危机管理实务培训课程。一线警察的危机管理业务培训侧重于实践技能的学习。战斗在最危险的工作区域，监狱一线警察时刻与各种危险尤其是生命危险相伴，因此，从保障自身安全到维护社会长治久安来看，都必须加强一线警察的应急管理实践技能培训。具体内容有：①一线警察的特种防爆器械的使用和掌握、日常训练等业务培训，例如枪械训练、车辆训练、日常训练器材的使用和熟练掌握；②警察掌握医疗救援器材的基本使用方法，例如，当发生罪犯受伤事件时，需要警察掌握基本抢救技能以争取救援时间等；③防护和制敌技能的培训，能够对哄监闹狱和暴动脱逃人员进行技击、制伏；④现代化设备的使用技能，例如无线通信技能、电脑操作技能、录音录像技能等的培训；⑤突发事件爆发初期的现场维稳与谈判技能；⑥刑事侦查技能。

（二）模拟演练

演练是为了实战，也是为了检验预案的可行性。模拟演练要着眼于处理实际问题的能力，着眼于对训练中的复杂情况的应变能力。预案演练的好坏直接关系和影响着方案所定的目标、内容、策略、措施等能否付诸实施。

1. 编制培训演练计划。模拟演练计划是平时熟悉预案、运用预案、提高危机处置能力的前提。在模拟演练时，要贯彻"两个结合"的原则：一是把一般演练与特殊训练结合起来；二是把基础训练和应用结合起来。模拟演练的基本内容包括：设计危机情形和环境；确定参加模拟演练的人员及职责；检查演习器材、装备等资源；确定演习类型和演习周期；确定演习测试内容和重点，制定模拟演练程序及规则要求，明确警示信号及通信方式；制定考核、评估与奖惩办法。模拟演练的基本要求是：真实、踏实、实用、实际。模拟演练能提高民警的处置问题的综合能力和战术配合能力，检查指挥协调机制的运行是否畅通，积累处置经验，使干警掌握一些处置的基本技能，并形成实战战斗力。如联合驻监武警中队开展处置外来人员冲击监狱大门应急演练，联合消防中队开展消防疏散实战演练，开展防范服刑人员中暑、突发疾病救治和无人机袭扰等无预告演练等。模拟演练中要避免以下几种情形：一是情况设定过于简单；二是处置对象的对抗性不够；三是对现场情况变化的预测不够。

2. 及时强化应急演练，发现预案存在的问题并提高其可执行性。监狱管理者应该定期组织突发事件应急演练，并对本单位可能发生的突发事件进行分类，根据不同类型突发事件的具体特点进行有针对性的演练，通过演练发现问题并总结经验，保证预案的有效性和执行性。同时，要增加演练的次数和实战性，定期和不定期地举行预案演练，将有预告的演练和无预告演练相结合，提高相关人员的应对能力。要增强演练的突然性和真实性，可以尝试在不通知演练单位的状况下开展演练，考验其应对水平。除进行实战演练外，还可以组织开发计算机模拟演练系统软件，运用现代科技手段提高日常训练效果，减少人力和资源投入，降低训练成本；组织现场情景模拟，运用"情景课堂"进行案例教育和培训，提高参训人员的危机管理意识和技战术水准。

3. 保证预案有效性需要建立预案动态管理模式。应对预案不可能一蹴而就，不可能一经制订就完美无瑕。决策者对于预案管理的应用具有关键性作用，突发事件具有不可预测性和特殊性等特点，这就要求决策者在有限信息的情况下迅速决定启动哪种预案，甚至指定临时方案。在预案应用过程中同样会出现各种复杂的问题，因此预案不是一成不变的，而是在执行过程中根据实际情况对其进行动态的评估与修订，及时解决问题以实现预案动态管理模式。每次演练后，要对预案呈现出的全面性、可行性进行总结，掌握预案本身的可行程度。对于各类预案，经过一段时间的实践演练，还要补充、修改、完善，使其逐步成为处置监狱危机事件的一种规程和标准，满足监狱应对危机的需求。

第四节　监狱舆情管理方法

一、监狱舆情的内涵

近年来，涉及监狱的各类事件往往会吸引社会公众的敏感眼球。如罪犯杀警越狱案件、讷河监狱罪犯猎艳案、监狱警察个体违法违纪等，监狱的特殊性质与其神秘性决定了涉狱事件会在一定时间内成为社会舆论的中心。一些涉狱事件往往会被媒体与网民肆意放大、无端炒作，引发了大众对监狱的兴趣、质疑、不信任甚至恐慌，不断使监狱的执法行为、执法公信力受到质疑。甚至一些敏感事件通过媒体或网民在网络上进行发布传播，极易形成速度快、影响范围广的网络舆情，并可能因采取的应对措施不当，迅速演变为公共危机事件。科学、高效地提高监狱舆情应对能力，是将相应社会舆情危害降到最低水平的根本手段，是塑造监狱法治、公正、廉洁、文明的执法形象，营造有利于监狱稳定和发展的良好舆论环境的重要路径。

（一）监狱舆情的概念

一般来说，"舆情"是"舆论情况"的简称，《辞源》中为其做出的解释为"公众的意愿"。因而，舆情是指在一定的社会空间内，围绕社会事件的发生、发展和变化，民众作为主体对作为社会管理者的客体及其政治取向所持有的社会政治态度。舆情是较多公众关于社会中各种现象、问题所表达的意见、态度和情绪等表现的集合。简单来说，"舆情"就是我们常说的"社情民意"。

监狱舆情是指在一定的社会空间内，作为主体的公众围绕着涉及监狱工作而发生的相关事件的变化过程，对作为客体的监狱管理机构所产生的和持有的社会政治态度。它是公众对监狱工作中存在的现象、问题所表达出的信念、态度、意见和情绪的集合。

随着网络技术的发展，公众可以更为便捷、快速地通过各类网络平台（如微博、微信、抖音等）发表自己的看法，犹如每人手里都握着一支"麦克风"，可以随时、随地表达自己的意见，传播方式发生了根本的变化。作为刑事司法的最终环节，监狱所承担的刑罚执行工作及其日常管理活动乃至监狱工作的现实成效和监狱警察的执法行为，也已经成为各类媒体挖掘素材的焦点，网民关注的重点甚至成为炒作的亮点，很容易演变为监狱舆情危机。

监狱舆情危机是公众舆论等监狱外部系统给监狱带来的突发事件应急管理的课题。它既有监狱内部警察因管理不当、执法不当而造成的对监狱机关及监狱警察形象的损害和负面新闻，也有监狱外部各种媒体、罪犯家属或其他非特定利益相关人的信息失实传播使监狱面临突发事件应急管理的任务要求。舆情应对是指针对突发事件引发的舆论危机，利用舆情监测手段，分析舆情发展态势，加强与各类舆论的沟通，以面对面的方式和媒体的语言风格，确保新闻和信息的权威性和一致性，最大限度地压缩小道消息、虚假信息，变被动为主动，先入为主，确保更准、更快、更好地引导舆情的一种危机处理方式。

（二）监狱舆情的基本特征

自然界物体的燃烧需要具备三个基本条件——燃烧物质、助燃剂和点火温度。在社会秩序从平衡走向失衡的过程中，同样有三个基本条件。其中，社会群体之间或者人与社会环境之间的不和谐因素可以被看作社会燃烧的"燃烧物质"。社会舆论的导向、言论的广泛传播、别有用心者的煽风点火及部分民众的过激情绪等因素则可以被看成"助燃剂"。在特定时点上发生的某些具有导火索特点的社会突发事件则被可以看作"点火温度"。监狱舆情危机的发展也是一个由量变到质变的过程：社会中存在的各类矛盾冲突像"燃烧物质"一样日积月累，当数量达到某个临界点时，在民众求真心理和负面舆论等"助燃剂"的作用下，某个突发的导火索事件点燃这些积累已久的"燃烧物质"，最终爆发了相应的舆情危机。监狱舆情具有敏感性、突发性、负面性、可控性差等特征。

1. 敏感性。监狱作为司法系统的重要组成部门，同时又担负着刑罚执行和教育改造的双重职责。监狱的相关工作具有较强的保密性和特殊性，这就容易被各类媒体作为新闻报道的"挖掘点"。尤其是如今的司法环境越来越严格，依法治国的理念不断强化，监狱的一举一动皆被公众所关注，通常一件小事，只因涉及监狱就可能成为公众的看点和新闻的卖点，导致涉及监狱的网络舆情往往都较为敏感。特别是涉及监狱工作的执法不公、执法不严、徇私枉法等负面信息，若相关舆情处置工作稍有不当，极易导致发生网络群体性事件，引发涉狱舆情危机。

2. 突发性。突发性是舆情的显著特点之一，而涉狱舆情更将该特点表现到了极致。当前，绝大部分涉狱舆情危机都是在事前毫无预料、毫无准备的情况下突然发生的，并且由于网络传播具有即时性和互动性的特点，使得网络舆情的形成和传播迅速，任何一种网络舆论都可以通过网络突然爆发并快速进行传播和扩散。监狱发生的小事件、存在的小问题，在网络媒体或网民的介入之后，会在一两天甚至更短的时间内被炒得沸沸扬扬，进而家喻户晓。如果监狱对发生的涉狱网络舆情引导或应急处置不当，很可能会混淆黑白，影响公众的客观判断，使相关事件的负面影响扩大，进而激起公众的不良情绪，造成网络舆论的混乱。

3. 负面性。监狱作为国家的刑罚执行机关，监狱警察既是司法的执行者，也是法律正义的维护者，公众对监狱工作及监狱警察的期望较高。对于涉狱舆情，若处置不当，极易造成链式反应，引发其他后续危机，很容易在公众心目中留下不良印象，可能会对监狱系统的正义形象和社会声誉产生破坏性影响。涉狱舆情危机一旦出现，在网络的作用下，短时间内就会铺天盖地，引发公众对监狱行刑能力、司法公正和警察执法行为的强烈不满和质疑。这不仅会影响监狱日常管理工作的正常运作，还会损害监狱的声誉和监狱警察的形象，更有甚者会给公众和社会带来惶恐，对司法机关的公信力失去基本的信任，造成无法估量的损失。

4. 可控性差。监狱的各种事件信息在网络上传播，在一定条件下，激发网民对事件产生意见，引发"蝴蝶效应"，产生巨大影响。现代网络的虚拟性、直接性，让公共民意的表达更加自由和随意，现有许多网站、论坛的注册都无须经过实名验证，公众发表评论和意见变得轻而易举。因此，哪怕其言语打了"擦边球"，说了"过激话"，法律也较难进行责任追究。特别是在那些较主流的、浏览量大的网站和论坛里，一些偏激的、负面的观点很容易引起网络民众的关注，导致一些小事件以讹传讹、愈演愈烈，最终将当事人推到社会舆论的风口浪尖。同时，网络虚拟开放、平等自由的特性，使得监狱对涉狱舆情的源头管理难度较大，可控性较差。

（三）监狱舆情的分类

近几年，我国监狱系统陆续发生了数起影响深远的舆情事件，并已显现出多发的态势。如2009年内蒙古呼和浩特市第二监狱4名重刑犯将警察杀害脱逃案件，2014年爆出的原健力宝董事长张海涉嫌假立功减刑事件，2015年黑龙江省讷河监狱的罪犯手机诈骗案件，2017年云南省第一监狱罪犯驾车冲撞监狱临时隔离网脱逃案等都成为当时各媒体争相报道的热点。社会舆论无一不对监狱管理和执法进行了严厉的质疑和指责，严重损害了监狱和监狱警察的正面形象及执法公信力。

涉狱舆情危机的具体表现形式为传播范围广、影响力度大的负面事件，其中有因为监狱警察在执法过程中执法不公、处置不当、失职渎职以及警察队伍中出现违纪违法等问题造成的，也有因为罪犯或其亲属的恶意渲染、不实投诉或者各类媒体主观、片面的报道而产生的。根据内容，监狱舆情可分为安全事件类、执法管理类、队伍管理类和关联类四类。

1. 安全事件类。它是指监狱发生的罪犯脱逃、火灾等涉及监狱安全管理的突发事件，如2009年内蒙古呼和浩特市第二监狱的罪犯脱逃事件，2013年上海市女子监狱的火灾事件等。此类舆情事件影响较大，具有典型的新闻事件特征，引起社会各方面广泛关注，短时间内迅速聚集的舆论关注，给监狱管理方造成巨大压力。

2. 执法管理类。其内容涉及监狱管理中存在的所谓"黑幕"或"丑闻"，或是监狱警察在监狱管理活动中收受贿赂、徇私枉法，罪犯日常管理、法律奖励过程中存在着"执法不公"的情况，或是罪犯受到体罚虐待，造成身体健康问题，或是罪犯发生非正常死亡事件等。其以2009年广东茂名监狱惊天黑幕事件和2014年广东韶关乌江监狱健力宝原总裁张海减刑权力寻租案为典型代表。

3. 队伍管理类。由于其职业身份的特殊性，社会舆论对监狱警察在公共领域的活动也较为敏感。警察八小时以外的私人生活领域，一旦发生违反社会公德甚至是违法乱纪行为，极易与其职业身份产生联想，引发对监狱的质疑和问责，进而引发舆情事件，比较典型的是2011年济南狱警殴打老人事件。

4. 关联类。与监狱相关联的领域，如公安、法院、检察院等政法系统发生的网络舆情事件，如名噪一时的"躲猫猫"事件，虽然事情发生在公安看守所，但当时监狱也承担了较大的压力。2013年发生在浙江的叔侄奸杀冤案，虽然舆论关注的是案件侦办、起诉和判决，但当事人所在监狱不免也"殃及池鱼"。

二、监狱舆情应对的管理策略

美国著名的危机管理专家罗伯特·希斯在《危机管理》一书中提出，将4R模式及其技术方法运用在现实的危机管理工作中，其系统性、针对性、操作性和有效性有助于危机管理团队在短期内达到化解危机的效果。4R模式早期被应用于企业的危机管理。它依据危机的演变和处理过程将危机管理过程分为缩减（reduction）、预备（readiness）、反应（response）和恢复（recovery）四个阶段，也即四个策略。4R模式将危机管理全过程的系统性和具体阶段的操作性相结合，包括危机事前、事中和事后整个过程，使危机管理过程具有动态循环性。4R模式中的四个阶段互相配合、互相影响，前一阶段为后一阶段做铺垫，后一阶段的成功也依赖于前一阶段的效果。虽然4R模式较常应用于企业组织危机管理中，但其涵盖危机的四个阶段，与所有危机发生的规律相对应，因此也同样适用于所有领域的危机管理。

监狱舆情应对可以从危机管理的视角出发，结合监狱的工作特点，引入危机管理理论中的4R模式，突出整个舆情危机管理过程的整体性、系统性，提出对应的应对策略，解决监狱在应对处置舆情中表现的不足与存在的问题，以此来提升监狱舆情危机管理的能力。

（一）缩减策略

缩减即危机管理的主要目标，也是处理危机的最佳状态，它能降低危机的发生概率，缩小危机发生的范围，减弱危机发生的破坏性。它是建立在对后续三个环节不断总结经验的基础上，也是后三个环节成功的前提，包括危机风险评估、危机风险管理、组织素质提升，具体可以从规范执法行为、强化警务督察、加强狱情研判、推进狱务公开四个方面来加以完善，降低监狱舆情产生的概率。

1. 规范执法行为。监狱舆情的本质就是"执法舆情"，要从根本上预防涉狱舆情，监狱警察自身执法要"立得稳、行得正、过得硬"。监狱警察要适时转变执法理念，完善执法方式。日常执法既要坚持严格、公正，又要理性、文明，做到宽严有据、宽严适度、宽严相济。监狱还要进一步健全执法制度、细化执法标准、严密执法程序、规范执法环节，确保监狱警察在各项执法工作中、各个执法环节上都有法可依、有章可循，坚决杜绝执法的随意性和"暗箱操作"的现象。

2. 强化警务督察。开放、透明的执法环境对监狱警察的执法工作提出了新的挑战。监狱警察的一言一行、一举一动都有可能在网络上被"展示"，日常工作、生活中的不良习惯、不当言行、疏漏瑕疵、无心之失等都有可能被罪犯亲属或媒体紧抓不放，进而引爆网络舆情。因此，要健全警务督察机构，严格警务督察制度，完善警务督察的组织结构和责任体系，确保督察工作取得实效。

3. 加强狱情研判。运用多种方式收集狱内预谋犯罪及其他监管安全隐患信息，总结出具有规律性、倾向性和趋势性的问题，做到主动防范，将有特殊经历、暴力倾向、涉黑涉恶、涉毒及患病的罪犯列为重点管控对象，严格落实包夹监控措施。同时，要掌握监狱周边的社会动态情况，加强与公安机关和武警部队的配合，做好防恐怖、防渗透、防冲监等社会突发事件的防范工作。

4．推进狱务公开。不断总结媒体和公众对监狱管理工作的"关注点"，依法、及时、客观地向公众公布相关信息，主动向公众揭开监狱"神秘的面纱"，保障公众的知情权、话语权和监督权，确保监狱执法工作的公平、公正、公开和公认，使相关网络流言、造谣不攻自破。

（二）预备策略

监狱舆情危机是可以预防的。危机预备阶段主要是要做好危机发生之前的预防工作，指在危机到来前通过具体措施的准备以应对危机的过程，包括管理团队、预警系统、管理计划、培训和演练要素。这个阶段最重要的任务是形成危机管理的完整方案，确立可操作性强的防范机制，同时组建专业、高效的危机管理团队，并定期举行危机管理培训和演练。

1．建立有力的危机管理团队。这是指将涉狱舆情危机管理所涉及的有关职能部门、各类专业人员有效地组织起来，建立一支由既懂新闻传播规律，又懂监狱管理工作，善于协调配合的人员组成的具有较高专业素养的危机管理团队，确保涉狱舆情危机处置的及时性和有效性。

2．构建有效的舆情监测系统。舆情的监测是指运用一定的技术手段对网络舆情的趋势、内容等进行时时关注，将网络舆情最新进展动向及时反映到相关部门，以便采取相应的手段进行应急处置。网络舆情监测的范围不应仅限于各类新闻网站的报道评论、调查报告和监狱内发生的各种意外事故、突发事件，重点还应放在社情民意方面，尤其是网民对监狱管理工作的意见、建议和舆论，争取在第一时间识别危机、第一时间报告危机、第一时间处置危机。

3．建立全面的危机处置预案。针对涉狱舆情危机的类别，制订相对周详的分类标准和相应的危机处置预案，主要包括：明确舆情危机处置的目的、任务和要求；对舆情危机的性质、类别、等级进行合理划分，根据危机的类别，采取相应的处置步骤、工作措施；明确各处置部门的职责，并落实相应的工作责任；做好舆情危机结束的后续处理工作，分析本次危机产生的深层次原因，查找以往工作中存在的薄弱环节和疏漏，并采取整改措施进行优化。

4．加强日常培训与演练工作。监狱要将舆情危机管理作为警察教育的必修课，通过专题讲座、案例分析、模拟处置等多种形式，系统地学习网络传播理论、公共关系理论、舆情处置的方法及媒体应对的技巧，不断提高监狱警察在政治上的敏感性及应对舆情危机的水平和能力。同时，通过实战演练，明确和熟悉预案的实施的步骤和方法，达到"危而不乱""险而不忧"的状态。

（三）反应策略

危机反应阶段是指当真正的危机来临时，通过对危机的评估，及时分析危机的类型及影响程度，进而采取相关处置预案，最大限度地减少危机所带来的损失。这个过程是建立在缩减阶段和预备阶段充分准备的基础上的，其中在预备阶段所确立的危机管理团队对于危机风险的判断识别能力、风险决策能力、协调组织能力和资源调动能力，是这个阶段能否防止危机迅速蔓延、消除风险隐患的关键。具体来说，该阶段的具体工作包括快速进行危机评估、及时发布权威信息、有效引导舆情导向三个部分。

1. 快速进行危机评估。如果说印刷媒体时代的突发事件处置需要把握"黄金24小时"的话，新媒体时代就需要迅速把握"黄金4小时"，甚至是"黄金40分钟"。要做到第一时间发现危机信息，第一时间公布调查结果，第一时间进行权威评论，第一时间回应民众质疑，第一时间落实责任主体，第一时间开展民意互动，以最快的速度遏制谣言传播，争取舆情管理的主动权。

2. 及时发布权威信息。监狱要积极对外界质疑做出回应，掌握舆论的话语权，尽可能地争取得到网民和媒体的认可与支持，切勿采用回避或封堵信息等错误行为。监狱应利用权威媒体第一时间向公众发布事件具体信息，保障网民和媒体的知情权。

3. 有效引导舆情导向。它是指收集和研判公众、媒体和网络上对事件的相关评论，分析和预测潜在可能发生的舆情动向。对带有负面情绪的信息特别是一些完全进行造谣、中伤的内容，应及时予以澄清、查证、消除；对反映情况的信息和中肯善意的批评，应积极倾听接受，及时、有效地制定整改措施，并及时向社会公布，积极展示监狱依法、公正、严格、文明的形象，严防由于一些警察个人、局部问题被炒成监狱重大事件，造成不可挽回的损失。

（四）恢复策略

恢复阶段是指危机事件发生并产生了负面影响后的阶段，又可分为危机影响的分析、恢复原状的计划、恢复行动的实施和潜在机遇的转化。在化解危机后通过各种行动对原有秩序进行恢复，并进行经验的总结、分析，从而为4R模式中的缩减阶段提供实践案例和经验教训，从中不断完善危机管理程序，既是对以上三个阶段的总结，也是提升危机缩减能力的依据。

1. 建立涉狱舆情危机管理评估机制。依据舆情危机发展的四个阶段开展相应的评估工作，即危机缩减阶段的风险评估、危机预备阶段的监测评估、危机反应阶段的绩效评估、危机恢复阶段的事后评估，构成了涉狱舆情危机管理的评估体系。缩减阶段的风险评估主要是通过对涉狱舆情的现状进行分析，找出可能发生舆情危机的风险源，并进行识别、确认，进而通过不断完善相关管理制度，以加强对监狱及警察队伍的管理，消除可能的风险。预备阶段的监测评估主要针对可能发生舆情危机的相关信息进行评估，从开展舆情的监测、处理和分析的有效性等几个方面进行评估。预备阶段的监测评估、反应阶段的绩效评估以及恢复阶段的事后评估都指向监狱网络舆情危机管理团队的工作成效，通过评估来检验危机管理团队的管理水平及相关机制的运行能力。

2. 制订恢复计划，突出监狱形象塑造。首先，监狱除利用原有的政务网站发布工作信息外，还可以开设微信公众号、抖音账号等互动交流的新平台，与网民进行互动交流，揭开监狱部门在公众心目中的"神秘面纱"，化解公众对监狱工作的误解和谣传。其次，监狱应主动加强与各类媒体的沟通、交流，引导媒体正面、客观地对监狱工作进行报道，塑造监狱的良好形象。最后，监狱要不断挖掘监狱工作和警察队伍中的"闪光点""新闻点"，广泛宣传监狱在维护社会稳定、公正执法等方面平凡而伟大的业绩和监狱警察队伍中涌现出的典型人物、先进事迹和崇高的奉献精神，争取媒体公众对监狱工作的理解、支持和认可。

3. 合理利用危机，实现由"危"到"机"的转化。涉狱舆情所引发危机的消除，并不代表着监狱危机管理工作的完成。监狱在妥善处置舆情危机所造成的影响的同时，还应及时总结经验，并向媒体公众公布相关事后处理情况，以此来引导公众理性地思考各类涉狱问题，并通过正确的途径来解决监狱中所存在的问题，促进监狱事业的发展，补足社会舆论形象的短板，修复监狱机关的声誉和公信力，最终实现从"危"到"机"的转变。

本章思考题

1. 如何正确认识监狱危机管理中的危险与机会？
2. 监狱基层一线警察应具备哪些应急管理实践技能？
3. 假如你是一所监狱的管理人员，最近有媒体报道，你监狱一名八旬老太保外被拒，引起社会舆论广泛关注，请提供应对此次涉狱舆情危机的思路。

第九章　监狱管理监督

监狱执行刑罚、惩罚和改造罪犯以及进行管理活动都必须在封闭的监所内进行，监禁刑执行也在刑事权力运行的末端，因此监狱不可避免地具有封闭性的属性。正是基于这种封闭性，行刑权力运行可能会远离社会视野，极易侵犯罪犯的合法权益，故而需要对其进行监督和制衡。目前，从对监狱职能的覆盖和监督力量的来源来看，监狱监督主要包括法律监督、监察监督、审计监督和社会监督。这四类监督对于增强公众对监狱公正行使权力的信心，强化监狱所承担的责任，保护罪犯的合法权益，具有非常重要的意义。

第一节　监狱管理法律监督

一、监狱管理法律监督概述

法律监督是我国国家体制下具有丰富内涵的法律和政治术语。监狱的法律监督主要体现为：检察机关通过在监管场所的派驻机构对监狱动态的、具有实践性特征的法律活动进行监督。

检察机关是监狱机关法律监督的主体。早在中华人民共和国成立初期，监所检察部门便是检察机关五个内部部门之一。1978年，我国决定恢复重建检察机关，监所检察部门是较早设立的部门之一。20世纪80年代末特别是90年代，各地根据便于工作、规格对等、与监狱布局相协调的原则，在监狱相对集中的地方，由省级检察院或市、州检察院派出，一般情况下由市级检察院派出派驻检察机构，专门负责监狱的刑罚执行监督工作。检察院一般通过在监狱派驻检察室完成法律监督职能，监管场所常年罪犯较少的，实行巡回检察或派驻专职检察员。派驻检察室在派出它的检察院领导或者监所检察部门的指导下，依法履行对监所的检察职责。

监狱的检察部门最初的重要任务被定位在维护监管场所的稳定，配合监狱做好监管工作，因此协调配合的工作较多，监督执法的工作较少。随着国家民主和法治进程的加快，人权观念的深入人心，检察机关法律监督观念的增强，监所检察的重要任务逐步转移到加强法律监督，保障监管活动正常开展，维护罪犯合法权利等方面。当前，对监狱监禁刑的执行监督主要包括以下几个方面的内容：一是对监狱人民警察在日常管理罪犯生活、劳动中执行《中华人民共和国监狱法》及其相关行政法规的监督；二是对监管机关和裁定机关变更刑罚的行为进行监督；三是对监管场所发生的刑事案件进行诉讼监督；四是受理罪犯及其法定代理人、近亲属的控告、举报和申诉；五是对刑罚执行和监管活动中发生的职务犯罪案件进行侦查，开展职务犯罪预防工作。

由于我国法律体系尚不完备，监督机制还不完善，监所检察运行中可依据的由国家权力机关通过的法律、法规数量相对较少。直至20世纪90年代，随着国家经济的快速发展，社会文明快速进步，加之国际人权斗争的需要，国家加快了法治进程。1994年，《中华人民共和国监狱法》正式颁布实施。司法部以此为契机，在全国开展规范执法行为、创建现代化文明监狱等活动，大大提高了监狱在刑罚执行监督方面的水平。同时，监狱系统各项规章制度的健全和监狱民警执法观念教育活动的开展，促进了监禁刑执行的规范化发展，同时也促进了监狱检察事业的发展。加之社会舆论以及社会各界对派驻监狱的检察机关的监督和推动，2000年后，最高人民检察院相继发布了一些重要文件，规范监所的检察工作。例如，2001年的《最高人民检察院关于监所检察工作若干问题的规定》，2008年的《人民检察院监狱检察办法》，明确规定了监狱检察的任务、职责等，对监狱检察的具体监督内容、监督办法、监督程序等做了详细、具体的规定，标志着我国监狱检察进入了一个有法可依的阶段，对基层工作的指导意义特别重大。同时，自2002年开始，最高人民检察院构建了规范化的检察室建设长效机制，有力地促进了基层单位的组织建设，提高了法律监督水平，强化了驻监检察室的基础地位。

二、监狱管理法律监督的原则和方法

监狱管理法律监督的工作原则是指在监狱检察机关的各项工作制度、办法规定中均有表述，即监狱法律监督应当遵守坚持依法独立行使检察权和坚持以事实为根据、以法律为准绳的基本原则。监所检察在监管场所这个特定的范围内，依据上述原则实施法律监督的职能。同时，相对于其他检察业务部门来讲，监所检察的工作方法呈现出多样性的特点。

（一）监狱管理法律监督的原则

1. 监督与配合相结合的原则。在监狱法律监督工作中，人民检察院与监狱机关之间始终是监督与被监督的关系，人民检察院对监狱机关的活动负有总体上的、经常性的监督职责。同时，人民检察院依法监督执行机关执行刑罚和监管执法活动，以及审判、审批监狱机关刑罚变更裁决和审批活动是否合法，保证了刑事诉讼活动的顺利进行，切实保障了被监管人员的合法权益。

2. 保障人权的原则。人权保护是国际社会普遍关注的重大问题之一。我国政府高度重视尊重和保障人权，并从自己的历史和国情出发，在立法、执法和司法方面采取有力措施，不断推动我国人权事业的发展，提高我国公民享受人权和基本自由的水平，形成了有中国特色的人权保护法律制度和体系。

3. 同步监督的原则。监狱法律监督承担着对刑罚执行和监管执法活动实施法律监督的职能。从一定意义上说，它既是对刑事诉讼活动进行法律监督的最后环节，又是监督范围最广的一项工作。做好这项工作，对于促进刑罚的依法正确执行，保障刑罚目的的最终实现，对于促进监管场所依法文明科学管理，维护当事人的合法权益，对于促进司法公正，维护社会主义法制的统一、尊严和权威，都具有重要作用。

（二）监狱管理法律监督的方法

1. 以对文证审查的方式开展监督。《中华人民共和国刑事诉讼法》规定，监狱机关依法对罪犯履行羁押和刑罚执行职责。监狱机关依法履行职责的首要条件就是必须依照生效的判决、裁定或者有效的羁押文书，才能对特定的人员履行监管以及刑罚执行的职责。因而监狱法律监督首先应当对监狱机关履行职责所依据的判决、裁定或者羁押文书等凭证进行审查，确定其履职依据的合法性，从而保证刑罚执行及羁押监管的合法性、有效性。如《人民检察院监狱检察办法》第五条"收监检察"的内容中要求检察"监狱收押罪犯有无相关凭证：①收监交付执行的罪犯，是否具备人民检察院的起诉书副本和人民法院的刑事判决（裁定）书、执行通知书、结案登记表；②收监监外执行的罪犯，是否具备撤销假释裁定书、撤销缓刑裁定书或者撤销暂予监外执行的收监执行决定书；③从其他监狱调入罪犯，是否具备审批手续"。第八条"出监检察"的内容中同样对出监法律文书凭证的检察做了详细的规定。此外其他条款也对监管场所收押、释放以及监外执行交付、终止执行时的检察监督内容做了类似的规定。如果对此类检察中发现存在违法情形的，将予以纠正。这说明审查监管执法所依据的文书凭证，既是监狱监督工作的内容之一，也是监督监管机关履职行为是否合法的方法之一。

2. 以对重点事项检察的方式开展监督。监狱机关是否严格依法规范履行职责，直接关系到刑罚能否正确、有效地执行，会影响刑事诉讼活动是否能顺利进行，以及监管秩序能否安全、稳定。对监狱机关的执法行为进行检察监督的目的也正在于此。然而，在实际工作中，对每个具体执法行为都进行监督显然不现实，这种监督会流于形式，无法达到监督应有的效果和作用。因此，监狱监督应当抓住重点，如在监狱监外执行的工作办法中，有涉及刑罚变更情况检察的专门章节，详细规定了检察的程序、内容以及对违法情形的纠正。此外，还对监狱机关对被监管人使用械具、禁闭情形，以及监管场所发生事故后的监督工作做了明确、详细的规定。

3. 以受理控告申诉的方式开展监督。监狱机关履行监管执法和刑罚执行的职责，其具体的执法行为直接体现了法律的权威性和公正性，会影响被监管人员的切身利益。监狱法律监督部门从维护司法公正、保障人权的角度，对所有监管执法行为加以监督。但监管执法的具体内容多而庞杂，如何全面了解具体监管执法行为的情况信息，是监狱法律监督必须解决的课题。《最高人民检察院关于加强和改进监所检察工作的决定》第四条明确将"受理被监管人及其近亲属、法定代理人的控告、举报和申诉"列为监所检察的主要职责之一，明确规定了监狱法律监督部门受理被监管人控告、举报和申诉的具体工作程序、内容和规范标准。因此，受理被监管人控告、举报和申诉是监狱监督的重要职责内容之一。

4. 以查办职务犯罪案件的方式开展监督。在履职过程中，监管人员利用职权实施违法犯罪行为，必然会侵犯被监管人的合法权益。监狱法律监督机关在履行法律监督职能的同时，也肩负着反腐倡廉、打击职务犯罪的职能，目的是强化法律监督，切实维护国家法律的权威。《最高人民检察院关于加强和改进监所检察工作的决定》第四条明确将"对刑罚执行和监管活动中的职务犯罪案件立案侦查，开展职务犯罪预防工作"作为监所检察的主要职责之一。因而，查办监管执法和刑罚执行中的职务犯罪案件，是有效开展监狱法律监督的重要内容。

5.以日常巡视和加强信息化手段的方式开展监督。监狱法律监督要经常深入监管改造工作第一线,及时掌握监管场所动态,及时发现执法活动中存在和发生的问题;要全面开展监狱法律监督各项业务,切实履行法律赋予的监督职能;要不断加强与监狱机关的联系和配合,提高工作的效率和效果,实行派驻检察是前提和关键。只有实行派驻检察,才能从人员和时间上保障对监管机关的劳动、生活、学习三大现场开展经常性的实地检察,及时了解和掌握监管改造场所的动态,及时发现和纠正违法。同时,通过派驻检察机构与监狱机关监控系统和信息系统的微机联网,既能够保障及时掌握监管场所的各类信息,又有利于对监狱机关的执法活动进行直观、及时的动态监督。

6.以联席会议、信息通报等方式开展监督。最高人民检察院制定的监所检察"四个办法"中,对派驻检察机构加强与监管场所、监管机关之间的信息通报,建立联席会议制度,也提出了明确的工作要求。实践证明,通过建立检察机关与监管单位之间的情况通报、联席会议等各项工作联系制度,规范双方的工作行为,加强双方的配合和制约,共同研究解决在监管活动和检察监督中存在的问题,能够有效改变事后监督的被动局面,实现事前监督或同步监督。

当然,除了上述的监督方法,还有其他的方式对监管执法行为进行监督,如开展检察谈话,实行检务公开,进行宣传教育,等等。无论采用何种方式,都是为了切实开展好监狱法律监督,及时、全面、准确地掌握监管动态信息,对监管执法的违法行为和工作疏漏依法提出纠正意见和检察建议,督促监管执法机关严格、依法、规范地履行好监管职责。

三、监狱管理法律监督的具体形式

监狱管理法律监督的具体形式是指检察机关针对监狱机关执行刑罚、监管执法和刑罚变更活动是否合法而开展监督工作的基本途径和方法。开展监督的形式主要有四种:派驻检察、巡回检察、巡视检察和专项检察。其中,以派驻检察形式为主,以其他检察形式为辅。

(一)派驻检察

派驻检察是指人民检察院依法在监管场所设立的专门派驻机构,是对监管机关执行刑罚和监管执法活动是否合法实行法律监督的一种工作形式。

根据各级检察机关与被派驻单位的关系不同,派驻检察可以分为同级派驻、属地派驻、派出检察院三种形式。同级派驻是派出检察机构与监管单位对等。属地派驻由监管场所所在地的基层检察院派驻,上级检察院监所检察部门负责业务指导。派出检察院根据派出主体的不同,可以分为省级院派出与市级院派出两种。省级院派出的派驻检察是对等监督形式,市级院派出的派驻检察是属地监督形式,具有与监管场所距离近、便于监督的优势。

派驻检察机构的设置遵循依法设置、便于工作、与监管机关布局相协调以及规格对等三大原则。其中,第二条便于工作、与监管机关布局相协调原则,是指派出检察院一般设置在大型监狱所在的区域内或者监管单位比较集中的地区。如果监管单位较小或较分散，则由其所在地人民检察院设置派驻检察室。因此，人民检察院根据监管场所关押罪犯的数量、地域分布情况和开展监督工作的需要，确定设立派出检察院或派驻检察室。

此外，派驻检察机构在人员配备、工作时间、工作制度和规范化等级管理等方面都有明确要求。其中，在人员配备方面，派驻检察室的人员中检察员的比例应当占1/3以上。派驻检察室的主任应当由派出它的检察院的监所检察部门的领导或者相当级别的检察官担任。其实行派驻检察人员定期轮岗交流制度。在工作制度方面，监所检察工作应制定并切实执行岗位责任制和目标管理责任制，并根据检察人员的职务、岗位、任务和工作要求，订立工作责任制度，把年度、季度和月度工作计划所提出的任务用目标管理责任制的形式落实到人。在规范化等级管理方面，对于派驻检察室，根据其履职等情况确定相应的等级，实行动态管理，全国每三年评定一次。对于派驻检察室未达到三级规范化等级标准的，列为省级人民检察院或者最高人民检察院督办单位，不符合条件的应当降低或者撤销规范化等级。

（二）巡回检察

巡回检察是指人民检察院依法对关押人数较少的小型监管场所派员定期或不定期进行检察的一种工作方式。所谓小型监管场所，是相对于普通监管场所的规模、罪犯关押数量以及押犯性质而言的，因此是否实行巡回检察，要综合评估确定。

巡回检察优劣势明显，其中优势体现在：①巡回检察有利于实现"敢于监督"。在实行派驻检察的情况下，派驻检察人员与监管民警朝夕相处，容易出现"同化"问题；实行巡回检察则不同，由于巡回检察采取的是定期或不定期的检察，与监管民警客观上彼此保持一定的距离，减少了"同化"的可能。如有学者所言："'巡回检察'消除了以往监狱检察人员与监狱监管人员长期身处同一空间形成的一体观感，使得监狱检察在外观上即具有明显的独立性，能够有效消除社会公众对派驻检察产生的不信任感。检察人员以随机组成检察组的形式不定期进入各个监狱开展巡回检察，有利于监狱检察人员以客观的外部视角对监狱的设施环境、管理方式等予以审视，发现长期身处其中的人容易忽视的问题。"[1] ②巡回检察有利于资源合理配置。巡回检察的监管场所是小型单位，如果实行派驻检察，必然会加重监所检察人少事多的矛盾。巡回检察可以将有限的监所检察人力资源集中起来，进行合理配置，统一调配使用，提高工作成效。同时，巡回检察也有劣势，体现在：①适用范围有限。据不完全统计，目前全国实行的巡回检察约占派驻检察的5%，巡回检察范围有限。②难以实现经常化。由于巡回检察是定期或不定期到监管场所检察，受地域和时间的限制，到监管场所的"三大现场"的次数客观上就不如派驻检察，对监管场所情况的了解和掌握难免会滞后，监所检察履职效能在客观上被削弱。③及时性相对较差。派驻检察具有空间性、经常性的优势，因此检察人员能够在第一时间掌握第一手资料，及时发现和纠正监管违法行为。与此相比，巡回检察不能在违法行为发生的第一时间内及时发现违法行为。④它还存在容易流于形式、难以保证监督效果的问题。目前，由于巡回检察没有相应的制度和工作标准，容易导致走过场、流

---

[1] 李奋飞，王怡然. 监狱检察的三种模式[J]. 国家检察官学院学报，2019（3）.

于形式，缺乏实效性。

（三）巡视检察

巡视检察是指上级人民检察院监所检察部门对辖区内由下级监所检察部门派驻检察的监管机关执行刑罚和监管执法活动是否合法进行检察，同时对该派驻检察机构履行法律监督职责的情况进行检查的一种检察制度，具有以下几个特点。

1. 检察指向的对下性。巡视检察是由上级检察院监所检察部门直接对由下级检察院监所检察部门检察的监管场所的刑罚执行和监管执法活动是否合法进行检察，同时对派驻检察机构履行法律监督职责的情况进行检查。

2. 检察人员的特殊性。开展巡视检察对人员组成有特殊的要求，要成立专门的巡视检察组，成员不得少于三人。组长一般由监所检察部门负责人或者相当级别的检察官担任，必要时可以由分管检察长担任巡视检察组组长。

3. 检察对象的双重性。巡视检察要求上级检察院监所检察部门不仅要直接实地检察由下级检察院担负监督职责的监管场所的刑罚执行和监管执法活动是否合法，同时还要检查派驻该监管场所的检察机构履行法律监督职责的情况，因此巡视检察的对象具有双重性。

4. 检察时间的非预告性。巡视检察明确要求事先不应当通知被检察的单位，不需要像以往那样层层通知、层层安排、层层陪同，这不仅有助于提高工作效率，而且有助于上级检察院了解到真实情况。

5. 检察内容的全面性。巡视检察要求对监管场所的执法活动进行全面检察，包括：罪犯使用械具、禁闭是否符合有关规定；是否存在牢头狱霸、混管混押情况；办理留所服刑及刑罚变更执行活动是否符合规定；罪犯的生活、医疗卫生管理等是否符合有关规定；罪犯的合法权益是否得到保障等。

6. 检察方法的多样性。巡视检察可以采用多种方法，常用的检察方法有：查阅有关案卷材料、档案资料、检察日志、有关账表、会议记录、罪犯和劳教人员计分考核、奖励材料等资料，调看监控录像和联网监管信息；实地查看禁闭室、会见室、监区、监舍、医疗场所及被监管人生活、学习、劳动的场所；现场开启检察官信箱，找被监管人及其亲属谈话，接受被监管人及其法定代理人、亲属的控告、举报或者申诉；听取监管机关、派驻检察室对相关情况进行介绍，找有关监管民警、检察人员谈话，召开座谈会，进行暗访等。

（四）专项检察

专项检察是指检察机关针对监管场所一个时期内存在的突出问题，集中一定时间和力量，组织开展专题性的法律监督活动。专项检察具有以下特点。

一是可以集中力量解决平时难以解决的突出问题。其主要结合阶段性工作重点、难点问题而开展，其目的是解决一些日常顽症问题，如 2003 年全国范围内开展的清理和纠正超期羁押专项活动。

二是具有时间跨度的限定性。专项检察的针对性强，结合监所检察工作中阶段性的重点和难点问题开展，因此每个专项检察活动都有明确的时间跨度。按照所需整改问题的难易程度，一般时间跨度为几个月至一年不等。

三是以形成长效机制为最终目的。专项检察本身只是一种工作形式，其最终目的是通过集中精力解决工作中的薄弱环节和突出问题，深化对法律监督方式的规律性认识，有针对性地建立健全相关工作制度和机制，最终取得制度化和规范化的长期效果。

第二节 监狱管理监察监督

一、监狱管理监察监督概况

2017 年 11 月 4 日，十二届全国人大常委会第三十次会议表决通过《全国人大常委会关于在全国各地推开国家监察体制改革试点工作的决定》。根据该决策，国家开始部署在全国范围内深化国家监察体制改革的探索实践，完成省（自治区、直辖市）、市、县三级监察委员会组建工作，实现对所有行使公权力的公职人员的监察全覆盖。

全面推开国家监察体制改革试点，是党的十九大对深化国家监察体制改革做出的重大决策部署。在总结北京市、山西省、浙江省改革试点工作经验的基础上，在全国各地推开改革试点，是贯彻落实党的十九大精神，推动全面从严治党向纵深发展的重大战略举措，对于健全中国特色国家监察体制，强化党和国家自我监督具有重要意义。在 2017 年底至 2018 年初召开的省、市、县人民代表大会上产生三级监察委员会，使改革与地方各级人民代表大会换届工作紧密衔接，有利于加快改革步伐，确保改革有序深入推进。

2018 年 3 月，《中华人民共和国监察法》颁布实施，标志着我国反腐败立法进入了新阶段。2018 年 5 月宪法修改后，监察委员会的地位和监察权的地位得到了明确定位。监察权是一种独立的国家权力形态，对其行使具有宪法基础，我国国家权力分工体系以及治理体系和治理能力建设得到了进一步强化。目前，各地均设立了省（自治区、直辖市）、市、县三级监察委员会，整合反腐败资源力量，完成相关机构、职能、人员转隶，明确监察委员会的职能职责，赋予其惩治腐败、调查职务违法犯罪行为的权限手段，建立了与执法机关、司法机关的协调衔接机制。

二、监狱管理监察监督的工作对象与监督对象

随着监察监督的深入推进，在监狱层面，监察监督的实质运行将剥离部分法律监督的职能。当前，监察监督进入了实体运行阶段。面对监狱的新情境，监察监督的实质运行首先会遭遇原有法律监督在对象上的混淆和重叠。因此，在监察监督全面推行伊始，区分监察监督的工作对象和监督对象具有重要的实践意义。

对于监狱监察的监督，可以从广义和狭义理解：广义的监督，按词典解释，监，是监视；督，是督促。监狱监察的职责主要就是"监视""督促"，此时，监狱监察的"工作"就等同于"监督"。狭义的监督，是指依照法律规定，针对违法行为，依法提出纠正，即原来的"法律监督"。监狱监察监督的工作对象不同于监督对象，其涵盖面更广。监狱监察监督的工作对象由监察监督的任务决定。从整体工作关系上讲，在监狱监察监督任务范围内涉及的有关机关和人员，都是监狱监察监督的工作对象。在特定领域，监

察监督的工作对象的职业比较窄、身份较特殊。所谓监察监督工作对象的"职业比较窄",主要是司职刑事执法的机关及其工作人员,从事的是执行刑罚、监管活动、刑罚变更等职责。监察监督工作对象的"身份较特殊",主要是司法行政机关及其工作人员。

监狱监察监督的"工作对象"和"监督对象"的区别在于:一方面是范围不同。虽然两者时有重叠或交叉,但监督对象一定属于工作对象的范畴,而有的工作对象则不属于监督对象的范畴。如司职刑事执法的机关及其工作人员,他们从事的是执行刑罚、监管活动、刑罚变更、羁押活动等,因此他们既是监所检察的工作对象,又是监督对象,而且主要是监督对象。另一方面是内容不同。执法机关及其工作人员因执法行为成为监狱监察监督的对象,但他们非涉法事宜则属于监所检察工作的对象。

在监狱监察监督实践中,分清工作对象与监督对象,有利于采取有针对性的工作方法,取得更好的工作效果。这里需要注意的是,不是执法机关或司法人员的所有行为都是监所检察的监督对象,比如,当发现监管机关司法人员对劳动调配、作息安排等不当时,由于这些工作不属于违反法律的行为,但又是监管活动内容,与监狱法律职责有关联,因此监狱监察监督可以对其提出改进建议,在此情形下,司法人员就成为监察监督的工作对象。因此,是否遵守法律,是区分监察监督的工作对象与监督对象的分界线。

总之,在监狱监察监督任务范围内,对象的行为触及的是法律,就是监狱监察的监督对象;对象的行为触及的不是法律,就是监狱监察的工作对象。因而,监狱监察监督要实现监督目标,达到监督效果,就需要围绕工作对象和监督对象的异同,研究探索符合监狱监察规律的工作方法和履职途径,构建完备的推进工作体系,确保良好的监察效果。

第三节 监狱管理审计监督

一、审计监督的内涵、目标与职能

随着我国经济的发展和政治体制的不断完善,监狱系统的内部审计工作越来越重要。具体来说,监狱内部的审计监督工作包括经济审计、责任审计及其他审计等。经济审计是监狱内部审计监督的重点,它主要是对产生的劳务收益进行相关性、准确性和一致性调查,以确定监狱内劳动的合法合规;责任审计主要是对监狱内部的管理层和领导者而言的,一般来说,监狱内部管理层和领导者享有对所辖范围内罪犯的管理权,同样负有保障罪犯生命安全、生活健康等责任,在当前单位一把手负责的行政体制下,监狱内部的责任审计显得特别重要。此外,其他审计项目如专有资金的审计、特有事项的审计等由于发生的偶然性和不可预见性,审计工作的展开也会面临一定的难点。因此,加强监狱内部的审计工作,不仅可以保障罪犯的基本权利,有效预防监狱内部人员的违法犯罪行为,还能全面提升监狱内部的运转效率。

2011年1月,国际内部审计师协会(IIA)发布的《国际内部审计专业实务框架》中,内部审计是一种独立、客观的确认和咨询活动,旨在增加价值和改善组织的运营。它通过系统、规范化的方法,评价并改善风险管理、控制及治理过程的效果,帮助组织实现其目标。从中可以看出，内部审计具有以下三方面的特征：①内部审计是一项客观的活动。②内部审计的职能范围包括确认和咨询，定义突出了内部审计的积极主动性，突出了内部审计关注内部控制、风险管理和治理程序等关键问题。③内部审计的目的是增加组织的价值，改善组织的营运。

2013年，中国内部审计协会发布的《中国内部审计基本准则》第二条规定："本准则所称内部审计，是一种独立、客观的确认和咨询活动，它通过运用系统、规范的方法，审查和评价组织的业务活动、内部控制和风险管理的适当性、合法性和有效性，以促进组织完善治理、增加价值和实现目标。"从以上国际内部审计师协会和我国对内部审计的定义，可以看出内部审计职能的变迁。在目标上，内部审计通过实现对受托责任履行的监督，服务组织治理及各项经营活动，以实现组织价值增值为最终目的；在组织地位上，内部审计上升到了组织治理的高度，在组织治理中拥有独立和权威的地位。

根据内部审计的定义及目标，追溯内部审计的发展历程，结合监狱和监狱的特殊性，内部审计的本质职能——监督可以概括如下：内部审计产生的根源是受托经济责任关系，对管理层的受托经济责任履行情况进行监督是内部审计最基本的职能。

现代内部审计在公司治理中拥有独特的位置，对企业的经营状况、内部环境非常熟悉，且具有较强的经营管理能力，这些独特的优势使得其有能力监督企业的经营管理活动。由于现代企业的受托责任层次越来越多，内部审计履行监督职能时所涉足的领域也越来越广。内部审计通过对企业管理和营运过程的检查，发现企业在管理和营运过程中存在的问题和漏洞，并能及时纠正，以避免给企业造成损失，通过这样一种监督，来对整个组织形成一种威慑作用，这也是对管理层履行受托责任的一种监督。虽然说内部审计的职能随着历史的演进和社会的发展，使得其他职能被强化，或者具有一些新的职能，但是这并不意味着监督职能的消失。相反，随着企业规模越来越大，以及全球经济一体化、信息网络化，企业内部审计的职能不仅没有减弱，反而使监督的具体内涵不断丰富和完善。新的内部审计模式对监督职能提出了新的要求，更加注重对企业经济活动的事前、事中、事后的全程监督，对内部审计人员也提出了更高的要求。同时，由于内部审计已经上升到了公司治理的高度，也会对有效公司治理形成监督，能有效地维护利益相关者的权益。

二、监狱管理审计监督的内容

在新的经济形势和工作背景下，监狱内部审计应当从以财务收支审计为主的财务导向型审计模式，向开展内部控制审计、经济责任审计、风险审计等治理导向型审计模式转变，从以事后的、静态的监督为主，逐步向事前、事中、事后相结合的动态的、系统的监督方向发展，建立以预防为主的约束与监控防范体系。内部审计的范围也应突破财务、制度，逐步向管理、市场、营销等方面拓展，向经营活动的源头推进。因此，必须进一步强化监狱系统的经济责任审计，加大内部控制审计的强度，使内部审计全面地参与到监狱系统的风险管理中。

（一）完善监狱的经济责任审计

开展监狱领导干部的经济责任审计是监狱国有资产保值增值管理的需要。为了给罪犯提供充足、稳定的劳动改造岗位，监狱必须随着市场经济的发展不断增强实力。监狱规模不断扩大后，按照建立现代企业制度的需要，加强监狱国有资产保值增值考核管理也越来越重要。因此，监狱领导干部任期经济责任审计的广度和深度应该不断加大。

目前，监狱系统各企业主要负责人经济责任审计，主要是审查经济指标的完成情况，在进行审计评价的时候主要是将实际完成情况与目标任务对比，看目标任务是否完成，分析完成的情况如何。通过经济指标的升降情况，分析经济效益。监狱的内部控制审计和个人经济问题审计是经济责任审计的重要内容。进一步完善监狱经济责任审计，应从以下三方面入手：一是积极开展任中经济责任审计，先离任、后审计带来了种种弊端，如监督滞后、审计任务集中、工作质量难以保证。积极开展任中审计既有助于经济责任审计工作科学化、规范化，也有助于防患于未然。二是做好审前调查，审前调查一般需要了解监狱的组织结构；业务经营范围；生产、业务流程；经营管理情况；财务状况与经营成果；相关的内部控制及其执行情况；相关的重要会议记录和有关的文件等内容。三是制订审计方案，认真分析可能出现的各种风险因素以及防范控制措施，在进行审计的过程中，根据实际工作情况，及时调整审计方案。

（二）强化监狱的内部控制审计

监狱内部控制是监狱为了维护国家财产的安全、完整并且保证其经营活动的经济性和合法性所实施的控制过程。内部控制的有效实施必须以内部审计作为保障。监狱内部控制审计不仅要关注与会计报表相关的内部控制制度的测评，还要及时发现并纠正内部控制制度的漏洞，使监狱内部处于良性循环状态。

为有效地实施内部控制审计，监狱内部控制审计评价和检查的重点有以下三个方面：一是监狱内部各项控制措施在经营管理活动中是否得到贯彻执行，执行的结果如何，薄弱环节有哪些；二是核实各监狱提供的信息是否真实、可靠；三是监狱内部的资产安全和完整是否有可靠的保障。例如，应当对投资项目、应收账款、付款业务、物资采购招标、基建项目、劳务加工、存货、固定资产业务等进行重点审计。同时，还要通过事前和事中审计，及时发现并纠正偏差和错误，反馈被审计单位内部控制存在的缺陷，并对整改情况进行事后的审计。

（三）内部审计参与监狱风险管理

对于监狱系统，监狱所面临的经营风险涉及监狱系统的稳定性，整个监狱系统的稳定直接关系到社会的稳定状况。因此，监狱系统企业的风险管理显得尤其重要。内部审计应该全面参与到监狱系统企业的风险管理中。

内部审计参与监狱系统企业的风险管理，要主动地识别监狱系统企业在经营活动中的各项风险。另外，作为社会经济生活中比较特殊的一种组织，监狱系统企业有着其特有的风险，这也需要内部审计人员运用其专业知识进行识别。

监狱内部审计应该突出四个方面的重点内容：一要关注因决策不科学、不合规、管理不严格导致的国有资产流失的问题；二要关注土地征用、产业结构调整、环境污染等方面存在的突出问题和薄弱环节，防范可能引发社会不稳定的因素；三要关注经济增长的质量和效益；四要关注调整产业结构和提高自主创新能力。内部审计部门不能只是停留在查错防弊这个层次上，要为监狱系统企业提供关于风险管理的咨询活动。内部审计部门要全面参与到监狱系统企业的管理过程中,而不能仅仅是监督、评价其受托责任履行状况。

三、完善监狱管理审计监督的途径

在构建监狱机关审计监督框架,强化上述内容的基础上,还应当从以下途径推进,包括完善内部审计的组织形式、改进内部审计的技术和方法及提高内部审计人员的专业胜任能力。

(一)完善内部审计的组织形式

宏观上,监狱系统企业内部审计的职责就是对监狱内部各职能部门和二级机构对有关政策规定的执行情况、业务经营活动的合规、经济责任的履行情况、内部控制的建立和执行情况等进行审计,以强化内部管理。

微观上,内部审计就是满足监狱进行内部管理的需要,细化为对各职能部门的具体工作职责和工作标准进行检查,看其能否在内部控制制度的约束下规范操作,同时对各部门的子目标完成情况做出客观评价。因此,要正确定位监狱系统内部审计扮演的角色,就必须重新安排其内部审计机制。

在新构建的内部审计组织结构中,内部审计一方面受集团公司董事会直接领导,赋予了内部审计部门应有的权利,提高了其权威性,能真正保持内部审计应有的独立性,有效保持审计结果的客观性。另一方面,将基层内部审计机构置于各子公司总经理的领导之下,维护了内部审计机构应接受最高管理层的领导,保持与最高管理层的良好关系的审计准则,使内部审计部门积极参与到监狱系统企业的各项组织活动中,满足监狱经济组织管理的需要,通过内部审计的独立、客观的确认和咨询活动,增加企业价值和改善组织的运营。

(二)改进内部审计的技术和方法

1. 引入计算机辅助审计和非现场审计。随着现代信息技术的发展,内部审计的审查对象的日常经营活动与内部控制渐趋自动化。审计的范围还延伸至风险领域,导致审计工作量的加大,审计成本的增加,传统的审计技术难以胜任性质复杂、数量庞大的经营活动。计算机辅助审计和非现场审计是监狱系统内部审计有效实现其职能的必然选择。计算机辅助审计是指审计人员利用系统软件与被审计单位联网或者进行数据传导,审计工作底稿和审计报告以及各种业务经营管理数据与资料都是电子版的,大大提高了审计的工作效率。通过对从被审的监狱的数据库中采集到的异常数据进行重点审计,一方面可以降低内部审计的风险,另一方面还可以及时发现监狱存在的风险并对其进行评估和防范。非现场审计是指审计人员通过连续地收集并且整理被审计单位的业务经营管理的资料和数据,运用适当的方法和流程来进行分析的一种远程审计程序。通过非现场审计,可以扩大审计的覆盖面,保证审计的及时性,通过借助计算机系统连续地收集数据能及时发现问题,有助于将监狱系统的风险和隐患消灭在萌芽状态。

2. 建立相近业务的审计模型和评价标准。为了能更好地指导监狱系统企业内审人员实施审计,对于相近业务,有必要制定出操作性较强的审计标准或模型,在标准中要明确审计范围、审计内容,可采取的审计方法等。另外,要根据管理活动设计出具有代表性、先进性、客观性、可比性，能充分反映监狱实际的主要评价指标，有了这样一套标准，内部审计人员在操作过程中就会有的放矢，即便是不同内审人员通过这些可操作性较强的审计模型，也能得出切合实际的结论。

3. 加大审计问题整改和后续审计力度。监狱管理层要提高对审计结果的重视程度，同时对于所有整改项目，要求被审计单位必须拿出具体整改措施和整改时间进度表进行督导。另外，相关部门要组织人力，加大后续审计力度，后续审计也是审计项目的有效延伸，要将后续审计结果及时向管理层进行汇报，对屡审屡犯的问题要追求相关人员的责任，提高各级部门的执行力，从而促进内部审计工作形成良性循环。

（三）提高内部审计人员的专业胜任能力

现今内部审计监督工作要求内部审计人员具备专业胜任能力，监狱系统企业内部审计人员不仅要具备查账能力，还要熟悉宏观经济管理知识和相关政策法规，具备综合判断分析能力和沟通协调能力。内部审计人员不仅要懂得财务，还应通晓管理、法律、基建工程、技术等方面的知识。鉴于内部审计的工作性质和涉及的领域，内部审计人员必须具备能适应监狱系统企业内部审计工作需要的专业知识、专业技能和审计职业判断水平，必须具备能够按照审计准则、审计程序进行实际操作的能力、口头和文字表达能力、交流和协调工作的能力等，同时内部审计人员必须严格遵守职业道德。对于这些要求，监狱系统企业应当用规章制度和文件的形式予以确定。例如，在内部审计人员的聘用、培训、升迁等问题上，制定相应的具体规定和要求，并严格执行既定标准，使内部审计人员的素质达到既定的要求；内部审计人员应定期参加后期教育，并取得相应的证明，以此保证内部审计人员了解内部审计理论和实务的最新发展状况。同时，还可以加强监狱系统企业内部审计人员工作经验交流，建立信息共享平台，有利于内部审计队伍素质的整体提升。

第四节 监狱管理社会监督

一、新时代社会监督的必要性

中华人民共和国成立以来，从国家理论和意识形态出发，监狱的制度设计与当代国际普遍做法存在一定的差异，其实践模式也没有突破中国传统的监狱框架。近几年来，人权保护和刑事司法领域的国际交流与合作日益增多，这些成果也将在未来对中国刑事执行制度的改革提出迫切要求。中国社会自身的变化发展，刑事司法领域的改革、进步，以及中国社会的经济文化等条件，从根本上提出了类似改革的迫切要求，并提供了必要的社会条件。这是推进监狱管理社会监督的历史和现实依据。

同时，党的十九大提出推进全面依法治国，其中涉及司法体制改革，提出要深化司法体制综合配套改革，完善司法管理体制和司法权力运行机制，规范司法行为，加强对司法活动的监督，全面落实司法责任制，努力让人民群众在每一个司法案件中感受到公平、正义。这是我们进一步推进监狱管理社会监督的理论和时代依据。

监狱管理社会监督行为本身蕴含着制约权力、保护人权的精髓，是现代法治的基本精神。当今，对监狱进行独立的社会监督，已在国际范围内达成普遍共识。《禁止酷刑公约任择议定书》在"序言"中就倡导各缔约国："确信以定期查访拘留地点为基础的防范性非司法手段可加强保护被剥夺自由者使其免受酷刑和其他残忍、不人道或有辱人格的待遇或处罚。"相对而言，我国现有的监狱监督制度以内部监督为主，包括上述的法律监督、审计监督等。独立的社会监督则结构性缺失。这种缺失不仅与国际公约的倡导相悖，而且事实上不利于对行刑权力的制约与囚犯权利的保障。近年来，监禁场所内不断发生的羁押人员非正常身亡事件，如"躲猫猫"事件、囚犯在广东高明监狱被殴打致死事件、福州青年在看守所猝死事件等，已经充分证明了这一点。这已引起了社会公众对包括看守所、监狱在内的封闭羁押场所状况的极大关注与担忧。特别是随着新媒体的不断发展，类似事件往往都会成为社会舆论关注的焦点，对监狱公正、文明执法的形象产生了很大冲击。因此，需要结合我国实际，建立健全我国监狱管理的社会监督制度。

二、监狱管理社会监督实施面临的挑战和形式

（一）监狱管理社会监督实施面临的挑战

1. 排斥监督观念的转变。在文化观念上，我国并没有尊重监督的传统。一直以来，在人们的观念中，监督通常意味着"挑毛病""找碴儿"，不管是个人还是机构在本能上都给予排斥。可以想象，在我国现有体制下，如果没有监狱及其主管部门的配合，监狱管理社会监督制度的建立、实施势必举步维艰。因此，建立监狱管理社会监督制度，首先要解决的问题就是转变监狱排斥社会监督的观念。

转变监狱排斥社会监督的观念，应通过各种方式加强宣传，使监狱方对社会监督制度有一个正确的认识。重点从以下方面进行宣传：首先，社会监督机构及其工作人员可以从与监狱不同的角度帮助监狱及时发现问题和解决问题，从而降低监狱工作风险。其次，社会监督的介入，提高了公权力运行的透明度，同时也减少了出现权力腐败的机会，对监狱相关工作人员也是一种保护。再次，监狱的过于封闭也是监狱本身不愿看到的，监狱需要社会的了解与关注，尤其是监狱的一些进步之举，需要有独立第三方的宣传，而社会监督机构可扮演监狱与社会沟通的中介角色，其不仅揭示监狱存在的问题，也表彰监狱的进步之处。最后，对囚犯死亡等具体事件的调查处理，有独立第三方监督机构工作人员的参与，可大大增强处理过程与结果的公信力，避免监狱处于公众质疑的风口浪尖。

2. 规则体系的建立。我国监狱管理社会监督制度建立的基础，就是创建一整套规则体系，这是一个长期、复杂的过程。在该整套规则体系的创建中，应当围绕以下三大核心问题展开。

一是明确制度目的，规范行刑权力，保障罪犯权利。制度目的明确以后，将统领整个规则体系的建构，并为制度实施提供指引。由于其封闭性，监狱极易滥用行刑权力侵犯罪犯的权利，建构监狱社会监督制度的目的就是要规范行刑权力的行使，避免行刑权力的滥用，保障罪犯的正当权利。

二是保持监督员与罪犯沟通渠道的畅通。一方面，必须赋予监督员相应的权利，包

括自由进入监狱并接触罪犯及其服刑档案的权利；另一方面，存在一定的机制，落实罪犯的控告、申诉权，使其在需要时可以通过电话、信件等方式联系到监督员，不受监狱的控制。

三是保障监督的独立。这是整个制度构建并有效实施的关键。唯有监督独立，监狱中存在的问题才能被客观真实地反映出来并获得社会大众的关注。同样，唯有监督独立，整个监狱管理社会监督制度才能取得社会大众的支持，也因此才能永葆生命力。

3. 公众信心的树立。公众信心的树立是监狱管理社会监督制度有效实施的强大后盾：监狱管理社会监督机构的组建、其职权的行使与作用的发挥都严重依赖于社会公众的支持。没有社会公众的支持，监狱管理社会监督制度犹如无源之水，寸步难行。

近年来，有些地方监狱管理局聘请监狱系统外的有关个人担任执法监督员，以对监狱工作进行监督，这是探索中国监狱社会监督制度的有益尝试，但离建立真正的社会独立监督制度甚远。因为执法监督员由监狱管理机关聘请，且聘请程序不透明，监督员本身的独立性令人怀疑；执法监督员探访监狱时间、探访范围、交谈对象等均由监狱安排，使所谓的监督流于形式；等等。正是这些问题的存在，监狱聘请执法监督员的做法受到公众的质疑，无法获得社会大众的信任，也就难以取得预期效果。要取得社会公众的支持，必须以精心的制度设计赢得公众对制度本身的信心。例如，监督员经公开程序从社会大众中聘请，经培训后能掌握专门知识，具备履行职责的能力；监督员与监狱、囚犯无任何利害纠葛，能独立进行监督；执法监督员定期以高质量的报告公开反馈社会。通过这些制度安排，激发社会大众对参与监狱社会监督制度的热情。

（二）监狱管理社会监督实施的形式

1. 通过"监狱开放日"形式邀请社会公众、罪犯家属走进监狱，近距离感受监狱的物理状态、执法模式、运行方式、罪犯日常生活状态等。例如，监狱组织相关人员参观监狱执法场所，深入罪犯的生活、学习、劳动三大现场，了解监狱的执法活动，并安排罪犯直系亲属代表与罪犯进行亲情帮教，并安排罪犯属地司法局工作人员通过向罪犯赠送文体用品的形式开展社会帮教。

2. 邀请由社会热心人士、专业法律人士等组成的社会志愿者，定期邀请他们走进监狱深度观察和监督监狱执法工作，并对工作进行总结和通报。例如，邀请地方司法机关、律师及罪犯亲属代表列席监狱召开"减刑假释"评审会议，对监狱执法活动进行零距离的监督。

3. 与教育改造工作相结合，通过多方引进社会帮教资源走进监狱，在和社会高度融合的过程中，在向社会充分展现监狱形象的过程中，实现社会全方位监督。例如，监狱破除"大墙思维"，坚持创新导向，挖掘自身的独特优势，主动谋求与社会深度合作，借助小班化教学、定制式教育等科学教育教学方法，创新音乐、阅读、心理等教化方式，开展丰富多彩的帮教活动。在取得良好教育效果的同时，让社会人士走进监狱，感受监狱正面形象，并使他们成为二次传播源，在接受监督的同时提升监狱形象。

三、新媒体情境下借用社会监督提升监狱形象的尝试

目前，随着新媒体的蓬勃发展，新媒体成为社会了解监狱工作的重要渠道。因此，

在新媒体情境下,准确把握社会公众的特征,分析社会监督的表现形式,进而有效展现监狱形象的积极面,显得尤为重要。

(一)新媒体传播对推进监狱监督的启示

新媒体传播中,社会公众会根据自我认知、态度背景主观选择加工信息,并结合信息内容与自我概念的吻合度,以及虚拟朋友圈中的社会评价因素,决定是否评论分享信息。这对提升监狱形象,进行有效宣传提供了如下启示。

1. 基于大数据分析的精准传播。"主动拥抱大数据"的要求体现在监狱宣传舆论工作中,就是要进一步搜集丰富"积极受众"数据量,规划整合建立数据库,析取应用形成数据流。目前,与监狱工作相联系的其他社会群体、罪犯家属等社会公众处于可确定状态。我们建议前期内部开展常态化的信息搜集,对获取受众信息按照人口地理数据、信息内容偏好、媒体接触习惯等类别进行归纳。基于数据分析的化学效应,调整监狱新媒体传播的方式、频次、内容、编排等,实现完全意义上的精准传播。

2. 贴近朋友圈喜好的共振传播。新媒体背景下的社会公众拥有两个朋友圈,一个是现实生活中由于生活联系形成的社交圈,一个是网络空间由于共同兴趣和爱好形成的志同道合的朋友圈。在新媒体背景下,个体处处都会感受到网络信息的渗透。虚拟空间朋友圈的主要价值观往往成为公众社会自我的核心组成,也是他们网络行为的深层动机。因此,在推进监狱监督过程中,要慎重选择呈现内容,在信息推送过程中要强化对受众朋友圈主要价值观的实时掌握,多讲述对象愿意看、喜欢看、想让更多人看的信息。

(二)新媒体对社会公众的解构对推进监狱监督的规避

新媒体的"互动潜能"赋予受众"权力",同时也强化媒体作为传送者的地位。因此,新媒体和新技术在建构受众能动性的同时,也包含消解的意味,主要表现为"信息内爆"弱化受众的能动性,碎片化阅读使受众变得浅薄。该现象也对监狱社会监督信息推送提出如下规避建议。

1. 注重舆论宣传的统一规划。当下,信息过载已是现实,受众受限于信息处理能力,必须借助信息搜索引擎,有选择地选取自身感兴趣或需要的信息。作为信息传递者,新媒体一方面要加强宣传工作总体规划,统筹系统内各单位宣传舆论资源,统一制订省级层面的年度宣传计划,分层分类分配各单位宣传任务,实现信息在题材、地域、层次等方面构成均衡、排期合理、互补呼应,避免给受众信息凌乱、某类题材过重等印象。另一方面要探索提供包含监狱宣传信息的搜索服务,激发受众的积极性。受众在主动搜索信息时,应发挥认知的能动性,形成关于监狱的整体的客观认识。

2. 注重线上线下的整合传播。对于大多数普通受众而言,通过新媒体获得需要信息所付出的认知努力越来越少,最终导致人们出现媒介成瘾和盲目复制。碎片化阅读在上述过程中扮演着关键角色,包括信息内容、形式和意义的碎片化,使受众患有"网络成瘾综合征",并抑制创新能力发展。面对日益浅薄的受众,监狱管理社会监督信息推送要注重线上线下多种媒体形式整合推进,线上新媒体宣传注重激发受众的积极性,线下主题活动或传统媒体宣传注重在面对面参与中激发受众的创新性,让被海量碎片信息牵引的受众能够形成独立的自我认知,最终提升监狱管理社会监督效果。

本章思考题

1. 监所检察是对监狱管理进行法律监督的体现,它的工作方法主要包括哪些?
2. 试论述监狱管理监察监督在我国监狱管理中的作用。
3. 监狱管理社会监督面临的新挑战有哪些?如何应对?

参 考 文 献

[1] [美] W. H. 纽曼，小 C. E. 萨默. 管理过程：概念、行为和实践 [M]. 李杜流，金雅珍，徐言贵，译. 北京：中国社会科学出版社，1995.

[2] 孙雄. 监狱学 [M]. 北京：商务印书馆，2017.

[3] 吴宗宪. 监狱学导论 [M]. 北京：法律出版社，2012.

[4] 韩玉胜. 监狱学问题研究 [M]. 北京：法律出版社，1999.

[5] 袁登明. 行刑社会化研究 [M]. 北京：中国人民公安大学出版社，2005.

[6] 宋立军. 科学认知监狱 [M]. 南京：江苏人民出版社，2014.

[7] 许润章. 监狱学 [M]. 北京：中国人民公安大学出版社，1991.

[8] 杨殿升，张金桑. 中国特色监狱制度研究 [M]. 北京：法律出版社，1999.

[9] 于爱荣，王保权，等. 监狱制度论 [M]. 南京：江苏人民出版社，2010.

[10] 薛冰，梁仲明，柴生秦. 行政管理学 [M]. 北京：清华大学出版社，2012.

[11] 乔成杰，宋行. 监狱法学 [M]. 北京：化学工业出版社，2018.

[12] [法] 米歇尔·福柯. 规训与惩罚 [M]. 刘北成，杨远婴，译. 北京：生活·读书·新知三联书店，2003.

[13] [美] 肯尼斯·弗兰姆普敦. 现代建筑：一部批判的历史 [M]. 张钦楠，等译. 北京：生活·读书·新知三联书店，2004.

[14] 刘育东. 建筑的涵意 [M]. 天津：百花文艺出版社，2006.

[15] 郭明. 中国监狱学学科建设暨监狱制度创新学术论坛文集 [C]. 2004.

[16] [法] 马太·杜甘. 比较社会学 [J]. 李洁，译. 北京：社会科学文献出版社，2006.

[17] 周光礼，武建鑫. 什么是世界一流学科 [J]. 中国高教研究，2016 (1).

[18] 牟九安. 监狱民警专业化建设研究 [J]. 中国司法，2018 (6).

[19] 邓乐. 关于我国监狱警察专业化建设若干问题的思考 [J]. 黑龙江省政法管理干部学院学报，2017 (6).

[20] 潘玉明. 现代监狱财务运行规范研究 [J]. 安徽警官职业学院学报，2018 (2).

[21] 罗军. 我国监狱财务管理若干问题的探讨 [J]. 财经界（学术版），2015 (27).

[22] 高琳娜. 监狱财务管理水平提升探析 [J]. 现代经济信息，2016 (23).

[23] 陶新胜. 监狱信息化建设与运营规则研究 [J]. 犯罪与改造研究，2019 (3).

[24] 王伟阳. 监狱突发事件应急管理体系建设与完善 [J]. 广西警察学院学报，2020 (3).

[25] 李奋飞，王怡然. 监狱检察的三种模式 [J]. 国家检察官学院学报，2019 (3).

[26] 王昊. 危机管理理论在应对网络舆情热点中的应用研究 [D]. 合肥工业大学，2011.